世界史全体を眺望し、日本の学問と大学の未来を切り拓く！

目次

大学に未来はあるか？

別冊 環 ❷
KAN: History, Environment, Civilization
大学革命

【座談会】
日本の大学の現在――現場から
飯田泰三（法政大学）　市川定夫（埼玉大学）　勝俣誠（明治学院大学）
塩沢由典（大阪市立大学）　桑田禮彰（駒澤大学）＝司会
国立・公立・私立の問題と改革／国立大学の独立行政法人化／公立大学の自治の行方
私立大学の実験／知の変容と大学／二十一世紀の大学像
104

漂流する「大学改革」論議
【九〇年代に急浮上した「大学改革」問題の背景を探る】
古藤晃
152

全国主要21大学学長による「大学革命」のマニフェスト！
二十一世紀の大学像――主要大学学長からの提言
172
▼国立
兵藤釗（埼玉大学）　佐藤保（お茶の水女子大学）　中嶋嶺雄（東京外国語大学）　澄川喜一（東京芸術大学）
石弘光（一橋大学）　長尾眞（京都大学）　森田孟進（琉球大学）
▼公立
西澤潤一（岩手県立大学）　荻上紘一（東京都立大学）
中西進（大阪女子大学）　児玉隆夫（大阪市立大学）　宇野重昭（島根県立大学）
▼私立
石井米雄（神田外語大学）　阿部謹也（共立女子大学）　絹川正吉（国際基督教大学）　清成忠男（法政大学）　長尾重武（武蔵野美術大学）
奥島孝康（早稲田大学）　中尾ハジメ（京都精華大学）　芳賀徹（京都造形芸術大学）　山﨑良也（九州産業大学）

【インタビュー】
本音で語る「大学革命」論　山口昌男（札幌大学学長）
238

「大学革命」のためのブックガイド　24
古藤晃
247

藤原書店

〒162-0041　東京都新宿区早稲田鶴巻町523
TEL: 03-5272-0301／FAX: 03-5272-0450
E-mail: info@fujiwara-shoten.co.jp
URL: http://www.fujiwara-shoten.co.jp/

ブルデュー教育社会学

哲学や認識論の最良の伝統を踏まえつつ、独自の方法論・概念を駆使し、学際的研究を展開する社会学者ブルデュー。研究活動の初期から、大学における形式的平等と実質的不平等をもたらす社会的条件を探究し、文化的再生産論に到達、知のありようを徹底批判したブルデューの主要著作群。

遺産相続者たち〔学生と文化〕
P・ブルデュー、J-C・パスロン／石井洋二郎監訳
二八〇〇円【2刷】

再生産〔教育・社会・文化〕
P・ブルデュー、J-C・パスロン／宮島喬訳
三七〇〇円【6刷】

ホモ・アカデミクス
P・ブルデュー／石崎晴己・東松秀雄訳
四八〇〇円

教師と学生のコミュニケーション
P・ブルデューほか／安田尚訳
三二〇〇円

ハイデガーの政治的存在論
P・ブルデュー／桑田禮彰訳
二八〇〇円

中内敏夫著作集

Ⅰ **教室をひらく**〔新・教育原論〕　三〇〇〇円
Ⅱ **匿名の教育史**　五〇〇〇円
Ⅲ **日本の学校**〔制度と生活世界〕　二八〇〇円
Ⅳ **教育の民衆心性**　五八〇〇円
Ⅴ **綴方教師の誕生**　三〇〇〇円
Ⅵ **学校改造論争の深層**　五八〇〇円
Ⅶ **民衆宗教と教員文化**　五八〇〇円
Ⅷ **家族の人づくり**〔十八〜二〇世紀日本〕　（近刊）

●編集代表
上野浩道・木村　元
久冨善之・田中耕治

●刊行委員
稲葉宏雄・竹内常一
田中昌人・安丸良夫

「教育」はどこへ行こうとしているのか？　教育の根幹が問われる現在、社会史、心性史、民衆思想などを横断しつつ、教育・教育学の内部から、その枠組み自体を問い続けてきた著者の業績を集大成！
（全八巻）

大学革命

多田富雄
榊原英資
川勝平太
ウォーラーステイン
ブルデュー
北川東子
中内敏夫
飯田泰三
市川定夫
勝俣　誠
塩沢由典
桑田禮彰
古藤　晃
全国主要21大学学長
山口昌男

別冊 環 ②
KAN: History, Environment, Civilization
藤原書店

多田富雄（免疫学）
榊原英資（経済学）
川勝平太（経済史）
司会＝編集部

めぐって

大学とはいかなる存在か、今後どうあるべきか？
学問への問いと、「世界における日本」の歴史と現状の認識から、
大学の未来を切り拓く！

（構成）
Ⅰ　学問との出会い
Ⅱ　知とは何か
Ⅲ　知の総合は可能か――近代的諸学の限界
Ⅳ　これからの大学――西洋の知と日本の知
Ⅴ　教養とは何か

〈鼎談〉

21世紀の大学と知のあり方を

Photo by Yamamoto Momoko

I　学問との出会い

今号では、大学とは何か、今後どうあるべきか、と問いたいと思っているのですが、そのような問いは、必然的に、学問とは何か、という問いにもつながるものと思います。そこで本日は先生方に、学問と大学の現状と今後のあるべき姿を議論していただきたい。まず、先生方ご自身が、どのような形で学問に近づいていかれ、現在に至ったか、それぞれお話いただければと思います。では多田先生からお願いいたします。

外圧に負けて医学部へ

多田　私は免疫学という基礎医学の研究をしています。免疫学は、いま生命科学の中でも最先端の学問になっていますが、私が大学を卒業する頃には、まだ免疫学という学問自体存在していませんでした。医学部を卒業したら田舎の開業医になるつもりでした。

しかし医学部を卒業する直前になって、どうも自分は医者に向いていないことに気づいたのです。当時は、胸をトントンと叩いたり、聴診器できくという、そういう種類の診断学しかなかったのですが、どうも私はそれが下手くそで、いつも実習で怒られていました。ちょうどその頃、いまでいう先進医療技術に相当するいくつかの検査法、血液成分の解析とか、蛋白質の分析とか、そういう方法が入ってきて、どうもこちらの方がサイエンスらしいと思って、ずるずるとその中に入っていきました。それが偶然免疫学という学問のスタート時点だったんです。たまたま目の前に止まったバスに乗ってみたら、すばらしいところに連れていってくれた。ですから、私が生命科学の研究をするようになったのは、全くの偶然の重なりの結果です。しかも幸運なことに、それが一番エキサイティングな時期にあたっていたということなのです。

なぜ先生は医学部に進まれたのでしょうか。そのあたりのこともお話しいただけますでしょうか。

多田　私は旧制中学の最後の入学生でしたから、いまのような受験勉強もありませんし、はじめから理系と文系を分けたりはしていませんでした。ただ私は生き物が好きで、オタマジャクシを掌の中に入れて小学校に行ったりするような子供

Photo by Yamamoto Momoko

だったので、生物学ははじめから好きだったんです。
　しかし中等教育の終わりごろになると、いろいろな新しい遺伝子が働きだします。例えばホルモンの遺伝子が働きだし、顔にニキビができたり、それからなんとなく異性のことが気になったりします。そういう時期に、幸い受験勉強ばかりという状態ではなかったので、少々興味の上でも浮気をして、詩を書いたり、高等学校を卒業する頃には、お能に出会ってのめりこんだりしました。たまたま模擬試験の会場の近くでお能をやっていて、それを見て本当に感動してしまったのです。
　医学部には、外圧もあってどうしても入らざるをえなかったんです（笑）。家が代々医者だったものですから、医者になることがはじめから予定されていたんです。でもその前にということで浮気をして、お能を見に行ったり、亡くなられた江藤淳さんなどと一緒に同人雑誌をやったこともあります。文系に行くかどうか大変悩んだのですが、結局、外圧に負けて医学部に行き、さらに卒業する頃に、たまたまサイエンスというものに出会った。すべて偶然の積み重ねで、いまはすっかり乏しくなった、偶然の豊かさみたいなもののおかげだったと思っています。別にノーベル賞をもらうような大発見をしたいと思って研究をはじめたというわけではありません（笑）。

多田富雄（ただ・とみお）　1934年生。東京大学名誉教授。59年千葉大学医学部卒業。免疫学を専攻。国際免疫学会会長。著書に『免疫の意味論』『生命へのまなざし』（青土社）『生命の意味論』（新潮社）。能に造詣が深く，舞台で小鼓を自ら打ち，また「無明の井」，「望恨歌」などの新作能を手がけている。

経済学とのつきあいは サルトルのマルクス主義から

ありがとうございました。それでは榊原先生お願いします。

榊原　私の高校時代は一九五〇年代で、大学に入ったのが一九六〇年、安保の年です。私は、高校時代はどちらかというと文学青年で、あのころ流行っていたのは実存主義ですから、アンドレ・マルローとかサルトルとか、そういうものを読んでいました。それで大学は、いまでいう文科三類、フランス文学をやるつもりで東大に入りました。

あの時は平井啓之さんというサルトルの専門家の先生がおられました。サルトルには、最初は戯曲や小説から入るんですが、哲学的なものに入っていくと、あの頃のサルトルはマルクス主義に傾斜していますから、結局、自分もマルクス主義の中に入っていくんです。それで、初期のマルクス、そういうのが好きになって、そんなことを経て、結局、仏文をやめて経済学部に入るんです。つまり私の経済学とのつきあいは、サルトルのマルクス主義への傾斜からはじまるんです。

経済学部に入ってからは、なんとなく、いわゆる近代経済学、アメリカ型の経済学をやることになりました。卒業後は、学者になろうと思って大学院に進むんですが、一年だけでやめることになりました。部分均衡モデルを一般均衡モデルにしてマスター論文にしたら等と言われ、先生の名前は言いませんが（笑）、なんでこんなことをやらなければいけないんだろうと思って、大学院に残って学者になるのも嫌だと思っていた時に、偶然、大蔵省の試験を受けて、それで大蔵省に入ってしまったという経緯です。

大蔵省に入ってからも、学者を四年ぐらいやったり、今も大学院に来ていますが、多田先生や川勝先生のようにずっと学問をやっていたということではありません。

非西洋圏の中で、唯一日本だけがなぜ近代化できたのか、という疑問

ありがとうございました。それでは川勝先生、お願いします。

川勝　私は昭和二十三年の生まれの団塊の世代で、公立の中学校では多くの同級生との競争の中で揉まれていました。そうした競争で、一番目立つのは数学の力です。家庭教師についていたせいもありますが、『数Ⅰ精義』、『数Ⅱ精義』、『数Ⅲ精義』という陪風館から出ている高校生用の参考書があったんですが、それもすべて終わってしまって、教わることがなくなり、進学校を受けさせられ、入ることになりました。
そこは中・高一貫のキリスト教系の学校でそこで生まれてはじめてカルチャー・ショックを受けた。男子だけの少人数制なのですが、医者や教授の子供たちがいて、みんな龍之介やヘッセやロマン・ロランを読んでいて、そういう話をするのです。それでもこちらは『路傍の石』ぐらいしか読んでいなかった。それで、岩波文庫、新潮文庫、角川文庫だということで、文学を読みはじめた。しかし多田先生も言われましたように、ちょうど思春期で、何のために生きていくべきか、ということについて本当に迷いました。学校はカソリックだったので、毎月曜日の

Photo by Yamamoto Momoko

朝、ミサがあり、神父に反発して、説教をやめてほしい、というようなことまでいって、いまでも赤面するほどの無礼をしたこともありました。

第二次安保闘争の直前に、早稲田大学に入るんですが、授業は行われていなかったので、一人でマルクスの『資本論』を読みました。一年生の時です。そのうちマルクスをよく知っているということで学生運動に誘われ、みんながその当時読んでいた宇野弘蔵というマルクス学者やそれに関連している人たちの本も、二年生の頃に独習しました。それが六九年のことでしたが、大学立法が導入されて以降、学生運動は下火になる。それで非常に悩んで、はじめて授業に出て、他学部の文学部で哲学史の講義を聴講しました。デカルト、スピノザ、ライプニッツ、それからロック、ヒューム、カント、それからヘーゲル、最後はハイデガーまで。文庫本や思想の叢書を日本語で、授業に合わせて読んでいきました。

ところがその後もどうしていいかわからない。とりあえず私は日本の経済史のゼミに入ったのですが、そのゼミで、日本はなぜ唯一非西洋圏の中で政治的な独立を堅持し、経済が発展しえたのか、と問われて、答えられなかったんです。地理的に恵まれていた、殖産工業政策があったから、そういうことは言われますが、本当に納得いく形ではわからなかった。ゼミの先生の言う、日本には近代化できる条件があったというのもトートロジーであるように思えまして、この人を論破するために、と思って大学に残り、日本がなぜ成功したのか、ということを三年間、勉強しました。

修士論文も書きましたが、結局、日本のことは日本ではわからないので、二十九歳の時にイギリスに行き、それから合計六年強、イギリスで過すことになりました。そして、オックスフォードという恵まれた環境のせいもあ

榊原英資（さかきばら・えいすけ）　1941年生。大蔵省財務官をへて，現在，慶應義塾大学教授。著書に『21世紀への構造改革』『進歩主義からの訣別』（読売新聞社）。グローバルスタンダードを自称する，新古典派経済学的な現実把握に対し，固有の資本主義が日本にあることを主張。大蔵省在職中には，“ミスター円”と呼ばれた。

るかと思うのですが、イギリスという国の短所もさることながら長所に魅せられました。そして今度はイギリスがなにゆえに世界史で最初の工業国家たりえたのか、ということから、やがて日本とイギリスという両者の中間にあるアジアに関心を持ちはじめ、四十代は、アジアのことを勉強してきたわけです。

II　知とは何か

学問との出会いについてそれぞれ大変興味深いお話、ありがとうございました。
ところで多田先生からは、能のこともお話しいただきましたが、例えばご自身の中では、この能というものと、免疫学という最先端の科学とは、どのように存在していらっしゃるのか。全く無関係なのか、あるいは何らかのかたちでその二つは結びついていらっしゃるのでしょうか。

ロゴス的な知とパトス的な知

多田　別に結びついているわけではありません。しかし、強いて云えば、科学で使われているロジックには、ある意味で限界があります。科学というのは、矛盾の階段を登りつめていって、だんだんと上へとあがっていくものです。ときには同じロジックではそれ以上登れなくなることがある。そういう時、別の見方が必要となります。また、いまでは科学が生み出した技術がオートマティックに次のものを生み出す。つまり、技術が技術を生み出すという形で発展するようになった。しかしそれを、どうやって制御したらよいのか、そういうことが全くわからなくなっているのです。とりわけ生命科学などは、従来だったら神の領域とされるところにまで足を踏みこんでいる。
　そうした動きを何かの形で規制しうるものは、科学の中にはない。おそらく科学はオートマティックに自分の運命を歩みつづけるよりほかないのであって、例えば、株式に政治が介入できないように、科学も科学自身のルールで動いていくしかなくなった。しかしそのように科学技術に無制約な行為を許すわけにはいかないでしょう。その時に必要なのがいわば「文系の眼」です。私がお能の中に見ているのもそのような全体を見渡す「まなざし」だと思っています。

川勝　実証し、きちんと論証でき、言葉、あるいは数式や化学式で表現できる、そういうロゴス的な知とは違った、あえていえば、パトス的な知といったものがあると私も思います。

例えばバリでは、アグン山の山岳信仰がヒンドゥー教と合体し、イスラムが入ってきてもそれを拒み、そこで出来上っている演劇、ガムラン音楽、舞踊、そういう「宗教＋芸術」が生活になっています。

中村雄二郎氏の言葉を借りれば、それは近代的知に対する「演劇的知」です。演劇的知が問題にするのは、ヨーロッパの近代的な知が排除した死や悪霊です。そのような、本来、知や認識の対象外とされるものが表面に現れて、そこで崇められる。しかもそうしたことが人々の暮らしの本質的な部分を成している。近代西洋の知がロゴスであるとすれば、バリにあるのはその対極にあるパトスの知です。

パトスは、深まれば深まるほど、名称性をなくし、カオスが広がっていきます。一方、ロゴスは高まれば高まるほど秩序性を帯び、コスモスの世界になっていく。その両方を人間はもっている。ロゴスの知だけでは、人は人たりえない。日本の能も、そうしたパトスの知が様式化されたものではないでしょうか。

Photo by Yamamoto Momoko

川勝平太（かわかつ・へいた）　1948年生。国際日本文化研究センター教授，元早稲田大学教授。比較経済史。『海洋連邦論』（ＰＨＰ研究所）『文明の海洋史観』（中央公論新社）『海から見た歴史』（編著、藤原書店）。日本はなぜ近代化できたのか、との問いから、英国，アジアへと関心を拡げ，独自の鎖国論・海洋史観を確立する。

科学の創造と制御に必要な「感性」

多田　これからの科学者に何が求められているかは厄介な問題です。科学は、常にイノヴェーションを求めていかなければなりません。ところがイノヴェーションとか創造性とか先見性などといっても、どうすればそれができるのか。定まった方法など、どこにも存在しません。

ではどうするか。研究をつづければ誰もがぶつかる問題だと思いますが、これまでの科学の知だけでやっていけば、いま流行しているものに問題性を発見するほかない。すると、自然の流れでそのまま発展していくことにはなるが、新しいものを自分でつくりだす、ということはできなくなる。結局、他人のつくりだした科学技術を利用しながら、たんに競争をしていくだけになってしまいます。

その点、川勝先生のお話を参考にしますと、これからの科学者に必要とされるのは、知性だけではなくて、感性ではないかと思うんです。イノヴェーションを生み出すには、ロジックだけでなく、ある種の感性が必要です。また、そのイノヴェーションが危険なものかどうかを判断できるのも感性ではないかと思います。ロジックではできない。つまり、科学者は、これから感性なしには科学者としての発見もできず、その発見の妥当性、安全性、そういったものも判断できない。科学者たりえないということです。

ところでその感性の基礎となるものは、おそらく一人一人が、どこかにそのルーツをもっているはずですが、そのなかに日本の伝統的な知もふくまれているかもしれません。

――それが川勝先生が言われる、パトス的な知ともつながっているということですね。

多田 ええ、そう思います。

「真」・「善」・「美」

川勝 理屈っぽいことをいって申しわけないのですが、カントが「物自体はわからない」といいました。人間は自然法則を真理と思うことはできる、その理由はこうだ、とカントは『純粋理性批判』の先験的感性論で説明した。しかし物自体はわからない。私は、そこに神の世界は、本当にはわからないのだ、といった意味合いを読み取れると思います。

そうしたなかで、では人間はどうすべきか、何をすべきでないか、という当為が問題となります。彼はそれを次の『実践理性批判』で論じていますが、存在はこうなっている、しかしこういうことはいいことだ、悪いことだ、というのが道徳的判断です。道徳、あるいは良心と言われたりするものを、やはり人間はもっています。多田先生がおっしゃられるように、科学が人類社会にもたらすであろう悪影響について、いま科学者自身が問われているのですが、これをいわば予見的に示したのがカントです。

ところで『実践理性批判』の中で彼はこう言っています。「天上界の満天にきらめく星の星座の法則と、心の良心の道徳律は同じだ」と。道徳律と自然界の天文律は一致するというあの有名な言葉ですが、私は、彼がそう言ったときに、道徳律や天体の法則のみならず、その一致を、彼は「美しい」と見たと思うんです。

だから最後にカントは『判断力批判』を書き、そこで美と崇高をあつかった。これは理性や道徳とは少し違います。さきほど「感性」と多田先生は言われましたが、美しいというのは、眼で見て、鼻で嗅いで、口で味わって、肌で触って、要するに五感の世界ですが、人間はそこに崇高を感じ、美を感じる。これは一体何か。

多田先生にもおききしたいことなのですが、その昔、湯川先生が、数式がきたないと、私はその数式を信じないと言っておられました。つまり、彼の審美眼に訴えれば、美しい数式のみを信じるというんです。

思いこみかもしれませんが、その昔、今西錦司が『生物の世界』の最後の歴史のところで、チョウチョウの羽を見ろ、と言いました。機能的には羽ばたければ、それで十分のはずです。しかしなぜこのような色を帯びているのか。なぜ美しいのか。もちろん色自体にも用途があるのかもしれませんが、なぜあえてそれが美しくなければいけないのか。その理由は何か。すると、チョウチョウはもう、美しくなるために美しくなっているとしか言いようがない。

火の玉であった地球がだんだん冷えて、多様なものに分化してきたのが自然界です。だんだんと多様な構造をもつ分子が生まれ、いまに至っている。この過程というのは、善に向かっているとか、真理に向かっている、というより、むしろ美に向かっているように思えます。もしそう読み取れるとすれば、「美」によるべき一つの価値があるかもしれない。すなわち理性や道徳の規範に加えて、美観というものを大切にしなくてはいけない。人間の言動についてもそうですし、学問についても言えるかもしれません。

カントが三批判の最後で美の問題をあつかっていることが、私には示唆的であるように思えます。自由主義と共産主義という二つのイデオロギー、これを司馬遼太郎は「正義の体系」と名付けましたが、この二つの「善」の争いが終わったいま、気づいてみれば、生産力をあげるために環境を改変し、自然を徹底的に破壊してきたという点において、計画経済と自由主義経済は、異なるものではありませんでした。こうなると、もはやイデオロギーの問題ではない。環境問題は、正義の体系の違いを越えた生物界共通の問題であり、環境とは、結局、地球のことだと気づかれたとき、「地球というものは美しい」ということが、じつは地球環境問題に向きあう際の共通のよりどころになるのではないでしょうか。

「自然」と「美」

多田 そうですね。生命の仕組みなどを見ても、これこそまさに神秘だと思うくらい美しいものがある。

ただ、美とは何か、というのは、なかなかむずかしい問題ですね。私は何人かの方にそのような問いをぶつけてみたことがありますす。すると、どうも答は二つぐらいになる。例えば三宅一生さんに、「あなたにとって美とは何か」ときくと、「自然の隣においても恥ずかしくないようなもの」という。川勝先生のおっしゃるように、自然というものを軸にして美を捉える見方ですね。しかしウイリアム・フォーサイスというダンサー、フランクフルトバレー団の芸術監督にききますと、「美などというのは、やっているうちに偶然現れたアーティファクトで、そんなものを自分は目的にしていない」という。

これは美に対する二つの考え方だと思います。実際、生命現象、自然現象を見ていくと、美としてとらえた方がいいものもあるかと思いますが、一般的には、それは目的論的には捉えられない全くの偶然の結果にすぎず、それをたまたま美と思っているだけなのです。

それと、自然に美の一つの基準をおこうとしても、これほどまでに自然を破壊してきた当の人間に、自然を基準にして、美を守るというような資格が果してあるでしょうか。自然は、徹底的な破壊によって、すでに権威を失ってしまって、基準にすることができないくらいぼろぼろになってなってしまっているのではないでしょうか。もし自然を共通のよりどころにしたり、あるいは普遍的な道徳をいう資格が人間にないとしたら、私ははじめから一時的な「取り決め」ぐらいにしておいた方がいいような気がします。

榊原 少なくとも、この百年、二百年のあいだに言われてきた道徳というのは、人間中心主義的なものです。自分が殺されないために相手を殺さないとか、そういう世界にすぎないのであって、非常に相対的で、危ういものです。ですから、人間中心主義みたいなものを捨ててみれば、全く違う道徳律が出てくる。川勝先生のおっしゃることは、その意味ではよくわかるし、美しいということの重要性は、私も感覚的には賛成なんです。

ただ、他の人にとって醜いものでも美しく見えるというように、美は非常に主観的なものですから、これも危うい。川勝先生は美の基準を、自然というものに置かれましたが、むしろ私は、美を、自然とか、ナチュラルなのかどうか、ということに置き換えたい。

例えば、日本の庶民の道徳観などは、そういうものにベースがあったのではないか。道祖神信仰や自然信仰みたいなものがあって、それは、美しいか美しくないか、ということよりも、むしろ自然かどうか、ということをベースにしている。私も、日本人が感覚的に、伝統的にもっている「ナチュラルであることがいいことである」ところにいつも戻ってくる気がします。一方「美しい／美しくない」というのは、人によって意見が異なってくる。

多田 例えば、蛾の幼虫などは、ある人はものすごく美しいというし、ある人はこんな醜悪なものはないと思いますね。とはいえ、自然と美が隣り合わせにあることは確かです。

榊原 そうですね。ただ、多田先生も先ほどおっしゃったように、芸術のレヴェルになると、ますます人によって異なってくる。例えば、自然なもの、ナチュラルなものより、むしろ緊張感を非常にもっているものを美しいと感じる人もいる。耽美主義の人はだいたいみんなそうですね。それで、死の直前は非常に美しい、ということになる。

川勝先生も「ガーデン・ステイト」ということで、日本に来たイギリス人が感動したということを言われたでしょう。だけど美しい自然というのは飽きるんです。私もきれいな海岸に行って、海に潜ります。すごくきれいですよ。だけど、もしそこに一生住んでいたら美しいという感覚はなくなってしまう。平板な自然の美には、残念ながら人間は飽きるのです。汚れた時には、それを戻そうとは思うでしょうが。だから自然が美という範疇に含まれるのかどうかはちょっとわからない。

だから、私はむしろ「ナチュラル」といった方がいいと思う。ただ、いずれにせよ私たちが最後に赴くべきところは、「自然」ではないかという気がします。ですから感覚的には別に川勝先生のおっしゃることと変わりない。

川勝 榊原先生の言われることもわかります、感覚的ではなくて理屈として（笑）。もちろん、真理も、善も、そしてとりわけ美などは、仮に当人には絶対的なものに思われても、地域的、歴史的には相対的なものです。ただ私が言いたいのは、美というものが大切だということと。それぞれの地域ごとに美意識は違ってくるし、個人個人によっても違うのですが、にもかかわらず、美の感覚は、ほぼすべての人間に与えられた一つの能力であり、これが大切だということは、一言どこかでいっておかないと。真理と善だけでやられると、しんどいのです（笑）。

「自然」を「所有」などできるのか

多田 「自然」ということでいいますと、そもそも西洋と東洋とでは「自然」の捉え方が違いますね。西洋の「ネイチャー」というのは、自然の法則みたいなものをいっている。一方、日本で「自然」というと、どうもそこらへんにあるもの、あるがままという、そういう意味ですね。

榊原　私が最初にアメリカに留学したのは一九五〇年代だったんですが、そのときに非常に腹が立ったことがあるんです。というのは、アメリカでは海岸線を所有できるんですね。あるいは湖を所有できる。日本ではそんなことはできないでしょう。それで私は腹が立った。なぜ人間が自然などを所有できるのか、海岸線を独占するといった、そんなとんでもないことができるのか、と。これは本能的に反発しました、この国は嫌だと（笑）。そういった自然に対するある種の感覚があるんですね、私の中に。海を所有できるなんてことはとんでもない、ありえないじゃないか、という。

多田　それがいまでは、私たちが共有している遺伝子まで特許の対象になってしまって、遺伝子も所有されているわけです（笑）。

榊原　だから「所有」というのは、近代西洋の中心的な概念のひとつで、これをもう一度考えなければならない。例えば、松井孝典さんなどが「レンタルの思想」ということで、とくに自然に対しては一時的に借りているにすぎないという発想でなければいけないといっておられますが、この「所有」という概念がいま大きな問題になっている。

川勝　その人の生きている時間、あるいはその人の子孫が続く限りにおいて、土地をほぼ永久所有できるということは、一体、よいことなのかどうか、そのこと自体を問わなければいけませんね。

「所有」というのは、アングロ＝サクソン、とくにイングランドの南部の人たちのあいだに生れてきたものです。彼らは、土地を所有することを一つの善とみなした。そして今度は、この考えが、そうした概念や文化を持たない人のところにまで及び、こうすれば土地を所有できるという契約を交しさえすれば、これを所有してよい、ということにしてしまった。それでもともといた人たちには、翌日からもう使わせない。これが実際、南アメリカや北アメリカで起こったことです。

ですからこの「所有」という概念は、ある地域の文化がたまたま近代を通じて世界に広まったものにすぎません。そう捉えることによって、はじめて「所有」というものに対して相対的になれる。社会科学が問題にしてきたのも、結局、この「所有」という問題に帰せしめられるくらいです。

仮に社会科学として、経済学、法律学、政治学、という三つの学問が挙げられるとすれば、この三つの学問の関係を明確にしたのが、マルクスの『経済学批判』（一八五九年）です。経済が下部構造で、その上に政治と法律が乗っているから、政治や法律の現象をわかろうと思えば、まず経済をわからなければならない。経済における所有関係を見ることで、それを永久化するための法律、それを奪いあうための政治闘争が見えてくるんだ、と。その意味でマルクスは社会科学の父だと思うのですが、彼が問題にしたのは、所有、特に生産手段の所有、その一点につきます。この所有というのは、正しいのかどうか、これが、社会を分析し、批判するための学問としての社会科学にとって、一番の問題でした。

榊原　日本の伝統では、所有という発想はあまり強くないですね。川勝先生のおっしゃるとおり、それは、イングランドの南部から出てきた非常に近代的なものにすぎないのであって、日本ではいまでも漁業権や入会権などが残っている。もともとそうしたカルチャーの差がある。逆に、アングロ＝サクソンが近代を支配したというのは、要するに、その「所有」の思想が世界を覆ってしまったということを意味します。ですから、この「所有」ということをもう一度考え直すことが、近代を乗り越える上で非常に重要で、だからこそマルクスは、社会主義を主張したのですが、結局、うまくいかなかった。

川勝　私も、土地や海洋の一種の公共性は、社会主義思想によらなくても、例えば、公地公民のような伝統的な価値観によっても回復できると思うのです。土地は、先祖から預かっているにすぎないから大事にしようとか、自然はきれいだとか、このきれいなものは汚してはいけないとか、これを保存していこうとか、子孫に伝えていこう、という歴史観や自然観や審美観の合わさった価値観によってできそうな気がします。そして、その価値観のベースにあるのは、やはり、これはきれいだから、ということで、真偽や善悪の問題ではないと思うのです。

榊原　きれいなものは、独占してはいけないということはありますね。

川勝　でもきれいだから独占したいということもあるんですね（笑）。

榊原　そうだけど（笑）。日本の道徳観のなかには、きれいなものは独占してはいけないということがあると思う。

多田　その点、遺伝子は最もやっかいです。遺伝子の特許と独占的な利用権といったことが、すでに生じ始めていますが、そのようなことが果してできるんでしょうか。というのは、遺伝子情報そのものは、三十億年の歴史のなかで自然につくりだされてきたものです。そして、それはわれわれすべての細胞の中に入っているのですが、それがだれかの特許になって、独占的な使用権が生じるなどというのは、ちょっと異常な現象に思えます。

榊原　その意味で、知的所有権というのは、これから非常に大きな問題になりますね。知とかインフォメーションは、経済学でいうと公共財です。もともと公共財とみなされてきたものなのですが、いまのシステムだと、ある程度、知的所有権を認めないと、逆にイノヴェーションが出てこなくなる。イノヴェーションをしても何のメリットもないのであれば、当然、マーケット・メカニズムも働かない。ですから、知的所有権の公共財的な側面も認識しつつ、どういう体系をつくっていくかは、今後の法律の仕組みを考えていく上で最も重要になると思います。

多田　なるほど。遺伝子の入会《いりあい》権とか（笑）。

榊原　そうそう（笑）。あるいは、ある一定期間にかぎり知的所有権を認める、ということも考えられますね。その「一定期間」がどれくらいを意味するのか、という問題もありますが、さっきのレンタルの思想みたいなものです。

III　知の総合は可能か
――近代的諸学の限界

「自然」の「所有」に奉仕する近代の諸学

「自然」を「所有」しようというところに、近代の中心的な思想があるという話でしたが、それこそまさに、近代西洋で生れた諸科学それ自体に、端的に現れていることではないでしょうか。つまり「自然」を支配し、「所有」するためにこそ科学は生れてきた。

榊原　そうですね。人間と自然を区別する、そこから自然科学が出てくる。その根底には、人間が自然を操作できるという哲学的な考え方があります。自然科学も社会科学も、近代の人間中心主義から生れてきた。細分化された社会科学も同様で、経済学にしても政治学にしても、国とかシステムを操作するための学問という感じが強い。しかし、やはり人間も自然の一部ですし、そうした区別自体が非常に人為的なのです。

それに対していま、諸学の統合とか、人間と自然の人為的な区別をもとに戻すとか、時間や空間の軸をどう組み直すのか、ということが大きな問題になっている。

今回、参考としてウォーラーステインの『社会科学をひらく』をご覧いただければとお願いしましたが、学問における時間や空間の軸の問題は、まさにこのウォーラーステインが問題にしていることですね。榊原先生は、この本をどう読まれましたか。

榊原 この本は、非常に面白い本で、社会科学や学問の動きを、ウォーラーステインなりのパースペクティヴでうまく整理して、問題を鋭い形で提示していますね。一九四五年以降だけをみても社会科学にもいろいろな展開があった。自然科学のなかで複雑系などが登場し、それが経済学のフロンティアなどと結びついていく。だけど日本では、まだ一部の人たちがそういうことをやっているだけで、なかなか学問の体系自体が変わっていく、というところにまでは至っていない。それを大きく変えていかなければならない時期に入ってきていることは事実だと思います。

創造のための「越境」

榊原 それと先ほど、イノヴェーションということが問題になったときに、要するに、ロゴスだけでなく感性が必要なのだ、というお話が出ましたが、私もやはりクロスカルチュラルな教養が非常に大事になってくると思います。そうしたクロスカルチュラルな教養なしには創造的なものは生れてこない。

ですから「専門が大事か、教養が大事か」と言われたりしますが、そもそもそうした区別自体、すべきではないことで、実際、専門の中である種のイノヴェーションをしている人たちは、みな、クロスカルチャーな教養の持ち主なのだと思います。多田先生のおっしゃる「感性」というのも、やはりそうしたクロスカルチャーな眼のことで、先生のお話は、そうした眼でヨーロッパ的な知をどう見ていくかという、そういうお話だったと思います。

多田 そうですね。それは、一方的な見方だけではわからないような問題について、複眼的にものを見ていく、ということだと思いますが、科学それ自体には、そのような成熟した考え方はありません。それぞれが、断片的な部分をどこまでも解明しつくす、といった、いわゆる還元主義的なやり方しかなく、それを総合するような見方はない。ですから、私は文系の方にもっと科学に興味を持っていただいて、科学に介入してもらわなければ危ないと思っています。

いま科学は、非常に細分化されてしまって、科学者たちは自分がやっていること以外は何も知らない、という状態です。それが専門家の特権であるようにさえなっています。例えば、眼の研究をしている人は、お隣の鼻のことは全く知らない（笑）。遺伝子の領域でも、自分の研究している遺伝子については詳細な知識をもっているのに、少し違う領域になると全く知らない。そういう世界が成立してしまっています。

そういう状態で研究を進めてしまえば、先ほども申しましたように、科学のオートマティックな流れに乗っていくだけで、その時、科学者個人のモチヴェーション（動機）として考えられるのは、競争だけということになりますから、それでは本当に新しいものは生れてこない。

では、新しいものを作り出すためにはどうすればよいか。榊原先生がおっしゃったように、私も一種の「越境」が必要だと思います。越境してみると全く無関係の領域なのに共通の部分がたくさんあることにしばしば気づく。例えば、脳の研究をしている方とお話をすると、免疫と共通の分子やルールが使われていて、それを利用することによって免疫の問題が解決されることがあります。

また政治的にみた国際関係なども、免疫現象と同じようにみると理解しやすいこともあるでしょう。何か異物が入ってくると、それを排除するのに紛争が起ったりする。でも時々はそれに対して寛容になったりする。免疫と同じです。

そういう意味で、越境することではじめて、自分の専門の中では見つからなかった新しい見方が生れてくる。そういうことが、いま大学では非常にできにくくなっていることも事実だと思います。

問題解決のための知

そうですね。大学改革、あるいは学問の改革ということで、「学際的」とか、「知の総合」といったことが一応は謳われたりしています。大学でも新学部がいろいろと設置されるようになりました。ただ実態を見てみると、学問の細分化が以前にもまして進んでいるようにも思えるのですが、いかがでしょうか。

榊原　例えばアメリカの大学に見られる現象ですが、学問がある種のゲームになってしまっている。細分化された枠組みの中でゲームをやるという。そうしたゲームの目的は非常にはっきりしていて、もっぱら他の人より自分が優れていることを証明するためにある（笑）。アカデミズムの弊害は、かなりの部分がそうしたところにあると思います。

ゲームというのは必ずしも問題解決と結びつかない。私の知っている経済学でも、そういう感じがあります。わかりきったことをわからない言葉で語るのが経済学である、と皮肉をいった人もいますが（笑）、実際、ますますそうなっている。例えば、非常に高度な数学を使った分析などもやられていて、そのプロセスはごく限られた専門家にしかわからないのですが、結局、そこから出てくる結論というのは、そんなことはわかってるよ、ということだったりする（笑）。

そうした現状の学問のゲーム性、形式論的な性質を打ち破るためには、クロスカルチャーな教養と同時に、イシュー・オリエンティド（問題解決型）ということが重要だと思います。イシュー・オリエンティドになれば、細分化された分析、フレームワークだけでは当然、対応できなくなる。

現実の社会はますますお互いにクロスオーバーしてきます。グローバリゼーションというのは、まさにそのことを示している。分割されたネイション・ステイト（国民国家）が、どんどん融解し、そうなるとグローバルに捉えないと、いかなる現象も分析できない。しかもそうした現象は非常に複雑で、これまでのように、現象を一挙に論理的に解明できるようなモデルは、そもそもありえなくなっているのではないか。こういった現象を科学者なり研究者なりがどう分析していくのか。実際やろうとすれば、非常にむずかしい問題だと思います。

学問における時間概念・歴史概念

川勝 その点、さきほど榊原先生が少しおっしゃられた、学問における時間や空間の軸という問題が、非常に重要になると思います。

十七世紀のヨーロッパに、ニュートンやデカルトが現われ、ヨーロッパの知が興隆してきますが、そのとき生れてくる科学は、世界というのは神によって創造せられたものだ、ということを前提にした上で、その神の領域を論理で説明しようとしたものです。旧約聖書的な世界を科学法則できっちり説明しようとした。

デカルトは、物は延長をもつといった。では、神に延長があるのか。神は、無限の延長ということになりますから、そこからニュートンにおける「絶対時間、絶対空間」という観念が生れてきます。しかしそれでも十七世紀、十八世紀ぐらいまでは、自然界と神の創り給うた世界は、そう厳密に区分されていなかった。

さらなる変革は、近世から近代への転換期、すなわち一八〇〇年頃に起こります。要するに、ルネサンスからはじまって、ギリシャ・ローマの文化を吸収していく段階が近世で、それを吸収し終わったところから近代がはじまる。経済におけるイギリスの産業革命、政治におけるフランスのフランス革命、そしてベートーヴェン、ゲーテ、モーツァルト、カント、ヘーゲル、ヘルダーリンが次々に出てくる、といった、ドイツにおける知的な、文化的な変革。こういう政治・経済・文化における大きな変革が一八〇〇年前後に起こる。

十九世紀に入ると、もはや、「古代」というのは、モデルたりえなくなった。そして、全く新しいものをつくらなくてはならないというときに、神の世界の代替とみなされてきた自然科学の法則が、どうして真理だといえるのか、と問うた人物が現れた。これがカントです。彼は物自体はわからないといい、そして絶対時間、絶対空間というのは、人間の直観の形式であるといったわけです。

その後、ヘーゲルの絶対精神の自己運動という時間・歴史概念が生まれ、さらに画期的だったのは、生物は進化している、とダーウィンがいい、そうした時間ないし歴史概念が生物界にも及んだことです。そしてさらには、人間の社会自体がそうした歴史概念で眺められるようになる。歴史学が大学で、例えばオックスフォードで教えられはじめるのも十九世紀の後半からです。

しかしそのあいだも自然科学の方は、あいかわらず均質的で可逆的な時間、つまり、ある法則が常に通用するような時間を前提としていて、時間の矢、すなわち時間が一方向に進んでいる、という観念はもっていなかった。

けれども二〇〇一年のいま、宇宙にも歴史があり、宇宙も一回きりの過程を歩んでいるということがわかっています。ビッグバン、太陽系の誕生、地球の誕生、そういう自然界全体が百五十億年といったタイムスケールのなかで、一回きりの歴史をたどっている。もちろん自然界も自己組織システムをもっていて、一種の秩序をつくりあげていきますが、一歩先がどうなるかはわからない。そうした予測不可能な側面、不安定性をもっているのが自然界であり、人間界であり、われわれの生きている世界全体だということもわかってきたのです。

ですからもしキーワードをいうとすれば、歴史というものが歴史学者の独占物ではなくなったということ。存在するものすべてに歴史がある。あるいはいかなる存在もその歴史性を抜きにしては考えられない。すべてが時間のヴェールに包まれているという、その認識が人文・社会科学はもとより自然科学を含むすべての学問につきつけられている。実際、自然科学史というものまで現れてきたように、自然法則自体にも歴史があることがわかった。科学的知見というのは、じつは社会の関数、思いこみの体系である、と。

多田　生物の中にある時間性も、この頃注目されています。いま、ヒトのゲノムのほとんどが解明されたと言われていますが、それは三十億文字で書かれている文章でして、その中には、三十五億年におよぶ生物の歴史が刻まれているわけです。生物は進化する、とダーウィン以来言われてきましたが、それが文章として残っていたわけです。

ゲノムを調べてゆきますと、ミミズと人間が共有している遺伝子もたくさんある。そればかりか、植物や細菌とも共有している遺伝子がたくさんある。ゲノムには、何十億年という生命体の歴史が書き込まれている。ある一定の時点をとって、その時点で切り取られた平面における現象を扱うのが、これまでの生物学だったのですが、生物の全歴史を読んでいくという作業がこれからはじまるわけです。

榊原 宇宙に歴史がある、自然にも歴史があるという、その意識が決定的に重要ですね。西欧近代に時間の意識はあったかもしれないけれど、それは本質的に可逆的な時間にすぎなかった。そうではなく不可逆的な時間の認識こそ、圧倒的に重要なことだと思います。

多田 時間の認識という点で興味があるのは、能の中の時間です。能では死者や老人が主役ですが、彼らは生前の長い重層した時間を背負った者として現われます。切りとられた一時点の存在ではない。だから説得力があるのです。世阿弥という人物は色々なことを発見していますが、そのひとつが「時間の記憶」というものです。

IV これからの大学——西洋の知と日本の知

西洋の学問と日本の学問

現在、学問あるいは科学とみなされているもののほとんどは、もとを辿れば西洋のものです。しかしそれ以前に、日本にも独自な知なり学問が存在していたと思います。また、いま、西洋近代をいかに超えるか、ということも言われています。アカデミズムの世界でもそうなのですが、しかしもしそうしたアカデミズムや学問自身が、西洋近代のものであるとすれば、このことをどう考えればよいのでしょうか。

多田 自然科学は基本的にヨーロッパ精神の産物です。日本は、明治維新以来、それを上手に取り入れてきました。その際、例えば、漢方医学や和算などで使われていたロジックは見事に捨てられてしまいましたが、近代的な大学制度をつくり、医学や科学を発展させるためには、どうしてもヨーロッパ型の教育や研究の仕方を取り入れざるをえなかったのだと思います。

それは見事に成功し、いまではヨーロッパの科学に確実に比肩できますし、また部分的には世界をリードしている。

しかしそれだけでは解決不能なことが出てきた。特に医学では、高度先進医学が進むにつれて、そういうやり方では解決できない病気が沢山あることに気づいたのです。エイズもアレルギーもマラリアもそうです。もう一度東洋医学や伝統医学の知が求められています。そこには、分子や遺伝子に還元できない問題に対する新しい解決法があるかも知れないのです。

―― 榊原先生はどうお考えですか。

榊原 知の統合とか、インターディシプリナリー（学際的）ということが、いまさかんに言われていますが、ただ、そうした近代的な諸学の限界を超えようといっても、明確な方向性は、私にはまだ見えていません。破壊するだけのポストモダンは、それはそれでいいのですが、そうした近代的なもの、西洋的なものを破壊したあとで、何をどう展開していくのか。インターディシプリナリーなものが重要だとか、西欧中心主義をやめろとか、ヒューマニズムを捨てろとか、そういうことはよくわかります。ただそれが具体的にどうなっていくのか。

一つの原点として考えられるのは、先ほども申し上げましたが、イシュー・オリエンティド（問題解決型）ということ。つまり、ある問題を解決するために研究をするのだ、ということだと思います。とりわけ社会科学の扱う問題は非常に複雑ですから、ある問題を解決するというアプローチをすると、必然的にインターディシプリナリーにならざるをえない。

ところが日本の学問、とくに社会科学は、西洋で確立されたディシプリン（学問）を輸入し、その枠の中で議論しているだけで、問題を解決するという意識をほとんど欠いている。そこが日本の学問の最大の問題です。

ウォーラーステインは、とくに戦後のアメリカで制度化された学問のあり方を厳しく批判している。全くそのとおりで、私もこうした学問と付き合ってきましたが、強烈な不満を持ち続けていました。ただ日本の場合は、もっとひどいのです。どういう問題をどう解決するか、という問題意識のないまま、社会科学者がいろいろな分析をしてしまっているので、非常に形式論的になってしまっている。私自身、そうした現状の学問のあり方をどう変えていくのか、ということに、いま関心を持っています。

それと、多田先生が明治に漢方や日本的な医学を完全に捨ててしまったということをおっしゃいましたが、この問題も重要で、今度はそういうもの、日本の、あるいは東洋の伝統的な知を、モダンな西洋の学問体系の中にどう入れて、どう展開する

Photo by Yamamoto Momoko

のか、やはりそういうことも、近代的な学問をいかに超えるかというときに問われていると思います。

川勝 私も、ヨーロッパ的な知の体系の中で安住できる時代は終わったと思っています。逆にいえば、そうしたヨーロッパの知の体系をマスターし終わったところに、いまの日本の学的水準がある。例えば、われわれは、非西洋圏でヨーロッパの知的体系を勉強しているわけなのですが、免疫学はいうまでもなく、どの学問をとっても、おそらく日本語で語ることのできないような分野は、もはや存在しないのではないでしょうか。それはヨーロッパの普遍性の現われ、とも言えますが、すべて日本語で語れるほど日本は吸収した、ということでもあります。しかし日本がそのようにヨーロッパの知的体系を全部入れきったがゆえに、それがかえって相対化されてしまい、学問的な混乱というか、新しいものがでてくる一種のカオス的な状況をいま迎えている。

さらに前を振り返ってみれば、日本は、二千年ほど前からずっと中国に学んできました。遣隋使、遣唐使、そしてお坊様が向こうに渡って、ものすごい勢いで仏典を入れた。密教もすぐに空海が持って帰ってくる。やがて朱子学も朝鮮を媒介にして入ってきて、しかもいわゆる「原典に帰れ」ということで、文献学のようなものまで確立し、その独自の解釈もできて、それが返って中国に影響を与えたりする。

要するに、一八五〇年代の開港以前に、日本は中国的な学問、東洋的な学問を入れきっていた。だからもういいだろう、と大半の人が考えたのだと思う。福沢諭吉にしても、佐久間象山にしても、欧米の学問を入れないといけない、と。それで外国の人も半端ではない形で大勢呼び寄せて、留学生も欧米各国に行きました。

日本でも、現在、学問は非常に細分化していますが、それは同時に細分化できるくらい最先端にいる、ということでもあります。その専門性の行き過ぎが問題になるくらいの水準の高さである。しかしいま、東洋の学問を入れきった上に西洋の学問を入れきったところで、今度はそれをどういうふうに世界に還元していくか、そういう段階にきていると思う。

日本語での知の発信

川勝 そう考えると、いまの大学には大いに問題がある。何が問題かといえば、もっぱら日本人に向けて講義をしていることです。先ほど「所有」ということが問題になりましたが、知というのはまさに公共財です。そうであれば、どうして知を日本の青年のためだけに使うのか。

ではどうするか。私は、日本に一二〇〇以上もの大学がすでに箱としてあるなら、そこにもっと外国人を入れればよいと思う。学生だけでなく、先生もです。そうして日本語で教えれば、オックスフォードやパリ大学やボローニア大学で学ぶのとは異なる知の体系が、そうした人々の中に入っていく。ですから、いまの日本の大学の課題というのは、文字どおり開放すること、国際化することです。といってもそれは、日本人が英語で講義するということではない。日本でやるなら日本語でやればいい。

しかし問題は、そのように人を受け入れるシテスムが現在の大学にないことです。留学生も来ていますが、たかだか五、六万。ですから、なぜ来ないのかということをきちんと考えなければいけない。

榊原 日本語でやったらいいというのは、それはよくわかるんです（笑）。ただ最初から日本語で、といっても人は来ないですよ。それだけのインセンティヴはないと思う。日本の人でも非常にレヴェルの高い人はみな、だいたい英語ですでに発表していますから、日本に来て、日本語でなければ学べないものというのは、おそらく自然科学とか社会科学の中にはあまりない。芸術とか宗教の中にはありますが。そうすると、いずれ日本語で教えるようにするにしても、プロセスとして、少なくとも最初はアーティフィシャル（人為的）にインセンティヴをつけなければいけないでしょう。例えば、英語で講義をするといったことですね。残念なことですが、英語が国際言語であるのに対し、日本語がローカル・ランゲージであることは歴然たる事実です。日本文化を本当に知りたいと思う人、宗教や芸術の分野に関心をもっている人は、日本語をやらざるをえない。しかしそのほかの人たちにとっては、それをやるコストはすごく高い。そのコストを払ってまで日本に来ようとは思わないでしょう。

評価システムの重要性

榊原　川勝先生のおっしゃるように、日本の大学をオープン・システムにしろ、というのには大賛成なんです。ただそのようにオープン・システムにするためには、何よりもきちんとした評価の体系が確立していなければいけない。例えば、日本でレヴェルが高いと言われても、高いと評価しているその主体は、むしろ欧米です。欧米が評価するから日本でも認められる。今度の白川さんはその典型でしょう。日本社会全体の問題とも言えるのですが、評価のシステムが存在していないのです。

もちろん評価というのは人によって違ったりしますから、別に絶対的、普遍的なものでなくてよい。ただ、それでも学問であれば、ある程度はわかるわけで、大学をオープンなものにするには、まず、ある程度、客観的といえる評価のシステムを確立しなければならない。もちろん、そうした日本型の評価システムは、アメリカのものとかヨーロッパ大陸のものと違ってもいい。だけどそれはそれとしてきちんとシステムとして確立し、透明性のあるものにしなければならない。

アメリカの制度化された学問体系をウォーラーステインは痛烈に批判していますが、それでも、あそこがすばらしいと思えるのは、先生も生徒も世界各国から入れていることです。その評価基準は必ずしも正しくはないのかもしれない。しかし高いと判断した人をみんな入れてしまう。実際、日本の人も、レベルの高い人は、向こうで研究している場合が多い。

確かに、このところ日本に対する関心は、高まっているといえる面もある。例えば、テレビドラマの「おしん」からはじまって、トレンディドラマやポップミュージック等がアジアで非常にウケている。だから日本のカルチャーも、それだけ人を引きつけるだけのコンテンツをもっているといえる。しかし、そうしたサブカルチャーはすごくいいのに、日本の大学はだめですね。日本というのは、制度化されたところほどだめなんです。制度化されてない、サブカルチャーみたいなところはいい。だからそのあたりのことをなんとかしないといけない。

私は自分で官僚をやっていたから非常によくわかるんですが、要するに悪いのは役人で、とりわけ文部省なんです。ＩＴとかなんとかと言っていますが、これから知の時代ですから、じつは教育が一番大事です。あるいは役所のなかでいえば、文部省が一番大事。しかしそれをわかってる人が政治家でも行政の人でも少ない。

〝一学一品〟運動を

多田　おっしゃるとおり、きちんとした評価システムを確立することは、非常に大事ですね。ただ、大学や研究の評価ということでいえば、私はもう一つ別なアスペクトがあると思うんです。

現在の日本の大学というのは、東大、京大を頂点としたピラミッド構造で、そのヒエラルキーにはめこまれている他の大学が、みなミニ東大的、サブ京大的になることを目指している。さらに大学の法人化が言われたり、大学院大学構想がスタートして、階層構造がますます強くなっている。大学院大学になった方は、漁夫の利を得ていますが、地方の国立大学はみな存続自体が危ぶまれる。

ではそれにどう対応すればいいかというと、確かに外国人に魅力のある大学をつくることも大事ですし、大いに賛成なのですが、同時に日本人の若者を引きつけなければ、地方大学は本当にだめになると思います。

そこで私が提案したいのは、ヒエラルキーの中でミニ東大、ミニ京大を目ざすのではなくて、昔、一村一品運動というのがあったように、地方大学はあらゆる分野においてレヴェルアップを計ろうとするのではなく、他の分野が手薄になることは覚悟のうえで、この分野だけは東大に負けない、京大にも負けない、そういう部門をつくり、徹底的に強化すればいい、と思うのです。有名大学も人材を引き抜いたりしない。

そのように一つだけでも名物ができあがれば、あそこは辺鄙なところで行きたくないけれど、例えば水産学部だけはすごいから、といって必ず人が集まるだろうと思います。ある大学は林業、ある大学は社会福祉というようにそれぞれが特徴を持つ大学になり、それを中心にして周辺領域が強化されてゆく。その結果、むしろ日本中の大学全体でひとつのユニヴァーシティを作り出すことが望ましい。ミニ東大を次々に生みだしていったヒエラルキー構造とは、全く別のボーダーレスのユニヴァーシティ構造が生れるのではないでしょうか。

まず学校教育法の変革から

川勝 多田先生のおっしゃる通り、日本にはいま一二〇〇もの大学がありますが、それが全体として東大をトップとする階層構造を形成しています。

今度また、そのトップの東大の総長には、日本人がなりました。その前も日本人、その前の前も日本人です。そして英語の先生とかフランス語の先生といった特殊の例外を除けば、教師の実質一〇〇パーセントが日本人。どうして世界に向けて公募しないのか。自国語での講義を可能にして、もしフランス人が来ればフランス語で講義すればいい。

榊原 形而下的な話になったから（笑）、さらにつづけると、そうするためにも、まず学校教育法（一九四七年）を変えなくてはいけない。学校教育法で重要な意思決定の権限を全部教授会に与えていることが問題なんです。これを変えなければ。

多田 おっしゃるとおりですね。教授選考などは、教授会の「談合入札」みたいなものです。

榊原 マネジメントに権限を与えれば、自分のイニシアティヴでいろんなことができる。ところがいまは法律でもって人事権まで教授会に与えている。欠員補充的な募集はするにしても、教授会が大々的な公募なんか提案するわけがない。自分がクビになるわけですから。

要するに、いまの大学の一番の問題は、マネジメントのシステムを全く欠いてしまっていることです。総長、学長、塾長といっても全然権限がない。学部間とか、教授会間での調整をするだけです。日本の役所というのは、一般に考えられている以上に民主的なんですが、それでもきちんと上に権限があります。権限の最大のものといえば人事権です。ところが日本では学部長も総長も人事権をもっていない。そうであれば公募などできるわけがない。だから、いまの文部省のシステムを変えろ、学校教育法を変えろ、と私は繰り返しいっているんです。それをやらないと大学はよくならない。

川勝 ただ、政治家も、もっと思いきったことができると思う。例えば、今後三年間、東大や京大には一銭もお金を出さない、自力でやれ、と。その代わり自由にやってよろしい。私はいくつか新設の大学に非常勤で行った経験があるのですが、ひとつの大学をだいたい三年でつくっている。場所を決め、建物を造り、先生を集め、文部省に認可してもらう、そういうことをすべて三年でやる。その点、東大や京大には、すでに建物があり、伝統があり、すぐれた人材がいて、立地も最高。であれば、なぜ三年かけても自立できないのか。私は三年あればできると思う。三年間で東京大学を私立にいたします、外国人を含む民間に払い下げます、と。

榊原　ただ私立にも、基本的にいろいろ制約があって、早稲田だって慶応だって東大とあまり変わらないですよ。だから現状のまま私立にするといっても、それだけではあまり意味がないと思う。川勝先生の考えに私は反対しませんが（笑）。ただ役人をやっていたから非常に意識しているんですが、そのためにはまず法律の体系を変えなければならない。

川勝　もちろんそうです。

榊原　教育をめぐる法律の体系を変えて、新しいことができるような仕組みにしなければならない。しかしいまは新しいことができないような仕組みになっている。やろうとしてもすべて文部省の認可が必要になる。新しい学科をつくるときも認可です。

川勝　国民皆学を目指し、その上学歴社会も実現して、文部省の役割は終わったのですから文部省を廃止するぐらいに思い切った措置をとる必要があります。

榊原　本当はそのくらいのことをやらなければならない。廃止しないまでも、あの法律の体系を変えなければならない。そうでないと日本の大学は絶対によくならない。このままいけば、優秀な人は、生徒も先生もみんなアメリカや外国の大学に行ってしまいます。

川勝　明治維新の時に学制をつくり、その後、大学令をつくった。いま同じくらいの大変革が必要だということですね。学制や大学令の役割が終わったいま、新しい制度をつくっていかなければなりません。

日本独自の学位を

川勝　それと例えば、経済学においてＭＢＡ（マスター・オブ・ビジネス・アドミニストレーション）というものがありますね。私がいた一九七〇年代、八〇年代のオックスフォードやケンブリッジでは、これをアメリカの大学の金儲け主義だということで軽蔑していましたが、いまは、みな猫も杓子もＭＢＡということになっています。日本でもそれをどんどん取り入れようという動きになっていますが、私は、そんなことをするよりも、むしろ日本独自の学位をつくった方がいいと思う。日本で出すのであれば、ＭＥＡ、すなわちマスター・オブ・エンバイロメンタル・アドミニストレーション（地球環境学修士号）というのが一番いい。

榊原　ただそれをやるためにも日本独自の評価基準がなければいけないと思います。例えば、ハーバードでも、ビジネススクールというのは川向こうにあって、川のこっち側の連中は、みんなばかにしています。ただそれでも、ビジネススクールならビジネススクールなりの透明な評価基準をちゃんともっている。

評価基準がきちんとしていなければ、学位を出してもただの紙切れです。そこが非常に大事だと思う。しかしどうしてなのかわかりませんが、日本人というのは、評価基準をつくるのがとにかく下手なんです。

川勝　例えば、日本はいま、第三世界の青年たちを招いて、いろいろ研修させて、技術を教えているでしょう。だけどＪＩＣＡなどが発行しているのは、ＪＩＣＡ総裁の修了証書だけなんです。こんな証書では何の役にも立たない。君は一年間、現地で実習し、半年間、理論を学んだから、あと半年間、何かレポートを書きなさい、そうすればＭＥＡをあげよう、と。ＪＩＣＡユニヴァーシティというものをつくって、マスター（修士）号をあげればいい。ＪＩＣＡはすでに四半世紀以上の歴史をもっているわけですから、高校卒業程度の学力を条件にして全世界にむけて公募し、文部省とは別に大学をつくってしまえばいい。

多田　実際、文部省に属していない、いわゆる大学校というのがあるでしょう。それでもきちんとやっていますからね。防衛大学校なんて。

榊原　税務大学校というのもありますが、そこには中国からも人が来るんです。そしてきちんと税金のことを教えている。

川勝　日本の大学システムの全体を変えようとすれば、どこで突破口を開くか、ということが重要になると思う。それには、老舗が革新をやるのが一番いい。つまり、一点突破です。シュンペーターではありませんが、均衡発展ではなく、不均衡発展です。革新というものはそういうものでしょう。

榊原　しかし、その一点突破をやらせないというのが、まさにこれまでの行政のやり方なんです。みんないっしょに引き上げていこうという話ですから。だからまずそうした行政のやり方を変えなければならない。

それからＪＩＣＡユニヴァーシティはいいですが、それ以前にやらなければいけないことがあって、例えば、アメリカの外交力が何故強いかというと、アメリカの大学がそれをやってきたからです。例えば、いま川勝先生がおっしゃったようなことをやっているのが、ハーバードのケネディスクールだし、プリンストンのウッドローウィルソンスクールです。途上国のリーダーになる人たちがみんな来ています。金大中やアキノといった人たちもハーバードにいた。アキノなどはハーバードから政治運動をやっています。そういうものを許容するキャパシティが大学にあって、それを大学は、外交の一部だと思ってやっている。大学には、じつはそういう機能もある。外交は、外務省だけがやるものではない。これは非常に大事なことです。

いまや大学町を

川勝　大分県別府にＡＰＵ（アジアン・パシフィック・ユニヴァーシティ）という大学が二〇〇〇年の春に開校したのですが、八百人の定員のうち四百人を外国人にするとまず決めました。これは立命館の分校になるんですが、実質的に独立でやっていて、大分県なども資金面でバックアップしている。ただ、どこの大学も、留学生枠を満たすための留学生集めに必死、という現状ですから、はじめは、一体、どれくらいの応募があるものだろうかと思ったのですが、実際やってみたら、来るわ、来るわ。

なぜかといえば、全員宿舎制だからなんです。留学生たちが、じつに来たその日からぶつかる問題は、どこに住むか、ということです。自分で住むところを探さなければならない。学生課で紹介してもらったり、友だちに連れていってもらったりするのでしょうが、大家さんと話をしたら、あなたはだめだと言われたりする。あるいは決まったところが気に入らなくても、そのことをうまくいえない。そういう異国で最初にうけるショックというのは、とても大きいでしょう。

だからＡＰＵは、大学構内に宿舎をつくった。しかもそこに日本人も入れ、日本人のアドヴァイスもあるから、生活に困りませんよ、ということにした。そうしたら何と五十か国から応募があったんです。大学が人を引きつけられるかどうかは、結局、そこに住みたいと思ってもらえるかどうか、ということです。そうした生活全体のことを考慮せずに人を呼ぼうとしたって、だれも来きません。

しかもこのことは、日本の大学全体について言える問題です。どこの大学も、生活というものを考えてはつくられてきませんでした。ビルディング一つ建てて、それで大学だとしてしまった。本来、ガウン（ガウンというのは大学の人間が昔、ガウンを着ていたからなんですが）とタウンは一体になるべきで、両者が一体になったような町は、まだつくられていない。寺社町、門前町、城下町、企業町、あるいは官庁街なら日本にもありますが、ボローニャやオックスフォードのような大学町は、未だ存在していません。

榊原 向こうは、宗教のなかからそういう教育システムが生れたからですね。もともとそこにコミュニティがある。ところが日本は大学制度だけを移植してきた。それで大学町をつくらなかった。おっしゃるとおり、いまや大学町をつくらなければならない。地方や県などが、どういう大学をつくるか、それぞれ考え、それを町づくりの中核に据えればいい。生活のある町をつくって、その中心に大学があるということが非常に大事ですね。

多田 そうですね。国立大学も国だけで面倒をみるというのは、そもそもおかしい。どの大学もそれぞれの地域に存在しているわけで、その地域に貢献しなければならない存在だと思います。地域における位置づけを考えに入れれば、その大学がどういう方向に向かうべきかは、おのずと見えてくるだろうし、学問的にいっても、そうした地域の特殊性との関係の中から新しい学問領域の可能性も生れてくるのではないでしょうか。

V 教養とは何か

「教養」は知的生活共同体の中で磨かれる

川勝 いわば魅力的な大学町、一種の「村」をつくるということが一番大事なんです。そしてその大学ビレッジに、多田先生のようなジェントルマン、あるいは榊原先生のような方がいらっしゃると、そこで学ぶ学生は背中を見て、人格を身につける。

多田 そうじゃなくて、赤ちょうちんみたいなものがなければだめです（笑）。

川勝 そのとおりです。ただ、多田先生が蝶ネクタイをされて、赤ちょうちんにおられると、これがじつに絵になる。そして学生がそこで飲み方を教わる。だからそういう生活というものがなければ大学は画竜点睛を欠く。

多田 一般教養ですね。一時、東京の町の中から大学が郊外へと出て行きましたが、ファースト・フードとコンビニぐらいしかないようなそんな町で、学生に教養を求めることはできません。

川勝 大学の中に生活がないといけない。教室の中だけで先生に会うというようなことではよくない。卑近な話のようですが、大学が町であることがすごく大事だと思う。

これは、私のたまたまの経験にすぎないので、あまり一般化できないかもしれませんが、私はオックスフォードで六年過しました。あそこにあるのはまさに生活共同体です。ホールがあり、食堂があり、図書館があり、きれいな庭があり、宿舎がある。総長ももちろんそこに住み、フェローとかドンと言われている連中もどんと構えている。彼らの一挙手一投足を見ているだけでも面白い。いわば学者の動物園です。

食堂では、たまたまプロフェッサー・クレバンスキーと一緒になったりする。相手は世界哲学会の会長。「私は九鬼周造に会っている」などと言われてびっくりするのです。もちろん英語で話をするわけですが、彼らはいわば生きたアンティークです。

ハイテーブルなどになると、みなそうそうたるプロフェッサーで、隣の人とこちらでは専門が全く違う。専門の違うなかで、自分の専門もきかれるし、ただその専門の話などは五分ぐらいで終えてしまわないと失礼にあたりますから、いろいろな話をする。話に興味を感じたら、部屋に戻って自分で本を読んだりする。

これは、生活のなかで教養が磨かれていくということなんです。そういった専門家は、決して専門バカではない。専門性をもったプロフェッショナルであり、かつジェネラリストでもある。教室の中で総合的なものを教えるといってもそもそも無理です。やはり生活のなかで、一流の人に交わるなかで教養は身につく。専門を異にする者と一緒に生活するなかではじめて総合的な教養が生れる。

日本でもサークルとかクラブといったかたちで、ある種の人たちが集まっていますが、それは生活の全体性というものを欠いている。ジェネラルな知識や教養というのは、学的生活を共有するなかではじめて磨かれていく。しかも同じレヴェルの者だけが集まってもだめです。本当のトップクラスの人と、それからトップになるような人たち、そしてその卵と、そういう人たちが一緒にいないと教養は洗練されていかない。そういった知的生活共同体は、日本にはないだけに、今後、重要になると思います。

「教養」とは何か

学問や大学のあるべき姿を考える際、やはりこの教養という問題は、最も重要であり、それと同時に、ではこうした教養をどのようにして身につけていけばよいのか、ということが問題になると思いますが、多田先生はいかがお考えでしょうか。

多田 そもそも教養とは何か、ということが問題になると思いますが、教養とは何か、というアンケートを、東大の新聞が教養学部の教授に出したことがあるんです。あまり詳しくは覚えていませんが、非常に面白い答えが返ってきました。

榊原 どんな答えですか？

多田 例えば「落ち葉を炊く香り」とか、「たとえば海のような」とか、「芸者と眼鏡」とか、そういうたとえ話が多かったんですが、彼らがどう教養をとらえようとしていたのかといえば、それは総体的にものを見る、あるいは複眼でものを見る、ということではないかと思うんです。一方的な見方だけでなく、複眼でものを見る見方を教える、それが教養学部の役割だ、と。

ところが戦後、例えば医学部では、医者の養成コースを六年間の一貫教育にする、といったことをだれかが言いだして、全部の大学が職業学校的に、高校を卒業したらすぐに解剖学を教えて、というような一種の職業教育をはじめてしまったんです。しかし当たり前のことですが、医者というのは、人間を相手にするものです。ですから昔の医学部には、二年間、場合によっては三年間くらい、いわゆる教養課程のようなものがあった。それがあっという間に全部なくなってしまったんです。

といって代わりに専門教育がきちんとできたかといえばそうはいきません。どの領域でも同じだと思いますが、そんなことを大学の期間だけでできるわけはなく、専門家になる予備軍というものをつくるにとどまっている。専門教育を受けたといっても、すぐに弁護士になれるわけでもないし、医者などはほとんど役に立ちません。そして、その後は資格試験のための勉強だけに集中していくわけですから、総体的にものを見る力を身につけるチャンスは全くなくなった。これは恐ろしいことです。そういう教育をせずに、専門教育をやっても、問題を発見し、解決していくようなモチヴェーションをもった人間を育てられるわけがない。

そういうことがありますから、いわゆる「リベラルアーツの教育」、「専門課程の教育」、それからその専門課程を終了したあとでの「専門家としての教育」、それらをすべて考え直す必要があると思います。とくに自然科学の場合ですと、何度か申し上げましたが、技術が技術を生んでいくようなオートマティックなレールの上を進んでいきます。それがあるスケールをはみだしたり、あるいは非常に危険な場合、それを批判できるような能力は、科学自身の中にはありません。そういう判断力を養うのは教養ということしかないでしょう。

榊原　多田先生のおっしゃるように、複眼でものを見るということが大事で、それを身につけるのに一番いいのは、違うカルチャーにぶつかることですね。インターディシプリナリーの教育というのは、要するに、他のカルチャーにぶつかることです。そういうプロセスを必ずどこかで経なくてはいけませんね。

多田　そうですね。複眼でものを見ることは、それがどういう方向に行くべきか、危険ではないか、を判断すると同時に、何か全く新しいものを創り出す、発見するというためにも重要です。ですからそういう意味でクロスカルチャー、越境しながら専門課程を学ぶ、そういうチャンスをきちんとつくるべきです。

川勝　お二人のお話に私も全面的に賛成ですが、付録的に言えば、教養というものは、単に宙に浮いているものではない、ということとです。それは、人格の中にあるもの、人格的魅力のようなもの、人をひきつけ、その人に感化されたい、とこちらが思ってしまうようなものです。ですからそういうものに実際に触れないかぎり、それを体現している人に触れないかぎり、いかに教養課程でリベラルアーツを教えようといってもなかなかむずかしい。

インターカルチュラルな、国籍や専門が違う人たちがいるような生活共同体のなかで、教養を磨いていくというのは、結局、人格を磨いていくことです。学問が何のためにあるのかといえば、人生の質を上げていくためにある。しかし人生の質は一人だけでやっても上がらない。それがわかることが、私は共同生活の一番のメリットだと思います。教養とは何か、といえば、それは生活の中にある。

榊原　川勝先生がおっしゃることは、じつはアメリカの、例えば西海岸の大学がかなり実現しているんです。つまり、彼らはキャンパスに住んでいるでしょう。そしてほとんどの場合、生徒の五割以上がノンアメリカンです。とくにオリエンタルが多い。私もアメリカの大学や学問にいろいろ批判的ですが、こういう点では、非常にすばらしいと思う。オックスフォードやケンブリッジとはまた異なりますが、バークレーとかスタンフォードとか、あのへんの大学は、じつは川勝先生がおっしゃるようなことを実現している。

日本の大学も、そこにコミュニティーがあり、生活があり、しかもそこにノンジャパニーズがマジョリティいて、チャイ

Photo by Yamamoto Momoko

ニーズも、インディアンも、ユーロピアンもいる、というくらいにしていかなければならない。

アメリカやヨーロッパには、それを実現しているところがあるのですが、日本はむしろ先進国では例外です。だからそういうシステムを早くつくらなければならない。異質なものに日常的に出会えるようにして、教養を身につけさせるようにするには、それが一番いいはずです。複眼的な思考は、そうした環境で自然に身についていくでしょう。

ところが日本ではどこでも同質的な人同士が集まっている。そして一生同質的な人とつきあっていく。医学部だったらずっとお医者さんとつきあう、大蔵省だったらずっと大蔵省で……(笑)。これでは複眼的思考が身につくわけがない。逆の作用しかなく、非常にまずい。日本社会の一番の問題もここにあると思います。

―どうも長時間ありがとうございました。

(二〇〇一年一月一八日／於・山の上ホテル)

Photo by Ichige Minoru

大学、そして学の未来へ

【大学システムの将来／二十一世紀の社会科学】

イマニュエル・ウォーラーステイン

訳・解題＝山下範久

Immanuel Wallerstein　一九三〇年生。フェルナン・ブローデル経済・史的システム・文明研究センター所長。九四〜九八年、国際社会学会会長。九三〜九五年には社会科学改革グルベンキアン委員会を主宰し、討論報告『社会科学をひらく』を刊行。次代への知の構築を訴える著書『脱＝社会科学』『ユートピスティクス』に続き、二〇〇一年三月には『新しい学』邦訳が刊行。

〈解題〉大学闘争から「新しい学」の創造へ

ウォーラーステインが、その知的歩みのごく最初の時期から大学というものに関心を持ってきたことは、一般にはあまり知られていない。たとえば、まだ「近代世界システム」の議論を提起するようになる少し前のウォーラーステインが、一九六九年に『大学闘争の戦略と戦術』（原題はUniversity in Turmoil）という著書を刊行していることを知る人は、同書に邦訳も出ているにもかかわらず（いまでは少数の図書館でしか読めないとはいえ）、ウォーラーステインの熱心な読者のなかでさえ、多くはないであろう。

しかし、『社会科学をひらく』、『ユートピスティクス』といった最近の著作に、ふたたび現れてきたように、大学として学／知識の問題は、近代世界システムが末期的な危機の状態に入ったという彼の状況認識とあいまって、再び前景化してきた。その問題意識は、拙訳にて近刊の『新しい学』（藤原書店、二〇〇一年三月刊行）でも、相当のページを割いて論じられているが、ここでは、同書所収の諸論文執筆以降にさらに発表された、彼の大学論および知識論を二編訳出した。最初のものは、彼がフェルナン・ブローデル・センターのウェブサイトで発表したコメンタリーからとったもので、彼の大学論／知識論が最もコンパクトに要約されている。あとにつづくもう一編は、ユネスコの『世界社会科学報告』一九九九年版に寄稿された論文で、必ずしも世界システム論の知識を前提としていない読者に向けて書かれているため、たいへん読みやすいものとなっている。

したがって、本文そのものについて特に解説を要するような難解な個所はないのであるが、より立体的に理解していただくために、ここでは二点だけ、ごく簡単に触れておくことにしたい。すなわち、第一は一九六〇年代のウォーラーステインの大学論と近年の大学論との連関と、第二は近年のウォーラーステインの学問論における「社会科学」という言葉の意味についてである。

まず、いわゆる「大学闘争」期のウォーラーステインとのつながりについてであるが、先の『大学闘争の戦略と戦術』には、彼の今日の議論にそのまま直結する論点が、すでにいくつも開陳されていて、その一貫性に驚かされる。その中心にある考え方は、大学がその本質において、社会闘争の場であるという認識である。これはもちろん、大学が社会闘争のために存在しているという意味ではなく、大学というものが社会システムのなかに占める位置が、そのような場の割当てを必然的なものとしており、そうであるがゆえに、一定の状況下では容易に激しい変化や闘争が生じうるという認識を言うものである。同書において、ウォーラーステインは、国際情勢(後の彼なら「世界システム」と言ったことであろう)、国内政治、そして大学内行政の三つのレベルから整然と議論を行なっている。そしていずれのレベルにおいても、彼の議論は、学の理念および機能の問題と学の財政的基盤の問題とに論点が集約されており、これはここに訳出した論文とも共通する視角である。

くわえて、『大学闘争』のウォーラーステインは、運動の精神的エネルギーが、国際情勢およびそれと関連した国家の対外政策に対する不満不服を主源泉としている一方で、現実的に大学にとって問題であり、実際に大学における闘争が影響を与えうる対象は、そのようなレベルにおける政治ではなく、むしろ大学内行政の民主化、および大学と地域コミュニティとの共生的関係の構築の方であるという見解を示している(この見解は、大学が財源として国家に依存するしかないにもかかわらず、国家が大学に期待する社会的機能は、大学がいくら国家に対して敵対的な姿勢をとっても、迂回的に調達することが可能であるという、ウォーラーステインの酷薄な認識によって支えられている)。

今日では、大学闘争がかつてほどの力をもっていないことは明らかであるように思われる以上、ここで訳出した論文に、右のような論点がもはや直接には見られない(それらの論点は、反システム運動の議論やジオカルチュア論へと昇華したとみてよいだろう)のはある意味で当然であるが、それは単に大学闘争という「事件」の盛衰を反映しているのではなく、むしろ大学という制度が定位されている世界システムの構造的ダイナミズムから理解されるべきことである。すなわち資本主義世界経済が、一九七〇年代を境に、拡大局面から停滞・縮小局面に転じたということである。大学の財政難という問題は、職業としての学問のあり方に直接深刻な影響を与えるが、たとえば、六〇年代当時のウォーラーステイン自身の主張の意味合いも変わってくることになろう。大学システムの拡大の頂点において主張された、大学行政の民主化と地域コミュニティとの共生の要求は、（相対的に豊かな）大学という機関が都市部において富と権力の再分配のローカルな拠点となりうるという発想であったが、今日であれば、同じ主張をしても、それは、（たとえば国公立大の独立行政法人化のような）新自由主義／グローバリズム的圧力に対するミニマムな自己防衛としての組織内・組織周辺の潜在的資源の活用といったような意味合いが強く出ることになろう。

しかしながら、おそらくそのような「戦略と戦術」が、グローバルな構造変動に対して、どの程度の実質的効果を持つかについては、不確実というよりほかはないであろう。特に、現在が単に数十年単位の世界経済のひとつの縮小局面であるというよりは、数世紀単位での構造の再編成の時代であると捉えるウォーラーステインの認識に従うならば、なおさらである。そして当然ながら、その際問題は単に財政問題ではなく、まずもって知とはなにかの問題なのである。

彼が「社会科学」を語るとき――特に来るべき社会科学を語るとき――その言葉の意味は、近代世界システムにおける知の構造が、本質的にしかし潜在化・局所化されたかたちで抱えてきた知の根本的矛盾をめぐる闘争の場を指している。われわれが妥当かつ有用な知を獲得しうるのか、いかに獲得しうるのか、という問題をめぐる葛藤は、科学と哲学との分割のはざまで、皮相な相互蔑視へとすりかえられてしまっていた。幸か不幸か、社会科学は、まさにこの分割のはざまにあって、葛藤を抱え込まざるをえない位置を占めていたがゆえに、知の再編成に伴う根本的問題に取り組むに当たって、一日の長なきにしもあらず、というのがウォーラーステインの弁であろう。とすれば、もちろん、そこでいわれる「社会科学」とは、既存の個別科学《ディシプリン》のかたちでの社会科学を指すものではないことは瞭然である。ある意味では、むしろ知そのものについての問いの囲い込み、封じ込めの場であった既存の社会科学こそが、その本来の位置に立って、正面から問題に取り組むことを最も切実に要求されているともいえよう。けだし、ウォーラーステインの指摘通り、知の三分法体制に事実上異議を唱える運動は、自然科学（複雑性研究）と人文学（カルチュラル・スタディーズ）の両極で、すでにはじまっているのであるから。それらの運動を、また新しい個別科学《ディシプリン》のひとつとして「摂取」するのに汲々としているようでは、おそらく社会科学に未来はないとウォーラーステインは考えているだろう。彼が社会科学の将来と言うとき、それは、なによりも近代世界システムにおける知の構造を根本的に再編成する「新しい学」への跳躍を要求するマニフェストなのである。

（山下範久）

大学システムの将来

　われわれは大学というものを、中世ヨーロッパに起源を持つ制度として語りがちである。これはよくできた神話ではあるが、現実はといえば、中世の大学は一五〇〇年ごろに力を失い、その後三世紀ほどの間、日陰の存在となっていた。今日の大学は、十九世紀の西欧および北米において、新しく創り出されたものといってもよいものであって、その後、世界のその他の地域へ徐々に――そして一九四五年以降は顕著に――拡散していったのである。

　近代の大学は、いくつか、それ固有の特徴を有している。教授団《ファカルティ》は、常勤《フルタイム》で雇用された教授から構成されており、彼らは、その所得の大半を大学での勤務から得ている。学生は、その大半が、全日制《フルタイム》の課程に属し、特定の学位の取得を目標としている。大学は、複数の学部に分割されており、その学部は、さらに複数の学科に分割されている。教授団《ファカルティ》と学生は、特定の学科をあてがわれることになり、それぞれの学科は「個別科学《ディシプリン》」――すなわち、専門化され、知的な一貫性を持った独立の科目主題――を体現したものであるということになっている。大学は、知の再生産の主要な道具であるばかりではなく、知の生産の主要な場でもある。

　このような理念型的記述は歴史化の必要がある。一七五〇年の時点で、今日の「人文・自然科学」を構成している諸学は、すべて、哲学部《ファカルティ・オヴ・フィロソフィ》という単一の学部の内部で教授されていた。そこでは、教授が「講座《チェアー》」を持っており、そのそれぞれが特定の題目を持っていたが、その題目は講座《チェアー》の継承の際にそのまま引き継がれるとは限らなかった。今日、われわれが科学と哲学の離別《ディヴォース》と呼んでいる、知の世界における深刻な分裂――いわゆる「二つの文化」――が固まってきたのは、このあたりの時期である。これが、いかに常軌を逸したものであったかということを理解するのは重要なことである。このようなことは、西洋世界において、さらに言えば、世界のその他のどの地域においても、かつて一度も生じたことがない。ところがいまや、全く異なる二つの知の様式が存在しているのだと宣告されたのである。一方には、いわゆる科学的な知の様式があるとされ、そこでは、現実を実証的に検証することを通じて学問が行なわれ、検証の結果は――その実証的証拠の許す範囲で――一般化して述べられる。他方には、いわゆる人文学的な知の様式があるとされ、そこでは解釈学的な了解を通じて学問が行なわれ、そこでは一般化なるものは顰蹙の対象である。

　結果として生じたのは、二世紀間にわたる認識論《エピステモロジー》的反目であった。両陣営はそれぞれ他方に対して、もっとも控えめな場合でもそこはかとなく軽蔑の念を抱き、もっともひどい場合には、無用ないしは不適切な知の担い手として、その価値を低く見るようになった。さらに、かつて真の探求と善および美の探求とは学問人にとっての不可分の責務であったのに対して、二つの認識論《エピステモロジー》はこれらの責務を分割してしまったのである。科学は、真の探求にのみ責任を持ち、人文学は、善と美についての権利を独占的に割当てられた。社会科学は、社会的現実の研究の領域として現れたが、それは、二つの認識論《エピステモロジー》の競合する領域であった。社会科学は、このような法則定立的《ノモセティック》な知のアプローチと個性記述的《イディオグラフィック》な知のアプローチとの間の、いわゆる「方法論争《メトーデンストライト》」に引き裂かれてしまったのである。

両陣営はそれぞれ、大学システムの内部に、みずからの城塞を築き始めた。適切な学部を創り出し、その中で個別科学《ディシプリン》たるべきものを代表する複数の学科が設立されていった。教授団《ファカルティ》と学生とはそのような個別科学《ディシプリン》の境界のなかに、事実上閉じ込められてしまった。そこから派生して創り出されたさまざまな制度――教育課程、個別科学《ディシプリン》のラベルのついた学位、個別科学《ディシプリン》名を冠した学会誌（その個別科学《ディシプリン》の教授団《ファカルティ》は、その雑誌のみにおいて、業績を公刊するものということになった）、それぞれの個別科学《ディシプリン》の各国および国際学術会議や学会、さらに図書館の分類も――は、どれもこれも、そのような境界を強化するものであった。

一九四五年の時点で、このような構造は完全な姿を現していた。この頃までに、科学は人文学との闘いにおいて、すでに自らの威信を勝ち取っており、より優れた知の形態として認知されて、単に名誉というかたちでのみならず、金銭というかたちでも、社会的報酬を受けるようになった。科学は、経済成長を育み、生活の質の向上をもたらす技術の生産の上で、科学が社会的に有用なもの――さらに言えば不可欠なもの――であると主張するようになった。しかしながら、この構造が最終的にその全貌を現すやいなや、それは、過負荷に陥ることになった。

複数の個別科学《ディシプリン》の分立は、知的に不正確であるとして、また問題を発見していく上で知の障害を生み出しているとして、さらにまた社会的に有害であるとして、攻撃を受けるようになった。くわえて、一九四五年から一九七〇年の時期において世界の大学システムが信じがたいほどの拡張を遂げたために、学者たちには、他の学者とは異なる自分の存在意義を示せるような居場所を見つけなければならないという巨大な圧力がかかってきた。そのような居場所を獲得するために、隣接する諸個別科学《ディシプリン》からの「密猟」が大規模に行なわれる過程が生じ、やがて、一九四五年当時であれば諸「個別科学《ディシプリン》」が明確に分離していたところが、互いに重なり合い混交しあった曖昧な領域へと転じていった。

その間、二つの文化という考え方は、この認識論《エピステモロジー》的分割の両陣営の双方から掘り崩されるようになった。自然科学の内部では、「複雑性研究」を唱導する者が現れ、ニュートン力学とその諸系――線形性、時間の可逆性、決定論、均衡――を攻撃した。その者たちは、それらの諸系とは逆の前提に立った科学を弁じ、「時の矢」と「確実性の終焉」について語り始めた。人文学の内部においては、カルチュラル・スタディーズを唱導する者が、あちこちから現れ、彫琢と伝承を旨とする普遍的正典《カノン》の重要性を強調する人文学の伝統的態度を攻撃した。彼らは、あらゆる文化的生産および受容には社会的文脈があり、したがってそれは時間によって、また場所によって多様であるということを強調した。要するに何が生じているかといえば、これら二つの陣営のそれぞれにおける知の運動はともに、これまで離心的であった知の磁場を求心的なものへと転換しているのである。彼らの努力は、「二つの文化」を克服する方向へ、知の世界を押し進めてきているのである。

同時に、世界の大学システムは、長期的な財政難に入ってきた。グローバルに見て、高等教育にかかる費用は、富の社会的配分の主要素となり、一九七〇年以来、国家およびその他の財源提供者は、はてしなく膨らんでいく高等教育の費用を削減する方途を探すようになってきた。いたるところで提起されている、ひとつの主なやり方は、大学システムの「高校化」とでも言えそうなものである。すなわち、より少ない教師でより多い学生の面倒を見させ、単純化、標準化、課程管理の強化を行ない、それと並んで研究活動には、もう重点を置かないというやり方である。この潮流は、おそらく今後五十年間くらいは、減速することはないであろう。

このため、すぐれた学者たちは、大学システムの外へと押しやられるようになってきている。彼らは、高等研究機関、科学アカデミー、民間の研究組織、大企業での雇用へと向かっている。この傾向は、おそらく今後二十五年間は加速を続け、大学システムから、その最もすぐれた学者たちを奪っていくであろう。さらに重要なことは、それが知の生産の場としての大学の役割の終焉の兆しかもしれないということである。

これは、必ずしも良いこととは限らないし、また必ずしも悪いこととも限らない。しかし、確実に言えることとして、知の世界の根元的な認識論《エピステモロジー》的再構築の契機にあって、大学は、もはや行動の目標ではなくなったということである。だとすると、学者は、自分たちに資金を提供してくれる者——国家にせよ企業にせよ——の短期的な利益に奉仕する生産を行なわなければならないという過大な圧力から逃れるために、新しい制度的な仕組みに収容されていくのかだろうかという疑問をもたざるを得ない。二十一世紀は、一七五〇〜一八五〇年の時代に匹敵する規模の知の世界の再構築の時代となるかもしれないのである。

（フェルナン・ブローデル・センター・ウェブサイトにおける一九九九年十一月一日付けのコメンタリー）

二十一世紀の社会科学

これから何が起こるかについて書くことは、何かが起こる可能性について語ることでさえ、常に危険なことである。未来というものが本質的に不確実である以上、それは、どうしても一定限度の思弁の要素と無関係ではすまされないからである。したがって可能なことはといえば、現在にいたるまでの過去の諸傾向、それに続く軌道の諸々の可能性、社会的選択の可能性が定位される場を確認する努力をすること、ということになる。このことは不可避的に、社会科学が歴史的にどのようにして構築されてきたか、そのような構築の結果に対して現在向けられている攻撃がいかなるものであるか、そしてその結果それに代わるものとして、これから数十年あるいは一世紀において、どのようなものが妥当であるのか、ということを論ずることになる。

社会科学の将来を論ずるということについては、もうひとつ別の困難が存在する。社会科学は、社会的行動の領域として、きちんとした境界を持つ、自律的なものではないということである。それは、近代の知の構造という、もっと大きな現実のなかのひとつの部分であり、さらに言うべきこととして、社会科学は、完全にとは言わぬまでもだいたいにおいて、世界の大学システムという近代世界の主要な制度的枠組のなかに存在するものであった。社会科学の歴史的構成、現在の難題、およびそれにかわる妥当な選択肢として存在するものを、ひとつの全体としての知の構造の展開および大学システムの制度的枠組の展開のなかに、社会科学を位置づけることなくして論ずることは困難である。

したがってわたしは、以上の論点を、三つの時間枠組において論じようと思う。すなわち、歴史的構成、現在の難題、そして将来の妥当な選択肢の三つである。わたしは、最初の二つの時間枠組については大まかなスケッチ程度の扱いとして、将来についての議論の背景を提供するにとどめることにしたい。三つの時間枠組のそれぞれにおいて、わたしは、三つのこと——ひとつの全体としての知の構造、大学システムの展開、社会科学に固有の性格——を論じることにする。

近代世界の「知」の構造
——その歴史的構成と現代における崩壊——

近代世界の知の構造は、ある根本的な点において、それ以前のいかなる世界システムの知の構造として知られているものと比べても全く異なっている。すなわち、近代世界以外の全ての史的システムにおいては——その価値体系がどのようなものであれ、知の生産および再生産に主として責任を持つ集団がどのようなものであれ——あらゆる知識は、ひとつの認識論《エピステモロジー》として、統一的なものであると考えられていたということである。もちろん、どのようなものにせよ、なんらかの史的システムをとりあげてみれば、その内部において、異なる学派／教団がたくさん発展してきていたということはあったかもしれないし、「真理」の内容をめぐって、幾度となく闘争が繰り広げられることもあったかもしれないが、そのような事態を、根本的に異なる二つの「真理」が存在するという見方で捉えるというようなことは決してなかった。近代の世界システムに固有の特徴は、今日では人口に膾炙しているC・P・スノーの表現を借りれば、「二つの文化」が存在するような知の構造を展開させてきたところにある。

　社会科学の歴史的構成は、「二つの文化」の存在によって生み出される緊張関係の枠組のなかで生じてきたものであるが、その前にまず、「二つの文化」自体が形成されなければならなかった。境界の不在は二重のものであった。〔第一に〕学者たちにとっては、自分の活動を、ある一つの知的分野に限定するということには、ほとんど意味がなかった。〔第二に〕哲学と科学とが、別々の知の領域を成しているなどということは、ほとんどナンセンスであったことはまちがいない。このような状況は、一七五〇年から一八五〇年の時期に、根底的に変化を遂げた。結果として、いわゆる科学と哲学との「離別《ディヴォース》」が生じた。以来われわれは、「哲学」と「科学」とは別々の——さらにいえば、ほとんど敵対的な——知の形態であるとみなすような知の構造のなかで、知の営みを行なうようになった。

　このような新しい知の構造——科学と哲学の認識論《エピステモロジー》的分離——の出現は、二つの重要なかたちで、大学システムに反映された。第一は、学部の認知である。中世ヨーロッパの大学は、四つの学部から成り立っていた。すなわち、神学（これが最も重要であった）、医学、法学、哲学の四つである。一五〇〇年ごろから、神学はその重要度を低下させ、十九世紀には、完全に消滅する傾向を見せた。医学と法学は、より技術的な学問へと対象を狭めていった。しかしながら、決定的に重要なことは、哲学部に起こった展開であった。哲学部に起こったのは二つのことである。十八世紀に、新しい「専門化」された高等教育の制度が、哲学部の内部と外部の両方に出現してきた。

　大学システムが生き延びていくことができたことの本質には、大学が、われわれが今日「個別科学《ディシプリン》」と呼ぶ諸々の専門課程を哲学部の内部に創り出し、それら諸々の「個別科学《ディシプリン》」を、もはや哲学部という単一の教授団《ファカルティ》にまとめあげずに、教養《アーツ》（あるいは人文学ないしは哲学）の教授団《ファカルティ》と科学の教授団《ファカルティ》という二つの別々の教授団《ファカルティ》として編成することを常態としたことにある。このような有機的再編成について重要なことは、哲学と科学との分割が制度化されたことだけではなく、人文学／哲学を犠牲にしつつ、科学の文化的威信の上昇が確実に進行したことにもある。そもそものはじめにあっては、科学は、諸学のなかで優越的な地位を得るべく闘いを挑まねばならず、その当初において、大学システムは、なんらかのかたちで科学に対して厳しい態度を示していたのであるが、やがて関係は逆転するようになった。

では、この図式のどこに、社会科学の収まり場所があるのであろうか。社会科学は、十九世紀の末になって初めて制度化されたものであり、それはニュートン主義的科学の文化的支配の影響下に進行した。「二つの文化」の両側からの主張に直面して、社会科学は、その対抗関係を、「方法論争《メトーデンストライト》」として内部化した。〔一方には〕人文学に傾いて、いわゆる個性記述的《イディオグラフィック》な認識論《エピステモロジー》を用いる者があり、彼らは、あらゆる社会的現象が個別的であり、一般化というものがすべて限られた有用性しかもたず、必要なこととして移入による了解が求められているのだということを強調した。〔他方には〕自然科学に傾いて、いわゆる法則定立的《ノモセティック》な認識論《エピステモロジー》を用いる者があり、彼らは人間的諸過程と、その他あらゆる物質的諸過程との論理的平行性を強調し、したがって、時間と空間を超えて真理として妥当する普遍的で単純な法則を求めて、物理学に合流しようとした。社会科学は、反対方向に駆けていく二頭の馬につながれた人間のようなものであった。社会科学は、固有の認識論《エピステモロジー》的立場を展開することなく、自然科学と人文学という二つの巨人の間の争いに——両者はいずれも中立的な立場というものを認めなかった——引き裂かれてしまったのである。

わたしはここでは、社会科学内部の方法論的闘争についての検討は行なわない。それは、科学と人文学の間における「二つの文化」の亀裂の間での陣取り合戦であった。ただ、この「方法論争《メトーデンストライト》」において、近代世界を取扱うために生まれた三つの主要な個別科学《ディシプリン》——経済学、政治学、社会学——が、すべて法則定立的傾向をもっていたことを想起すれば十分である。「法則定立的《ノモセティック》」という言葉の意味は、ニュートン主義的科学の方法と認識論《エピステモロジー》的世界観とを、可能な限り模倣するということである。その他の社会科学諸学科は、より人文学的で、記述的であるとされたが、それにもかかわらず、それぞれなりに「科学的」であろうと努めるものではあった。人文学系の学者たちは、実証的データを大事にするという科学的態度を示したが、普遍的な「一般化」という考え方には不服を示した。

社会科学の個別科学《ディシプリン》化——それは、人文学と自然科学との「中間」にあって、「二つの文化」の間で深刻な分裂を被っている知の領域として進行した——は、一九四五年までに、はっきりとしたかたちをとって落ちつくところまでたどりついた。一七五〇年から一八五〇年の当初、状況はきわめて錯綜していた。原・個別科学《プロト・ディシプリン》の呼称として用いられた名称は無数に存在したが、そのほとんどすべては、広範な支持を得られそうにもないものであった。次いで、一八五〇年から一九一四年の時期には、このような名称の氾濫は、実質的に、少数の標準的なまとまりへと縮減され、互いにはっきりと区別されるようになってきた。本稿の見解では、当時の学界全般を通じて、きわめて広範に受け入れられていたような名称は、以下の六つだけである。それは、十九世紀末には妥当であると思われていた三つの構造的断絶を反映するものであった。すなわち、過去（歴史学）と現在（経済学、政治学、社会学）の断絶、文明化された西洋世界（先の四学科）とその他の世界（「未開」民族を対象とする人類学と非西洋の「高度文明」を対象とする東洋学）の断絶、そして近代西洋世界にのみ妥当する断絶として、市場の論理（経済学）、国家の論理（政治学）、市民社会（社会学）の論理の間の断絶の三つである。

一九四五年以降、このような明確な構造は、いくつかの理由から崩れ始めた。地域研究《エリア・スタディーズ》の勃興によって、「西洋」志向の諸学科が、世界のその他の地域の研究に新入するようになり、それらの地域を専門に研究する個別科学《ディシプリン》としての人類学と東洋学の機能は掘り崩されるようになった。世界規模での大学システムの拡大は、社会科学者の数を相当に増大させた。結果として、個々の社会科学者は、自分の居場所を求めて、既存の個別科学《ディシプリン》の境界を越えて「密猟」をさかんに行なうようになり、ために事実上、個別科学《ディシプリン》の境界は相当に曖昧なものとなってしまった。続いて、一九七〇年代においては、これまで無視されてきた集団（女性、「マイノリティ」、非主流的な社会集団）を学問の領域に包含せよという要求が起こり、大学において、学科横断的《インターディシプリナリー》な研究プログラムが、新しくつくられるようになった。このようなことはすべて、学問の諸領域をさす正式な名称が増殖し、どう見ても、その数は増え続けるだろうという徴候の存在を示すものである。個別科学《ディシプリン》の境界が崩れ、事実上相互浸透しているとすると、われわれは、ある意味では、一七五〇〜一八五〇年の状況の方向へ逆戻りしているということになる。つまり、有効な分類に結びつかないような多数のカテゴリーの乱立という方向である。

自然科学、人文学、社会科学という知の三分法も攻撃にさらされるようになってきており、その事実がまた社会科学に影響を与えている。主として二つの新しい知の運動が、これに関わって現れてきたが、いずれも社会科学から出てきたものではない。ひとつは、いわゆる「複雑性研究」となったものであり（これは自然科学から出てきた）、もうひとつは「カルチュラル・スタディーズ」である（こちらは人文学から出てきた）。現実において、この二つの運動は、全く異なる立場から出発していながら、ともに同じ対象を攻撃目標として捉えるようになった。それは、十七世紀以来の自然科学の支配的様式すなわちニュートン力学に立脚する科学の形態である。

十九世紀末以来、特に最近二十年間ほどにおいて、少なからぬ自然科学者が、ニュートン主義的科学の諸前提に挑戦するようになってきた。彼らは、未来は本質的に非決定論的なものであり、均衡は例外的であると考えており、物質的現象はつねに均衡とはかけ離れた動きをしていると主張している。また彼らは、カオスから新しい（ただし予見不能な）秩序をもたらす分岐《バイファケーション》を導くものとしてエントロピーを捉えており、したがって、エントロピーの帰結は、死滅ではなく創造であると考えている。さらに彼らは、自己組織性をあらゆる物質の原理的過程と見ている。このようなことがらは、いくつかの基本的な標語に要約されている――「時間の可逆性ではなく、時の矢を」、「認識論《エピステモロジー》的前提として、確実性ではなく不確実性を」、「科学の究極的成果としての単純性ではなく、むしろ複雑性の説明を」。

カルチュラル・スタディーズは、複雑性研究が攻撃しているのと同じ決定論および普遍主義を攻撃している。カルチュラル・スタディーズは、普遍主義の名においてなされる社会的現実についての言明は、実際に普遍的であることはないという論に主として立脚することで、普遍主義を攻撃している。カルチュラル・スタディーズは、善と美の領域における普遍的価値（いわゆる正典《カノン》）の存在を主張し、そのような普遍的価値の理解に血肉を与える営みとして、テクストの内的分析を行なうという人文学的な学問の伝統的様式に対する攻撃を代表するものである。カルチュラル・スタディーズは、テクストが社会的現象であり、特定の文脈において創造され、特定の文脈において読まれたり、理解されたりするものであることを強調する。

古典的な物理学は、複数形の「真理」を排除しようとしてきた。変則事例とみえるものも、単に、根底にある普遍的法則について、われわれが依然として無知であるという事実の反映に過ぎないというわけである。古典的な人文学は、複数形の「善および美」の理解を排除しようとしてきた。善や美についての理解が一見多様であるのは、そのような理解を示す者がまだ十分な教養を獲得していないという事実を反映しているに過ぎないというわけである。このような伝統的見解に反対して、複雑性研究とカルチュラル・スタディーズの双方が、自然科学と人文学において、十九世紀的な科学と哲学の離別によってこれまでずっと閉じられてきた新しい可能性に、知の領野を開こうとしたわけである。

ニュートン力学に対する攻撃によって、社会科学者の集団心理に湧きあがってきたのは、公共政策において、社会科学がこれまで貧弱な成果をしかおさめられなかったのは、社会科学者が実証研究を行なう者としてだめだったからではなくて、ニュートン力学からとってきた方法論的・理論的前提のせいであるという可能性である。要するに、社会科学者たちは、いまや初めて、彼らが杓子定規に拒絶してきた常識的命題、すなわち社会的世界とは本質的に不確実な領域であるという命題をまじめに考えてみることができるようになったのである。

テクストの正典《カノン》的理解に対する攻撃によって社会科学者に開かれたこととは、社会科学者が社会科学の記述、命題、証拠の性格について自己反省的であるべき義務と、社会科学者の発話の位置から生ずる偏見の不可避性と社会的現実についての妥当な言明の可能性とのあいだの調停を行なうべき義務である。

かくして、社会科学内部の諸個別科学《ディシプリン》の境界の妥当性は相当に不確実なものとなり、過去二世紀間において初めて「二つの文化」のあいだの認識論《エピステモロジー》的分割の正統性、ひいては自然科学、人文学、

「中間」の社会科学という大カテゴリーへの知の事実上の三分法が本気で疑問視されるようになって、われわれは二十一世紀を迎える。そしてそれは、教育制度としての大学の大きな変容の時代において生じている。本稿が詳しく検討したいのは、知識論および組織論としてこのように三重になった意志決定の領域についてである。わたしはまず、「二つの文化」の問題について論じ、次いで社会科学の再構成の可能性について論じ、最後にそれらの変化と大学システムそのものとの間の関係について論ずる。

知の構造の転換に向けて

認識論《エピステモロジー》的問題が、あらゆる現在の諸論争において基本的に重要であるのは、いわゆる「サイエンス・ウォーズ」や「カルチュラル・ウォーズ」に注がれている情熱の強さを見れば、明らかである。通常そのような激情は、当該の領域に携わっている者が、なにか大きな変容が提起されている、ないしは実際に起こる可能性があると信じている——それが正しかろうがなかろうが——ような場合には、あっと言う間に沸点に達してしまう。しかしもちろん、激情などというものは、根底にある諸問題の分析構成を明らかにしたり、展開させたりする上で、必ずしも最も有益な方法ではない。

先に述べた哲学と科学との「離別《ディヴォース》」には、長らく大きな問題があった。十八世紀以前においては、神学と哲学とは、ともにひとつではなくふたつのことを知ることができると主張するのが伝統であった。すなわち、真なるものと善なるもののふたつである。〔これに対して〕実証科学は、善なるものを究める道具立てを持たないという感覚を持っていた。真なるもののみが実証科学に知りうることであった。科学者たちは、なかなかのけれんみで、この困難をさばいてみせた。彼らは、ただひとこと、自分たちは真なるものを確証しようとしているだけであって、善の探求は、哲学者たち（および神学者たち）の手に残してあるのだと言ってのけたのである。彼らは、自らを擁護すべく、いくばくかの軽蔑の念をこめて、自覚的にそうした。つまり彼らは、真なるものを知ることのほうが、より重要であると主張したわけである。最終的には、善なるものを知ることは不可能であり、可能なのは真なるものを知ることだけだと主張する者まで現れた。このような真と善との分離こそ、「二つの文化」の根底にある論理を構成するものにほかならない。哲学（あるいは、もっと広く言えば人文学）は、善（および美）の探求へと追いやられた。科学は、自分こそが真理の探求の独占権を有するものであると主張したのである。

しかしながら、学者たちが真の探求と善の探求との厳密な隔離を確立しようと、いくら努力しても、大半の人間には、それら二つの営みの分離を実践にうつすことにはためらいがあった。それは、心理的な本性に反するものであり、とくに研究の対象が社会的現実であるような場合にはそうであった。制度としての社会科学の歴史を通じて、その内部における論争の中心には、多くの点で、真の探求と善の探求とがなんらかのしかたで調停されないかという論点がかかわっていた。二つの探求を再統合したいという願望は、科学者の著作にも、哲学者の著作にも、しばしば隠然と顔を出していた。その著作をものしている当の本人が、そのような願望は望ましいものではない、あるいはそのようなことは不可能であると主張するのに一生懸命になっている最中でさえ、場合によっては、再統合の願望が回帰していたのである。しかし、そのような追求は隠然たるものであったがゆえに、われわれが一致団結して、それを評価し、批判し、改善していく能力は損なわれていた。

　われわれが今後二十五年から五十年ほどの間に、「二つの文化の克服」のプロジェクトをどの程度進められるかということは、もちろん確《しか》とはわからない。決してあらゆる者がみなそのようなプロジェクトにコミットしているわけでもない。逆である。自然科学の内部にも人文学の内部にも、このような認識論《エピステモロジー》的分割が正統であり続けるべきだと頑固に支持している者は多い。ゆえに、社会科学の内部でもまた同様である。本稿が言いうることは、二十世紀の最後の三十年間において、既存の分割に反対してきた知の運動は——それは過去二世紀間で初めて起こったことである——広範な支持を得た真剣な運動になっており、その支持の度合いはますます大きくなってきているように思われるということである。

　以上述べた二つの運動が現在において抱えている大きな問題は、それぞれの陣営／教授団《ファカルティ》／超学科区分《スーパーディシプリン》の内部における頑強な抵抗の存在を別にすれば、二つの運動がそれぞれ、現在普及しており、これまでほとんど疑問視されなかった正統《オーソドキシー》に対する批判を正当化しようという努力に集中してきたことである。複雑性研究側からもカルチュラル・スタディーズ側からも、対岸の運動に接点を見つけ出し、二つの運動が協同して、法則定立的《ノモセティック》でも個性記述的《イディオグラフィック》でもなく、普遍主義的でも個別主義的でもなく、決定論的でも相対主義的でもない真に新しい認識論《エピステモロジー》を創り出しえないだろうか、あるいはいかにすればそうしうるのか、ということを考えてみる余裕はなかったのである。

　二つの運動が相対的に接触を欠いていたということは、単に組織論上の問題ではない。それは、知的差異の反映でもある。複雑性研究は、依然として科学であることを望んでいる。カルチュラル・スタディーズは、依然として人文学的であることを望んでいる。両者はともに、まだ科学と哲学の間の区別を完全に放棄してはいない。互いに収斂しあう二つの知的潮流が実際に合流して、共通言語を確立するまでには、これから先まだ長い道のりがある。他方で、社会的圧力——世界の知の探求者たちの共同体からのものと世界中の社会運動からのものの双方からの圧力——は強力であり、二世紀ほどに及んで支配的であったジオカルチュアがその生命を枯渇させたことから生じている混乱の感覚に圧倒されてしまっている学者たちの数(学者ではない人びとはいうまでもなく)も、同様に極めて多数にのぼる。

まさにこの点において、社会科学者は特別な役割を果たすことを要請されていると考えられそうである。社会科学者は、規準となる枠組を確立するという問題が、彼らの専門的な関心と適性なのであり、その制度としての歴史の全体を通じて、そのような過程の研究に従事してきたのである。さらに、二つの知の運動が互いに収斂する軌道は、実際のところ、自然科学と人文学とをともども社会科学の領野に押し入れる方向に進んでいる。そこでは、社会科学の専門技術が、それ自体として適用可能であると考えられる。

新しい認識論《エピステモロジー》をもたらす合意《コンセンサス》がどのような方向のものになるかを明確に描くには、現在は、まだ時期尚早に過ぎる。それには、これまでの努力以上に満足のいくようなかたちで、長らく立ちはだかっている諸問題群に明晰に取り組む必要がある。以下に、その諸問題を列挙しよう。

I　宇宙が実在であると同時に永続的に変化しているという前提に立った上で、宇宙の現実について、反復不可能な、個人的、一時的、部分的写像以上の一般性を認識する方法はどのようなものか。それでもなお、妥当な程度にそのようなことを行なうことが不可能であるとすれば、あらゆる学問的営みには、いかなる意味があるのか。

II　認識に対して認識者が与えてしまうインパクトをどのように測定すればよいか。さらにその測定に与えてしまう測定者のインパクトをどう考えればよいのか。これは、ハイゼンベルクの不確定性原理の拡大解釈である。「観察者は中立的でありうる」という誤った考え方と、「あらゆる観察者は自分の偏見を認識に持ち込んでしまう」というあまり有用とは言えない見方の双方をともに乗り越えるにはどうすればよいか。

III　〔一方で〕あらゆる比較が同一性と差異とを扱うものであり、〔他方で〕同一性なるものが排除の定義に立脚しており、差異というものが無限に存在する以上、同一性および差異についての決定に際して、われわれが確立しうる妥当な規準とはいかなるものか。

IV　われわれが宇宙において相対的に小さな実体と相対的に大きな実体を無限に見出しつつあるように思われ、かつ、あるゆるものの生成の文脈として宇宙の無縫性《シームレス》を前提とすると、宇宙とそのあらゆる諸部分を理解する上で、妥当な補助となる有意味な分析単位とはいかなるものか。

ご覧いただいてわかるように、これらはすべて哲学的問題であるが、同時にすべて科学的問題でもある。これらの問いに対する解答が二通り存在するなどということがありうるであろうか。これらの問いについての論争の場が二つ存在するなどということがありうるであろうか。これらの問いが二十一世紀には解決されるだろうなどといったいい加減な主張は本稿のなすところではない。知の構造というものは、それらの問いについての暫定的な合意《コンセンサス》の上に成り立つものである。そして、知の三分法に対して現在加えられている攻撃の結果として、新しい暫定的合意《コンセンサス》が、今後二十五年から五十年程度のあいだに生じてくる可能性は決して皆無ではない。さらに、もし実際に合意《コンセンサス》が生まれれば、それは大学システム（すなわち諸学部）の編成に対して、深甚なる意義を持つであろうし、同時に学的探求の編成に対しても深遠なる意義があることはもちろんである。そうしてこのような知の三分法が崩壊すれば、どのようなものにせよ、再編成された構図のなかで、いまは社会科学と呼ばれているものがどこに位置を占めうることになるかという問いが必然的なものとなるのである。

　知のカテゴリーとしての社会科学の主要な諸個別科学《ディシプリン》に体現された知の分割の弱点がいかなるものであれ、それら個別科学《ディシプリン》が組織としてはきわめて強力であることは確かである。実際のところ、ひょっとすると、それら個別科学《ディシプリン》の強さは現在がその絶頂であるかもしれない。既存の学者たち、特に大学教授と修士や博士の学位を目指している大学院生たちは、そのようにカテゴリー分けされた組織に、相当な個人的投資を行なっている。彼らは、特定の個別科学《ディシプリン》の学位を持っているか、あるいは得ようとしている。大学の任官や課程編成は、それが学科というかたちの組織構造を持っているかぎり、これらの個別科学《ディシプリン》を軸に統御されている。各国および国際学会誌も、主だったものは、それぞれの個別科学《ディシプリン》とむすびついて存在している（実際、そのような雑誌のタイトルは、個別科学《ディシプリン》の名称を含むのが普通である）。また、ほとんど全ての国において、個々の個別科学《ディシプリン》の全国学会が存在しており、それらの個別科学《ディシプリン》の名を冠した国際学会もそろっている。

　このように、組織としての個別科学《ディシプリン》は、学者社会のヒエラルキーの中で、学界への参入を統御し、威信の授与を行ない、出世の道筋を支配している。諸個別科学《ディシプリン》は、「保護主義」的な立法を制定・施行することができる。諸個別科学《ディシプリン》は、表向き、「マルチ・ディシプリン」であることの美徳に、かたちばかりの敬意を示しはするが、しかし同時に、それを実行にうつすことについては許容限度があることを強調することを決して忘れない。

　くわえて、既存の諸個別科学《ディシプリン》は「文化」である。それは単純な意味においての話であって、彼らは、研究の題材の選択や、学問としての問題への取り組みの様式、学者共同体のなかで必須とされる文献などについて偏見と前提を共有しているということである。諸個別科学《ディシプリン》は、それぞれにその文化における英雄（その英雄に、当該個別科学《ディシプリン》の「伝統」が設定される）の名を宣し、その文化の再確認に必要な儀式をくり返し執り行なう。ほとんどすべての社会科学者は、相対的な結びつきの程度は強弱があるとしても、なんらかの特定の個別科学《ディシプリン》に同一化しており、隣接する他の社会科学の競合個別科学《ディシプリン》に対して、自分の個別科学《ディシプリン》の優位を（少なくとも隠れた本音では）主張している。このような文化的忠誠心の程度と効果は過少評価するべきではない。

それにもかかわらず、現在、これら既存の個別科学《ディシプリン》が自己を再生産する能力を侵食する大きな力が、ふたつ作用している。第一は、現役の学者たちの大半の実際の行動であり、第二は、財源を管理している側――大学行政当局、各国政府、国際機関、公共および民間の財団――の必要である。

現役の学者たちは、関心を共有する者たちで小規模な作業共同体を作ろうとするのが常である。このような行動は、まず旅客航空の発達によって、今日ではさらにインターネットの発明によって、莫大な拡大を示している。「小規模」な作業共同体といったが、実際には二つの規模がある。特定の研究計画に沿って実際に協同作業を行なう集団がひとつであり、これは、一ダース程度を超えない人数であろう。もうひとつは、同種の研究計画に従事している者たちが成している共同体で、これは前者よりやや規模が大きく、数百人規模といったところだろう。しかしながら、共通性というものをゆるやかに定義するのでなければ、これよりも大きい規模になることはほとんどない。それで、過去三十年間ほどについて、このような「研究共同体」ないしは「ネットワーク」の登場に目を向け出すと、二つのことが見出せるだろうと思われる。そのようなネットワークの数はだいたいにおいて増えてきているということと、そのようなネットワークは、単一のカテゴリーから排他的に構成員を引きぬいてくるなどということがほとんど行なわれていないために、個別科学《ディシプリン》の境界を尊重するというようなこととは関係なく、その構成員が引きぬかれてくるということである。実際のところ、そのようなネットワークの多くにおいては、個別科学《ディシプリン》のラベルが、もはや相当程度に雲散霧消してしまっている。そのような集団形成の例を挙げるのは、誰にでもできることだろう。脳科学や認知科学から、科学論、さらに国際政治経済論や世界史学の合理的選択理論まで、いくらも例はある。そのような集団形成が数十の単位を下らないのは確実である。おそらく数百か、さらにそれ以上にのぼるであろう。

そのような集団形成の知的態度を観察する際に鍵となるのは、それらの集団の典型的な態度として、諸個別科学《ディシプリン》の知的な分離を歴史的に支えてきた古典的分割――過去／現在、文明／野蛮、さらには市場／国家／市民社会の分割でさえも――が、ほとんど有効性を認めてられていないということである。複数のネットワークに参加している者たちも、ひとつの〔個別科学《ディシプリン》〕組織への所属を維持してはいる。それは現段階においては、その組織を否定することになんの利益もない（おそらく逆にリスクを伴う）からであるが、だからといって、彼らの学問活動が、既存のカテゴリーを再生産しているわけではないのである。

さらに、個別科学《ディシプリン》的なカテゴリー分けが、彼らの研究計画の障害であることがわかってくると――とりわけ、それが財源獲得を脅かすような場合には――まちがいなく彼らは、財政管理当局を説き伏せて、既存の社会科学諸学科の「伝統的」関心よりも、自分たちの「先鋭な」概念構成の方に優先的に予算をつけるよう、積極的な活動を起こすことになる。彼らは、「研究所」やその他の専門機関を――大学のなかの研究基金や、大学外の自律的で威信の高い機関（アカデミーや高等研究機関）というかたちで――設立することで、そのような目的を達しようとする。ここでも注意すべきこととして、個別科学《ディシプリン》の名称に目を向けると、その歴史的展開の軌跡は、ある曲線を描いている。すなわち、多数あった名称が、ごく少数に縮減し、それから再び数が増えていく、という軌跡であり、〔それと並んで〕多数の制度機関が、大学における学問活動に集約され、それから再び諸機関が多元化していく、という軌跡である。

　右の方程式の、まさにこのポイントにおいて、財源提供者の登場が全体の構図に影響を与えることになる。一九四五年以降、世界の教育はまったく様相を変えてしまった。初等教育は普遍的規範となり、中等教育は、ひとり当たりGNPが中位以上にある諸国においては義務となった。同様の拡大は、高等教育にも生じた。一九四五年の段階では、同年齢集団中の大学進学者の割合は、ごくわずかでしかなかったが、以降その割合は信じがたいほど上昇し、最富裕国においては、五〇パーセントを超えるところにまで届き、最貧国においてさえ、相当の上昇を示した。世界が経済拡張の時期（本質としては一九四五～一九七〇年の時期）にある間は、これはなんら問題をひきおこすことはなかった。必要な財源は、容易に入手可能だったからである。しかし、それ以来ずっと大学は、一方では、学生総数の持続的拡大という危機に囚われることになり（これは人口の増大と個人が具えているべき教育程度に対する社会的期待の増大の双方が原因となっている）、他方では、財政的圧迫という危機に苦しむことになった（これは主として国家財政が危機に陥ったためにおしつけられたものである）。

　このような二重の危機の展開がもたらした帰結は複数ある。ひとつは、大学教育の「中等教育化」とでも呼ぶべきもの、すなわち、大学教授はもっと大人数の学生を相手に、もっとたくさんの回数の授業をせよ、という政府およびその他の行政当局からの要求である。第二の帰結は、大学システムの外部のポストへの学者の逃避が静かに進行しているということである。これは特に、きわめて評価の高い学者たちの話で、彼らはそうすることによって、既存の個別科学《ディシプリン》の境界を無視しうるような場所を見つけ出すことになることも多いと思われる。

　あるいはもっとも重要な帰結かも知れないのであるが、第三の帰結として、大学当局（および教育関連の官庁）のディレンマがある。一人あたりの財源が減少している時代にあるのに、個別科学《ディシプリン》の境界の厳密さが崩壊した結果、新しい機関、学部、研究所を作れという要求――そのような要求は不可避的に費用がかかる――がますます高まるというディレンマである。すると行政当局は、大学内の構造改革を通じて、この財政的ディレンマを解決するやり方を見つけ出そうとする努力へ向かわざるをえないが、それは、既存の諸組織構造の妥当性を再考に付すものとなる。

では、われわれはどこへ向かっているのであろうか。このことを考えなおす際の第一の要素は、大学が実質的に知の生産および再生産の唯一の場として存在するということである。これは十九世紀の初頭に始まった運動の結果であり、一九四五年から一九七〇年の時期に最高点に達したが、その後衰え始め、二十一世紀にはさらに衰えることになろうと言うことができそうである。もちろん、大学は存在し続けるであろうが、他の種類の諸制度と空間的に（社会的財源の点でも）ますます重なり合っていくことになるだろう。

第二に、われわれは大きな認識論《エピステモロジー》的論争を始めつつあり、「二つの文化」の問題を再び開いていこうとしている。それはきっと、すぐにも百家争鳴といった状態になって、世界中に広がり、なんらかのかたちで政治的な問題ともなるだろう。この論争から何が生まれてくるかということについては、問いは開かれたままである。それは、知の世界を越えた範囲の、より大きな社会的世界における事態の展開にも負っていることである。既存の認識論《エピステモロジー》的分割を克服する新しい合意《コンセンサス》を求める勢力が、おのずと力を発揮するような主張の展開に成功するなどということは、決して確実とはいえない話である。そのような勢力が、主要な知的問題に妥当な解決を与えられないために、内部から窒息してしまうこともありえようし、あるいは、そのような勢力に抵抗する力が強力であるために外的に抑えつけられてしまうこともありえよう。しかしながら、そのようなことになった場合、既存のシステムを穏やかなかたちで転換することができるかどうかは全く確実ではなくなる。広く受け入れられるような共通の学問的規範がなにもかも崩壊してしまうというようなことも、決して考えにくいことではない。実際、そのような主張は、すでに起こりつつあることである。しかしながら、新しい合意《コンセンサス》に達することになれば、自然科学、人文学、社会科学という既存の知の三分法は、必然的に、疑問に付されることになるであろう。

そのような知の三分法が消滅するとすると、そのあとには何が来るのであろうか。知に携わる学部《ファカルティ》／教授団の統一であろうか。あるいは、「専門訓練」学校の活動――医学（医療サーヴィスとしての）、法学（公共サーヴィスとしての）、経営学（組織管理としての）など――が、再び中心となるのであろうか。

そして、知の学部《ファカルティ》／教授団が認識論《エピステモロジー》的に再統一されるとすると、今ある社会科学はそのなかで、どのような役割を果たすことになるであろうか。ある意味では、中心的な役割を果たすであろう。というのも、本稿でここまで見てきたように、再統合は、自然科学と人文学の双方が、長らく社会科学の諸前提であったもののいくつか――特に、あらゆる知識が社会的に定位されたものであるという前提――を受け入れるということを含んでいるからである。しかし、そのようなひとつの全体の内部において、どのような学部が構成されるのかということは、依然として問題のまま残る。ここでそれを明確な形で示すことは無理である。社会科学諸学科の基礎となった最も基本的な十九世紀的分割は掘り崩されることになるかもしれないが、その一方で、今日やはり疑問に付されていながら、依然として大きな支持を受けつつあるような分割も別に存在しているからである。すなわち、ミクロ／マクロ、自己（社会的自己も）／社会的なるもの（あるいは集団や集合的アイデンティティ）といった分割である。ジェンダーという概念が、社会科学内部の知的分割の編成にどのようなインパクトを与えるか、ということについても、われわれはまだ完全には、それを見届けていない。

これらの問いに対する答えの相当部分は、社会的現実としての世界システムにおいて生じていることと結びついている。社会科学は、現在起こっていることについて語ろうとする。それは社会的現実の解釈を構成するが、その解釈は当該の社会的現実の反映であると同時にその社会的現実に影響を与えるようなものであり、権力を手にする者の道具となると同時に、抑圧されている者の道具ともなるものである。社会科学は、社会的闘争の場であるが、その唯一の場ではなく、おそらく、その中心にあるわけでもない。それがいかなる形態をとるかということは、社会科学の歴史的形態がこれまでの社会的闘争に条件づけられているのと同様に、将来の社会的闘争の結果に条件づけられている。

二十一世紀の社会科学について言いうることは、それが知的興奮に満ち、社会的に重要で、まちがいなく非常に論争的な場となるであろうということである。現在の知に対する謙虚さと、広くいきわたって欲しいと思われる社会的価値についての感性、そしてわれわれが実際に果たしうる役割についてのバランスのとれた判断を組み合わせてこの状況に臨むことが、最も望ましいことである。

（ユネスコ『世界社会科学報告』一九九九年版）

Immanuel Wallerstein,
"The Future of the University System"
Comment No. 27, November 1, 1999
Fernand Braudel Center, Binghamton University
(http://fbc.binghamton.edu/commentr.htm)

Immanuel Wallerstein,
"Social Sciences in the Twenty-first Century"
[Chapter of UNESCO, World Social Science Report, 1999]

大学的知とは何か

【スコラ的理性の批判】

ピエール・ブルデュー

訳・解題＝加藤晴久

Pierre Bourdieu　一九三〇年生。コレージュ・ド・フランス教授。フランスを代表する社会学者として独自の方法論・概念を駆使しながら、従来の社会学の枠組を越える学際的研究活動を展開。『遺産相続者たち』『再生産』『ホモ・アカデミクス』など教育社会学の名著ほか多数の著書がある。

世界についてわれわれが考え語ることのなかに暗黙のうちに含意されているものがあるのは、われわれが世界のなかに取り込まれているからである。思考をこの暗黙の含意から解き放つためには思考の自己回帰――通常、反省性 réflexivité と結び付けられる自己回帰――をおこなうだけでは不十分である。われわれは自分の考えることのうちにさまざまな前提《プレスュポゼ》――われわれのいろいろな類縁・所属・関与に起因する前提――を持ち込むが、根底的な懐疑によってこれらの前提の作用を遮断することができると思うのは、思考の全能性という錯誤に囚われている者のみである。無意識とは歴史である。われわれの思考カテゴリーを作り出した集合的歴史であり、また、それらの思考カテゴリーをわれわれのうちに埋め込む過程にほかならない個人的歴史である。たとえば、教育機関の社会史（いかにも通俗で、思想史や哲学史などでは問題にされることがない歴史）こそが、また、われわれがこれら教育機関と取り結ぶ個別的関係の歴史（忘れられたり抑圧されたりしている歴史）こそが、望む望まないにかかわらず常にわれわれの思考を方向づける客観的・主観的諸構造（分類、階層、問題系など）について真の啓示をもたらしてくれる。

含意と暗黙的なもの

意識の自己透明性という錯誤を捨てなければならない。反省性について哲学者の間で広く認められている考え方（一部の社会学者にも受け容れられている考え方。たとえばアルヴィン・グールドナー。彼は、反省性の名において、個人的経験のあやふやな事実性についてみずから省みることを奨めている）を断念しなければならない。そして、内観の批判という典型的に実証主義的な伝統を受け継いで、もっとも効果的な反省とは客観化の主体を客観化する反省であることを認めなければならない。つまり、認識主体がふつう自分自身に認める特権を彼から奪い去って、使用できる限りの客観化の手段（統計調査、民族学的観察、歴史的研究など）を駆使し、認識主体が認識対象の中に取り込まれているがゆえの諸前提を白日の下にさらすような反省である。

これらの前提には三つの種類がある。もっとも表層的なものから始めると、まず、社会空間の中で占めている位置、その位置を占めるにいたった個別的軌跡、そして性別に関連する前提である（性別はいろいろな形で対象との関係に影響する。というのも性的分業は社会的構造と認知的構造に刻み込まれていて、たとえば進路決定の際の学科選択などをも左右するからである）。第二は、様々な界（宗教界、芸術界、哲学界、社会学界など）のそれぞれに固有のドクサを構成する前提である。より正確に言うと、個々の思想家が界の中で占めている位置に由来する前提である。そして第三に、スコレー、すなわち余暇を発生源とするドクサを構成する前提である。このスコレーこそはすべての学術界の存立条件である。

たとえば「価値自由」が説かれるときによく言われることとは逆に、気付くのがいちばん難しいのは、そして抑制するのがいちばん難しいのは第一の種類の前提、とくに宗教的あるいは政治的偏見ではない。この種の前提は個人や社会カテゴリーの特殊性に結び付いている、つまり、個人によって、カテゴリーによって異なる。それゆえに、別の偏見ないし確信を持っている人々の利害に発する批判を免れるチャンスはきわめて少ないのである。

ある界への帰属と関連する、また、その界を明確に定義するドクサへの（界の内部では全員一致の）帰依と関連する歪みとなると事情が異なる。この場合、暗黙的なものはゲームに巻き込まれているという事実に含意されているもののことである。つまり、ゲームの重要さに対する、そしてゲームに賭けられている利害の価値に対する根底的な信奉（その界への帰属と一体の信奉）という幻想に含意されているもののことである。スコラ的世界に加入するということは、通常感覚の諸前提を脇に置いたこと、また、まったく新しい、あるいは比較的新しい一連の諸前提に、パラ＝ドクサルに、つまり超＝反ドクサ的に帰依したことを意味する。また、それと相関して、通常の経験では知ることのできない、また理解できない利害や必要を発見したことを意味する。というのも、それぞれの界は固有の目的の追求によって特徴付けられているからである。この目的の追求が、それに必要とされる性向（たとえば知識欲）の持ち主を（そして彼らのみを）いずれ劣らず絶対的な投資に駆り立てるのである。科学界、文学界、哲学界、その他の界の幻想を分け持つということは、ゲームそのものの論理から出てくるがゆえにゲームの真剣さを裏付ける目標を（ときにはこれを死活の問題とするほどまでに）真剣に受けとめることを意味する。たとえその目標が、いわゆる「門外漢」や他の界に参画している者たちには見て取れないとしても。あるいは「無私」「無償」と見えることがあるとしても（さまざまな界の独立は界相互間のある種の断絶なしには保障されない）。

ある界固有の論理は固有のハビトゥスという形で身体化されて成立する。ハビトゥスとはつまり、ふつう（「哲学的」「文学的」「芸術的」……）「精神」とか「感覚」として説明されるゲーム感覚（勘）、明示的に措定されたり要求されたりことがけっしてないゲーム感覚である。界への参入と界固有のハビトゥスの獲得とが要求する元来のハビトゥスからの転換（界のハビトゥスに対する距離によって大きかったり比較的小さかったりする転換）は少しずつ、つまり段階的、漸進的、微細に進行するものであるがゆえに、ほとんど自覚されることがない。

ある界への参入の含意が暗黙の状態にとどまるのは、この参入は熟慮の上の意識的アンガージュマン、自由意志による契約といったものとは無縁のものであるからである。原始的投資には起源がない。なぜなら原始的投資は常に自己に先行するからである。また、われわれがゲームへの参入に思いを巡らすときには、多かれ少なかれ賽はすでに投げられているからである。パスカルが言ったように、すでに「われわれは船出しているのである」からである。（天職に就く、何かに熱中する、信仰の道に入る、入党するなど、人生で根源的な投資をおこなう場合とおなじく）学者の生活、芸術家の生活に「アンガージュマン」することに決める、といった式の言い方をするのは、パスカルに倣って、賭けの論理で信ずることに決める、と言うのと同じくらい不条理なことである（実はパスカル自身そのことは先刻ご承知である）。神の存在に賭ける者は有限の投資をおこなって無限の利益を得るのだということをうむを言わせぬ論理で証明すれば、非信者も信ずることに決めるにいたるだろうと期待するのは勝手だが、その前に、非信者はこの証明の論拠を受け容れるに十分なだけ理性というものを信じていると信じなければならないだろう。ところがパスカルがいみじくも言っているように、「われわれは精神であると同時に自動機械である。説得のための手段が論証だけでないのはそのためである。論証された事柄のなんと少ないことか！　証明が説得するのは精神だけである。慣習は万人が受け容れるもっとも強力な論拠を提供してくれる。慣習は自動機械に働きかける。すると自動機械が精神を知らぬ間に引っ張っていく。」スコラ的生活を送る者はとかく忘れがちだが、パスカルが指摘しているのは、論理的に含意されているものと、「暴力も手練手管も理屈もなしにわれわれに物事を信じさせる習慣」によって実際に結果するものとの間の違いである。信奉は、科学の世界の基礎となっている信奉でさえも、自動機械の領域、つまり、繰り返しパスカルが言っているように「理性《レーゾン》の知らない理由《レーゾン》を持っている」身体の領域に属する。

スコラ的性向の両義性

しかしながら、スコラ的性向がごく自然なものとして受け容れられている世界にどっぷりと浸かっている者が、その世界が要求するスコラ的性向を理解することはきわめてむずかしい。「純粋」思考が「純粋」思考の可能性の第一の、そしてもっとも決定的な社会的条件であるスコレーを思考することはきわめてむずかしい。状況の要請、経済的社会的必要の制約、その必要が課す緊急事、あるいはその必要が提起する目標を括弧に入れてしまうようにし向けるスコラ的性向についても同様である。『意味と感覚』の中でオースティンが「スコラ的見方」と言っている。たとえば、ある語を状況と直接的に適合する意味で素直に理解したり使ったりするのではなく、直接的文脈に一切関わらせることなく、その語のありとあらゆる意味を網羅的に調べる姿勢だ、というのである。

オースティンの挙げている例の含意を敷衍して次のように言うことができる。子どもに想像の世界の扉を開く「ごっこ遊び」ときわめて近い「あたかも……であるかのように」(comme si/as if)の姿勢は、ハンス・ファイヒンガーが『あたかもの哲学』で述べているように、すべての知的思弁――科学的仮説、「思考実験」、「可能世界」、「想像力の変奏」――を可能にする姿勢である。あたかもの姿勢は理論的推測と精神的実験の遊戯世界に入るよう誘う。差し迫った事態が提起するからではなく、問題を解く喜びのために問題を措定するよう誘う。言語を道具としてでなく、瞑想、愉悦、形式的探求、分析の対象として扱うよう誘う。

スコレーは(哲学の道に入り、「余暇の中で心静かに語る」者たちと、法廷で「水時計の水は止まらないがゆえに、いつもせかせかと話す」者たちを対立させる、あの規範とされる説で)プラトンによって哲学的に神聖化されたわけだが、オースティンは語源の示唆に従って「スコラ的見方」とスコレーを結び付けることをしなかった。そのため彼は世界についての、もっと正確に言えば言語や身体、時間、その他の思考対象についての、このきわめて特殊な見方の可能性の社会的諸条件の問題を提起しない。文脈と実際的目的に無関心なこの視線、言葉と物に対するよそよそしく差別的なこの関係を可能ならしめるのは、まさにスコレーに他ならないことを見て取れない。実際の用務や関心事から自由なこの時間――学校(これもまたスコレーだ)が勉学に勤しむ余暇としてこの時間の特権的な形を提示している――は学業の、また(スポーツや遊び、芸術作品の制作と鑑賞、また、それ自体以外の目的を持たないすべての形態の無償の思弁のように)直接的な必要から引き離された活動の、前提条件である。(後に再論することにして、ここでは指摘するにとどめるが、「スコラ的見方」という直感のすべての含意を引き出すことをしなかったため、オースティンはスコレーとスコラ的「言語ゲーム」のうちに哲学的思考に典型的な多くの誤りの起源を見て取ることができなかった。ヴィトゲンシュタインに続いて、また他の「日常言語の哲学者」たちとともにそれらの誤りを分析し取り除こうと努めたにもかかわらず。）

スコラ的状況（学校はその制度的形態であるが）は、プラトンが哲学活動を説明するために言ったように、「アソブ」（paizein）と「マジメデアル」（spoudazein）の通常の対立を無視して「マジメニアソブ」（spoudaiôs paizein）ことができる無重力の場所および時間である。ゲームの帰趨を真剣に受け止めることができる、通常の生活の実際的問題にひたすら従事し専念している真面目な人々には無縁の問題を真剣に考えることができる場所と時間である。そして、スコラ的思考様式と、この様式を身につけ使用するための条件である生活様式との間の関係が見て取れないのは、ただ単に、その関係を思考することができてよいはずの人々が、水中の魚のように、彼らの性向を作り出した状況の中にいるからだけではない。それはまた、この状況の中に、この状況によって伝達されたものの多くの部分が状況自体の隠された効果であるからである。

学習状況、とりわけ遊戯的で無償の作業、現実的（経済的）目標なしで「ごっこ」的におこなわれる授業は、それが伝達することを明示的にめざすものの他に、本質的なもの——つまりスコラ的性向と、そして社会的条件の中に刻み込まれている諸前提——をおまけとして獲得する機会である。これらの諸前提を可能にした社会的条件はすなわち生存条件であるわけだが、これはいわば否定的に、不在のまま、したがって見えない形で作用する。それら社会的条件は本質的に否定的なものであるからである。たとえば実際的な緊急事や目的が骨抜きにされるというかたちで。もっと具体的に言うと、労働と労働世界から、賃金によって報いられる真面目な活動からある一定期間引き離されるというかたちで。あるいはもっと一般的に言うと、困窮あるいは明日の心配から生じる一切の否定的経験から多かれ少なかれ守られているというかたちで。（ほとんど経験的な例証だが、高校の生徒である期間は、子供時代の遊戯的活動と成人の労働の間に宙づりになった時間である。かつてはブルジョアジーの子弟のために用意されていたこの時間はいま、労働者の家庭出身の多くの子どもたちにとって、かつて工場労働を受け容れるようにし向ける働きをしていた性向の再生産サイクルを切断する要因となっている。）主として学校体験をつうじて獲得されるスコラ的性向はそれが作動する条件が（就職等により）多かれ少なかれ消滅してしまった後も残存することがある。しかしスコラ的性向が完全に身に付くのは学問の界——特に哲学界やその他の科学界のようにほぼ完全に学校的世界に局限されているために、この性向の十全な発達に好ましい条件が揃っている界——に参入することによってである。

スコラ的性向に刻み込まれている諸前提——これは、すべてのスコラ的世界が要求する入会金であり、そこで卓越するための不可欠の条件である——は哲学者たちのスコラ的惰眠を醒ますためにうってつけの撞着語法でわたしが「エピステーメ的ドクサ」doxa épistémique と呼ぶものを構成している。ドクサとは明示的意識的なドグマの形で言表される必要さえない根本的な信条の集合だが、このドクサほどパラドクサルなことにドグマ的なものはない。スコレーが育む「自由」かつ「純粋」な性向は（能動的あるいは受動的な）無知を伴っている。現実の世界で、より正確には国家《ポリス》と政治の領域で生起する事態についての（タレスとトラキア人の下女の逸話が暴露している）無知だけでなく、要するにこの世に生きるとは何かについての無知を。スコラ的性向はまた特に、この無知についての、また、この無知を可能にする経済的社会的条件についての、いかにも得意げな無知を伴っている。

　スコラ的界の自律性には支払うべき対価がある。経済的断絶によって保証される社会的断絶のコストがある。一切の決定要因からの独立はみずから選択した自由として生きられるが、実は経済的社会的必要に対する実際の距離のなかで、また、その距離によって獲得され実行される（それゆえに、この独立なるものは性的・社会的ヒエラルキーのなかで特権的な位置を占めていることと緊密に関係している）。スコラ的世界とこの世界のすべての生産物――排他的特権のお蔭で手に入れることができた普遍的成果――の根本的両義性は、生産世界とのそれらの断絶が自由をもたらす断絶であると同時に、四肢切断の可能性がある切り離し、遮断であることから来ている。経済的社会的必要を括弧に入れることによって自律的な界――自分だけの掟しか知らないし認めようとしない（パスカル的な意味での）「秩序」――が出現するが、他方でそれは、格別に目を光らせていない限り、スコラ的思考を、世界からの撤退が生む無自覚の、あるいは抑圧された前提の限界の中に閉じこめてしまう危険がある。

　結論的に言えば、スコラ的世界にアクセスする者たちがスコラ的姿勢を独占しているわけではないが、しかし彼らだけがこのスコラ的姿勢という普遍的な人間学的可能性を完全に現実化できる立場にあることを認めざるをえない。この特権を自覚すれば、それを享受できないために自分の人間的可能性のすべてを実現する立場にない者たちを非人間、「野蛮」と断ずるような真似はしないはずである。また、スコラ的思考の出現のきわめて特殊な条件から来るこの思考の限界を忘れることもないはずである。スコラ的思考をその限界から解き放つためには、まさにこの限界を方法的に探究しなければならない。

スコラ的性向の生成

　民族学と歴史学が立証していることだが、自然世界と社会世界に対する多様な性向、また人類学的に可能な世界構築の多様な仕方――呪術的／技術的、情動的／合理的、実践的／理論的、道具的／美学的、真面目／遊戯的などの仕方――が出現する確率はきわめて不均等である。なぜかといえば、多様な社会において、それら性向や世界構築の仕方は、必要と直接的緊急事に対する自由の程度（これはそれらの社会において利用可能な経済的文化的技術と資源の状態によって左右される）に応じて、また、同じ社会のなかでは、社会空間において占める位置に応じて、不均等に奨励され報いられるからである。もっとも高貴であると見なされている営為の前提をなす、世界に対して超然とした、無償な、遊び的な関係を持つ人類学的可能性は、多様な社会の間で、また、多様化した社会の内部で多様な社会階層の間で、偶然的に分布しているのではないという仮説を裏付ける根拠はない。しかし、諸社会や諸階層内部でこの可能性が現実化しうる機会はきわめて不均等である。世界に対して呪術的態度を取る可能性についても同様である。五〇年代のフランス哲学者、たとえばサルトル（『情動論素描』の中でそのような体験を述べてはいるが）がこうした態度を取る確率はきわめて低い。それに対し、マリノフスキーが記述している三〇年代のトロブリアンド諸島の男性あるいは女性ではおおいにありうる。前者の場合には、事故のようなもので、世界の呪術的な把握は危機的な状況が惹起した例外として現象するが、後者の場合においては、世界の呪術的把握は、生存条件の極度の不確実性と予知不可能性によって、また、これら条件に対する社会的に承認された回答によって、不断に奨励され支持されている。不確実かつ予知不可能な生存条件に対する回答の第一がまさに呪術である。呪術はつまり、集合的儀礼のうちに、また、人々の性向のうちに確立された、それゆえに当該社会の正常な人間の行動の正常な要因としての、世界に対する実践的関係なのである。

それゆえに、さまざまな種類の世界構築world-makingをそれらを可能ならしめた経済的社会的条件に関連づけなければならない。つまり、カッシーラーの意味での「象徴形式の哲学」を「象徴形式の差異的人類学」に向けて乗り越えなければならない。言い換えれば、「思考形式」の社会的生成のデュルケームによる分析を継承して、社会的条件と歴史的状況に応じた世界に対する認知性向の変異を分析しなければならない。社会空間の、経済的制約の極度のきびしさを特徴とする底辺から遠ざかるにつれて、不確実性は減少し、経済的社会的必要の圧力は弱まる。その結果、より緩やかに定義された、つまりより自由に振る舞う余地を残した位置が、実際的な緊急事——解決すべき諸問題とか利用すべき機会——からより解放された、そしてスコラ的世界の暗黙の要請に予め適合した性向を獲得する可能性を提供してくれることになる。生まれと結び付いた利点のうちもっとも見て取りにくいのは、超然とした、執着しない性向——アーヴィング・ゴフマンが言う「役割に対する距離」がそのもっともよい例——である。これは相対的に必要から解放されたごく初期の経験の中で獲得される。この性向は、それと連結する親から継承した文化資本とともに、学校へのアクセスと学業——特に、ジル・フォコニエの言うさまざまな「メンタル空間」に同時に、あるいは連続的に関与する能力を要求するもっとも形式的な学業——での成功のために、したがって、最終的にはスコラ的世界への参入のために、決定的に有利に働く。

動物の場合も含めて、学習には必ず遊びが伴う（この遊びの余地は進化の段階が進むにつれてより大きくなる）。しかしながら、教え込むべき行動が——「真面目な遊び」と「無償の」練習という形で、つまり実際的効用と直接的関連のない、そして危険な結果をもたらすことのない架空の模擬的行為という形で、それらが適切であるかどうかと関わりのない状況で——遂行されるために必要な非常に特殊な諸条件が揃うのは、学校においてである。学校での学習は、現実から直接的賞罰をこうむることなく、伴う危険は最小限という条件のもとで解決策を探し試みる可能性が残されているなかで、現実の状況と同じく、さまざまな挑戦、試練、課題を提起することができる。それゆえ学校での学習はまた、直接的に知覚された現実に対し距離を置く恒常的性向——大半の象徴的構築の前提条件である性向——を馴化によって獲得する機会となる。

大抑圧

しかしながら、スコラ的性向は象徴的生産のさまざまな界が自律性を獲得し、界として構成されるにいたった、したがってそれ自体形成過程にあった経済世界と自己を区別するにいたった分化の過程から、そのもっとも意味深い特徴を得ている。この過程は経済的なものの否認という前資本主義社会の土台をなしていたものをヨーロッパ社会が次第に克服し、古来常にヨーロッパ社会の指針であった経済的目標を経済活動に対し明示的に認めるにいたった真の象徴革命と不可分の過程である。

哲学界は異論の余地なく、紀元前五世紀のギリシアにおいて、宗教界と形成途上にあった政治界とに対し自律性を獲得することによって形成された最初のスコラ的界である。固有の規則に従うことの議論の世界の自律化の過程とこの世界の成立との歴史は類推的理性（神話と儀礼の理性）から論理的理性（哲学の理性）への移行の過程の歴史と不可分である。論証の論理についての省察——はじめは（特に類推《アナロジー》の検討を伴った）神話的な省察、ついで修辞的・論理的な省察——が、宗教的智恵の命令から解き放たれた、かといって学校による独占の制約に支配されることにない対抗的な界の形成と同時に進行する。この界においては誰もが他のすべての者の聴衆になり、絶えず他者に注意を向け、他者の言うことによって決定される。この恒常的な向かい合いは次第にそれ自体を対象とするようになり、コミュニケーションの規則と間主観的一致の規則の探求と不可分の論理の規則を探求するなかで進行する。

スコラ的世界のこの原型はスコラ的断絶のすべての特徴を理念型の形で提示している。たとえば神話と儀礼は実践論理（これはもはや人々に理解しにくいものになり始める）に従う実践的信仰行為であることをやめる。そして、神話と儀礼は、公認の文化の解釈に多かれ少なかれ繊細な解釈を導入することをとおして、あるいは、ヘカテやプロメテウスの神話のような、それまで顧みられることのなかった神話を差異的に再導入することをとおして、理論的驚きと検討の対象、あるいは解釈学的競合の対象になる。また、優秀さは教えることができるかといった式の典型的にスコラ的な問題が現れてくる。ソフィスト派の第三世代と学校の制度化とともに無償の知的ゲーム、論争術《エリスティック》、そして論理的あるいは美学的形式を整えた言説そのものへの関心が現れてくる。

しかしながら、スコレーが学校として制度化したことの結果

（「スコラ的」という形容詞の普通の、そして軽蔑的な、使い方が示しているような結果）が白日の下に晒されるのは中世になってから、たとえば哲学が生活様式であることをやめて、純粋に理論的・抽象的活動、次第に専門家だけが使う技術的言語で綴られた言説になっていったときである。

ルネッサンス期のイタリアにおいて、長い不在の後、スコラ的界が再び姿を現し、そこで宗教と科学、分析的理性と論理的理性、錬金術と化学、占星術と天文学、政治と社会学などの分化が進行する。そして最初の裂け目が現れ、拡大し続け、ついに科学界、文学界、芸術界が完全に分立するにいたる。これらの界が哲学界に対して自律化の過程をたどるにつれて、哲学界は主要な対象を奪われ、他の界との、また、他の界が自己の対象について持っている認識との関係を再定義することをたえず迫られることになる。

経済がそれとして形成されたのは生産活動と生産関係から象徴的な側面を奪い去るゆっくりとした進化を経た果てのことである。固有の法則、利己的な計算と競争と搾取の法則によって支配される、区別された客観的な世界として、そしてまた、ずっと後のことだが、経済コスモスを生み出した社会的切断と実践的抽象を（自らの対象構築の根幹に暗黙の内に刻み込むことによって）記録する（「純粋」）経済理論として形成されたのである。それとは逆に、象徴生産の様々な世界が閉じられ区別されたミクロコスモスとして形成されたのは、象徴的な生産行為と生産関係の経済的な側面を経済という下等な世界に抑圧する断絶によってのことである。こうしてようやく、全面的に象徴的な行動――純粋で（経済的経済の観点からの）利害を超越した、それに含まれる生産労働の部分を拒否ないし抑圧した行動――が展開されることになる。（だが、これら世界の自律化と「浄化」の過程は完了したわけではない。経済の場合は、いまだ象徴的な事実と効果に無視できない重要性を認めているし、象徴的活動の場合は、否認されているが経済的次元を持っている。）

この二つの切断を理解するためには、経済的な経済の発達に伴った多様な社会的変化のあれこれ――たとえば「実際的知の専門家」（技師、技術者、計理士、法律家、医師）の誕生、あるいは文学者という「同業集団」の出現――を考慮に入れるだけでは不十分である。「実際的知の専門家」は意味深い神秘的照応によって「ブルジョアジーの機関的知識人」の役割を演じる傾向性を持っていると『知識人の擁護』の中でサルトルが示唆している。文学者はといえば、彼らは文学共和国において彼らが確立した公開的・批判的討論の原則を政治問題に適用する傾向性を持っていると、「公共空間の構造転換」を分析する中でハーバマスが指摘している。実際には、これら新しい社会的行為者――彼らはそれぞれの分野で普遍の創造に貢献するであろう、「啓蒙思想家」をとおして彼らは普遍の代弁者になるであろう、と言うのは的外れだというわけではないけれども――がそうした歴史的役割を果たすことができたのは、彼らが相対的に自律した界に取り込まれていたからこそである。彼ら自身がその出現に貢献した界の必然性は彼ら自身にも及ぶのである。

新しい社会的行為者たちは実際的知識を営利企業や国家に直接・間接に売ることによって直接的な物質的苦労から次第に解放され、文化資本として機能する種々の能力（はじめは学校で獲得された能力）を、彼らの仕事によって、また仕事のために、蓄積することができるようになった。こうして次第に彼らは、彼らのサービスを必要としていた経済的・政治的権力に対して彼らの個人的・集団的自律性を主張する傾向と能力を強めるようになった。（貴族に対してもそうである。生まれを拠りどころにする貴族に対しては彼らは能力を、また、次第に天分を自己正当化の根拠にしたのであった。）しかし逆にまた、形成されつつあった学知的界の論理、つまり経済の世界と実践の世界との社会的切断によって可能となった界内部の競争の論理が、過去の闘争の過程で蓄積された固有の資源を彼らが進める現在の闘争の中に絶えず動員することを彼らに強いることになった。その結果彼らは、体系化と合理化を促す社会的論理によって支配される諸ミクロコスモス固有の規則と規制を作り出し、（法的、科学的、芸術的といった）さまざまな形態の合理性と普遍性を発達させることになったのである。

物質的要因によって象徴的活動が決定される事態を抑圧する。この経過がきわめて顕著に見て取れるのは、芸術界の自律化過程の初期においてである。芸術家と庇護者が常に対決するなかで、絵を描く活動は徐々に固有の活動として自己を主張していく。費やした時間の長さと使用した絵の具の量で評価できるような単なる物質的生産労働に還元できない活動である、それゆえに、もっとも高貴な知的活動に認められる地位を要求することができる活動である、というのである。このようにして絵画がその物質的存在可能条件を否認し純象徴的な活動として自己を確立していく長く苦難に満ちた過程は、並行的に進行していた生産的労働と象徴的労働の分化の過程と明白な親近性を持っている。世界を芝居、見世物として捉える、世界を遠く高いところから眺める、世界をただ認識するための全体として組織する資格が自分にはあると思えるような位置を提供する（たとえばスコラ的世界のような）世界が出現したことは、新しい性向、いや、文字どおりの意味で世界観の発達を促したことは間違いない。最初の「科学的」地図のなかと同じく、ガリレイの世界表象あるいは絵画の遠近法のなかにも表現されることになる性向、ないし世界観である。

最近『フランス教育思想史』を再読して、わたしがスコラ的と呼ぶ世界観を十六世紀の教養人たちが発見するにいたる過程を記述しているデュルケムの見事な一節に感嘆した。「十六世紀において、広く一般的に、いや少なくとも、文学をとおしてわれわれがその思想や感情を知ることができる教養ある人々の間では〔……〕、すべての制約と隷従から解き放たれた生活が実現しうる、いや実現しつつあると人々は考えたようである。人間の活動が功利一辺倒の目的に従属させられることのない、現実に適応するために杓子定規に型にはめられることのない生活、そうではなくて、人間の活動がまさにそれ自体が開花する喜びのために展開されるような生活、現実と現実の要求にかまけることなく、まさにその光景の輝かしさと美しさのために、人間の活動が展開されるような生活である。」ルネサンス期の人々が味わった「力と自律と独立と伸びやかな活動の感覚」、「生活の直接的必要と、子どもがその必要に対処することができるように予めしつける緊急性とを見失った」教育論のなかにとりわけ表現されている感覚を、デュルケムは新しい生活様式（これ自体、新しい生活条件と結び付いているわけだが）の出現と結び付けている。そして彼は、新しい生活条件から出てきた（ユマニスト派であれ学識派であれ）様々な教育論は、それらの違いを超えて、いずれも、「生活の苦難が存在しない特権的な貴族階級の子弟を対象にしている」ことを見抜いている。

歴史的に定義されたものとしての遠近法こそは、間違いなく、スコラ的ヴィジョンが完璧に現実化した形態である。遠近法は唯一の固定した視点――したがってある（視）点に腰を据えた不動の見者の姿勢を取ること――を前提する。また、厳格な不動の輪郭で視界を切り分け、見者を閉じ込め抽象化する額縁《フレーム》の使用を前提する。（視覚のモデルを構築するために、デカルト――よく知られているように彼は視覚として理解された直感を非常に重視している――が、『屈折光学論』のなかで、「窓に穿った穴」にはめ込んだ眼の例を使って説明しているのは意味深い。穴のうしろの「暗室」のなかにいる観察者は「おそらく感嘆と喜びの念を持ってひとつの絵を見ることだろう。外にあるすべてのものを遠近法にしたがって忠実に表している絵を」。）単一のこの視点は普遍的であると見なすこともできる。というのは、この視点に置かれたすべての「主観」は、ひとつの純粋なまなざしに還元された、したがって無差別で交換可能な身体であるわけであるが、カント的主観と同じく、客観的な同一のヴィジョン――パノフスキーが言っているように「主観的なものを客観化する作用の象徴的形態」としての遠近法的表象によって客観化されるヴィジョン――を持つことを保証されているからである。

こうして遠近法はある視点、つまりそれについて視点を取ることができない視点――十五世紀イタリアのアルベルティがその絵画論で説いている額縁のように、それをとおして見る（per-spicere）、しかしそれを見ることはできないところのもの――を前提する。この盲点を見るためには、パノフスキーがしているように、遠近法を歴史的遠近法に置いてみるほかない。しかし、このよそよそしく高慢なまなざし、「スコラ的まなざし」というこの真の歴史的創造物の社会的構築の過程を完全に理解するためには、この過程を、経済の領域と象徴の諸領域との分化に並行した世界に対する関係の諸々の変化と、関連づける必要があるだろう。アーネスト・シャハテルは、子どもの発達において直接的な快・不快に向けられた「近接感覚」（触覚と味覚）に対し、世界の客観的・能動的把握の基礎となる「距離感覚」（視覚と聴覚）が次第に優位を占めるにいたる過程を分析しているが、これを応用して、遠近法に具現しているスコラ的ヴィジョンの獲得は「近接感覚」に結び付いた快楽に対して距離を取ることと同時進行であったという仮説をたてることができるだろう（シャハテルが専門としている個人の発達過程について見れば、幼児期と、幼児期の恥ずべきものとされた快楽とが次第に、環境によって強弱に差があるが、抑圧されるという形で進む変化である）。この仮説を裏付けるために、いくつかの歴史的観察を引用することもできよう。たとえばリュシアン・フェーヴルは、ラブレーについての著作のなかで、十六世紀の詩では嗅覚、味覚、触覚が優勢で、視覚に触れる表現は比較的稀であることを指摘している。また、バフチンは前近代の民衆の祭りにおいては身体とその諸機能が圧倒的な位置を占めていることを指摘している。

空間的な意味でも時間的な意味でも遠くを見る至高のまなざしは――目先の欲望を抑圧するという対価、あるいは目先の欲望の充足を（その日暮らしを強いられている凡庸な者たちに対する強い優越感を抱かせてくれる禁欲によって）延期するという対価を払った上のことだが――それにふさわしい仕方で予見し行動する可能性を与えてくれる。こうしたまなざしを集団として、また個人として獲得したことは、大文明のいずれにも例のない主知主義的な分離、（高等な）知性と（下等な）身体の分離を伴った。視覚と聴覚のような抽象的な感覚（これらに対応する芸術を考え合わせよう。「精神に関わるもの」とされる絵画。そして音楽。マックス・ウェーバーが分析しているが、音楽の「理性化」は、舞踊との分化とともに、加速した）と官能的な「感覚」との分離。「純粋」芸術（つまり、遠近法とか色調体系のような抽象化の社会的過程と手続きによって浄化された芸術）の「純粋な」趣味とカントの言う「舌と喉の趣味」との分離。要するに、すべての昇華の場であり、すべての気品の根拠である文化の領域に真の意味で属するものと女性的で民衆的な自然の領域に属するものとの分離である。魂と身体（あるいは悟性と感性）という基幹的な二項対立にこの上なく明白に具現している、これらの対立は経済世界と象徴生産の諸世界の社会的分離のなかに根を下ろしている。遠近法の視点は見える世界の多様性を秩序ある総合的統一（これが実現する条件は線遠近法によって定義される）に還元することによって世界を象徴的に所有する力を保証してくれるのだが、世界を象徴的に所有するこの力は、いわば目に見えないもの、つまり、スコラ的世界の出現と、その世界に相応する性向の獲得と行使の条件である社会的特権を礎石としている。

このことは、レイモンド・ウィリアムズが分析しているような、十七世紀イギリスにおける自然公園の発明に実に見事に読み取れる。イギリスの田舎を農民のいない風景、つまり「自然なもの」の崇拝と曲線美の追求を基本とする美的鑑賞の対象として構成するこの新しい整備事業は開明的な農業ブルジョアジーの世界観に合致していたのである。彼らは農業経営を変革すると同時に、生産労働の一切の痕跡と生産者への一切の関連を除去した可視世界、「自然な」風景を創り出そうとしたのである。

このように少し歴史を振り返っただけでも、象徴の領域を構成する原初的抑圧があらわになる。この抑圧は、その経済的・社会的条件の抑圧とともに、スコラ的性向のうちに持続する。（抑圧されたこれらの条件がたまたま顕在化する場面がある。たとえば美術館が要求する暗黙の資格を備えていない見学者が感じる当惑という形で。ゾラの『居酒屋』でジェルヴェーズの結婚式に連なった者たちがルーヴル美術館を訪れる場面はまさにそれで、一行の当惑ぶりが、文学的な様式化によって非現実化されているきらいがあるが、かなりリアルに描かれている。スコラ的条件のなかで趣味を形成されることのなかった者たちが芸術的性向から生まれた作品に示す嫌悪感や、憤慨もその例である。）

スコラ的自負心

長い自律化の過程を経て確立したスコラ的世界に（ときには生まれたときから）浸かっている者たちは世界と文化的所産についての、自明性と自然性の刻印を押された考え方を可能にした例外的な歴史的・社会的条件を忘れてしまう傾向がある。スコラ的視点への恍惚とした帰依は、天分にもとづく自然な選別という、学校エリート特有の感覚に根ざしている。叙任儀礼として機能する教育と選抜の学校的手続きのもっとも目に付かない効果のひとつは、これらの手続きは――条件の差異（これは、それら手続きが作り出し定着させる差異の条件である）を抑圧しつつ――選ばれる者と排除される者の間に魔法の境界線を引くということである。この社会的に保証された差異、貴族の（官僚的）肩書きの価値を持った学歴資格によって承認され証明された差異はまさしく、かつての自由人と奴隷の差異と同じく、スコラ的貴族主義が思想家と（日常生活の些末事に心を奪われている）「普通人」との間に見出す「自然」的あるいは「本質」的差異（なかば冗談で「存在論的差異」と言うこともできよう）の根底をなしている。こうした貴族主義が広く受け容れられているのは、それがスコラ的世界の住人たちに非の打ち所のない「彼らの特権の神義論」を提供してくれるからである。歴史の忘却、スコラ的理性の社会的可能条件の忘却――表面的な違いにもかかわらずカント的伝統の普遍主義的ヒューマニズムが「存在の忘却」の醒めた予言者たちと共有している忘却――を絶対的に正当化してくれるからである。

彼らの間の哲学的な相異と政治的な対立にもかかわらず、多くの哲学者たちにとってハイデガーが――普通の世界に対して距離を取るという哲学者の要求を、価値のない卑俗な対象を扱う賤しい学問である社会科学に対する尊大な距離に結び付けて（ハイデガーが、一時彼の師であったリッケルトやディルタイ、マックス・ヴェーバーら社会世界の思想家の仕事に文字どおり強迫観念を抱いていたことはよく知られている）――哲学者という職業の自負心の保証人になったのはそうした事情からである。「通常の」現存在《ダーザイン》、あるいはもっと婉曲な言い方で、「ひと」《ダス・マン》という通常の状態にある現存在が「日常的な普通の周囲世界」alltägliche Um- und Mitwelt、つまり「ひと」の没個性的で無名の行動の場に対して持つ「非本来的な」関係の指摘は哲学的人間学――悪、つまり社会的なものと社会学の追放儀式に他ならない哲学的人間学——の核心（そしておそらくは根元）をなしている。

「公衆」、「公衆の時間」、「公世界」（「無駄話」が横行する場）、「公時間」に異を唱えることは、「非本来的な」生活という猥雑と、幻想と混乱の場である人間的事象の卑俗な領域と、世論という意見とドクサの世界と、そしてまた、科学、とりわけ歴史諸科学と、哲学者は縁を切るということを宣言することである。「普遍的妥当性」Allgemeingültigkeit を備えた解釈に到達しようという、これら成り上がり科学の思いこみのうちに哲学者は「有限性の隠匿」のもっとも巧妙な形を見てとる。歴史諸科学は、公衆の世界と公衆の時間の公衆による解釈可能性という前提を暗黙のうちに受け容れている、公衆の世界と公衆の時間はいつでも、だれでも（交換可能な存在である公衆的人間、つまりダス・マンにも）解釈できると見なしている、というわけである。

「本来的な」哲学者は「客観性」と「普遍性」を標榜することの「民主性」あるいは「平民性」を批判する（キケロはすでに平民哲学を告発していた）。「本来的な」哲学者は、彼によれば科学に内在的な主張、つまり真理はつまらない没個性的な人間にも到達できるという主張を斥ける。そして、スコレーの特権への臆面のない帰依に含意される貴族主義的諸前提をさらけ出し、フッサールみずからがすでに『ヨーロッパ諸学の危機』で表明していた、ポリス、つまり政治とドクサに対する哲学的軽蔑という長い伝統を今また正当化するのである。哲学者は「死に向けての存在」である単一の現存在の経験を過去に到達する唯一の「本来的」な道であるとする。そして過去の意味を開示する作業における歴史家の先入見 Vorgriffe の役割を犀利に見抜いている哲学者だけが、歴史諸科学の陳腐な方法では挫折するほかない領域で成功することができる、過去の原初的な意味を「本来的に」取り戻すことができる、と主張する。

ハイデガーは、手品に近い見事さで、社会科学固有の思考様式に依拠して、科学に対する、とくに社会科学に対する反合理主義的なたたかいを進める。というのも、合理性の規準が真理の（科学が制御できない）歴史性に依存していることを指摘することによって科学的思考の限界についての批判を展開しているからである。しかし同時に彼は、歴史諸科学に対して距離を取る。歴史諸科学は、特殊な世界像 Weltbild に結び付いていて、人間的な説明方法しか受け容れないから、人間的省察の限界と存在の不透明性を忘れる、というのである。有限的な実存の根本的な存在論だけがアナーキーに陥った歴史諸科学に新たな統一性を付与することができる、そうした存在論だけが、歴史諸科学の先入見の起源は（ディルタイやヴェーバーが信じているように）文化的価値のなかではなく、歴史家の本質的歴史性——この歴史性こそは過去の意味を開示する可能性の条件であり、これがなければ過去の意味は永久に隠されたままである——のなかにあるのだということを示すことができる、というのである。

ハイデガーは非常に活気のある、また非常によく哲学的に武装していた歴史諸科学（リッケルトもディルタイも、ましてやヴェーバーは歴史諸科学の限界を考察するためにハイデガーを待ってなどいなかった）と対峙していた。たぶんそのためだろう、また、たぶん彼の位置と軌跡がそれを促したのだろう、ハイデガーはとくに初期の著作において限界のない思考の自信過多のきわめて重い症候を示している。多くの無知といくつかの矛盾をさらけ出しながらハイデガーは哲学者がしばしば抱いている固い信念をきわめて断定的な口調で述べている。哲学者は歴史諸科学がおのれ自身について考えるよりもよく歴史諸科学について考えることができる、哲学者は諸歴史科学の対象と、対象に対する関係とについてより透徹した、より深い、より根底的な視点を取ることができる、哲学者は、純粋で孤高な省察だけを武器にして、集団的研究と科学の平民的な手段が生み出すものよりも高等な認識を作り出すことができる、というのである。ハイデガーが言う科学の平民的な道具の象徴が統計学である（ダス・マンについての有名な箇所ではっきりと統計学に触れている）。統計学は、現存在の根底的な独自性――もちろん、「本来的な」現存在のそれである。ダス・マンのそれなど、いったいだれが気にかけようか――を平均値の凡庸性のなかで無化してしまう、というわけである。

同時代の社会科学に対するたたかいでハイデガーが展開したこうした戦略、とりわけ社会科学の成果を社会科学とたたかう武器にするという戦略は、六〇年代のフランス哲学の「前衛」によって再び採用された。あるいは再び作り出された。フランスの社会科学は哲学の覇権主義的野心に対して自律性と固有性を確立するために、ときには哲学の地盤で、哲学と対決する必要があったために、デュルケム以来、哲学の伝統のなかに深く根を下ろしていたが、六〇年代には、大学界において、また、知識界においてさえ、支配的な位置を占めるにいたっていた。レヴィ＝ストロース、デュメジル、ブローデル、あるいはラカンも含めて、「構造主義」というジャーナリスティックなレッテルで大雑把にくくられた人々の仕事がそのことを証している。当時のすべての哲学者は併合主義的な対立関係のなかで社会科学との関連で自己定義をおこなわなければならない状況に置かれた。彼らは意識的あるいは無意識的に二面作戦を取り、ときには二股をかける者もいた（「アルケオロジー」「グラマトロジー」などのような「〜ロジー」効果や、その他の科学めかした手管によって）。こうして彼らは、それでハイデガーの弟子になったわけでもなく、その必要もなかったのだが、社会科学に対してハイデガーが使ったのとよく似た乗り越え戦略を見つけたのである。

根底的懐疑を根底化する

自分の哲学者としての存在がかかっている哲学ゲーム、あるいはこのゲームへの（社会から認知されている）参加を――「アンチ・アカデミックなアカデミズム」がいつも興じてきた芝居がかった根底的な反乱ではなく――本当に問い直す危険を冒してはじめて哲学者は、みずからを哲学者と称しみずからを哲学者と考えることを彼らに許し、その根拠を与えるすべてのものに対する、また逆にこの社会的認知の代償として哲学者という姿勢と地位に刻み込まれている前提に彼らを閉じ込めるすべてのものに対する真の自由の条件をみずからに確保することができるであろう。そのときそのときに、「哲学的」として指示されるものの社会的可能条件を明示化することをめざす批判だけが、それら条件のなかに含意されている「哲学的」効果の仕組みを目に見えるものにしてくれる。そうした批判だけが、哲学という名の思考活動に専念することができる者たちの位置と性向に刻み込まれている諸前提から哲学的思考を解放する意図を完全に実現させることができる。哲学者は自分をatopos、つまり場所のない、分類できないものと考えたがるが、実はだれでもと同じように、彼が理解しようとしている空間のなかに含まれているのであることを指摘するのは、彼らを貶めて喜ぶためではない。逆に、哲学者もまず社会空間のある場所に、そしてまた、スコラ的界というサブ空間のある場所に位置づけられているという事実に書き込まれている制約と限界に対する自由の可能性を哲学者に提供するためである。

なぜ、いや、なんの権利があって、そのように哲学を「自由にする」「解放する」などと提唱するのか、と問う向きがあるかもしれない。それに対してはわたしはまずこう答えたい。哲学を解放しなければならないのは、多くの場合、もっとも陳腐な社会科学観をそれと知らずに増幅しつつ、哲学が社会科学に浴びせる（反動的なとまでは言わないまでも）反射的な批判から社会科学を解放するためである、と。「ポストモダン」と言われる哲学者たちは、「うたぐり」こそ哲学の使命とばかりに、社会科学がその定義からして標榜する科学的野心を、声を揃えて、告発する。彼らは主張のうちに形を変えた命令しか見ようとしない。論理のうちに「精神の警察」しか見ようとしない。科学性の追求のうちに、服従心を植え付けるための単なる「真理効果」しか、あるいは権力意志に鼓吹されたヘゲモニー志向しか見ようとしない。挙げ句の果てに、どちらかと言えば統制に従わない学問である社会学を統制主義的な、権威主義的な、それどころか、全体主義的な、腹黒い警察的な学問に仕立て上げてしまう。そうすることによって彼らは（彼らの自覚的な、また公に宣言された政治的立場と矛盾することになるが）唯心論的な（そして保守的な）思潮が人格の神聖なる価値と「主体」の不可侵の権利を掲げて、科学、とりわけ社会科学に対して浴びせ続けてきたもっとも蒙昧主義的な告発・糾弾に哲学的・政治的に見栄えのする外観を与えることになる。

さらにまたわたしは、正常に形成された「哲学精神」には言語道断と思われようとも、確信している。哲学界固有の論理の分析、また、おのれのスコラ的盲目に対する哲学者の盲目のゆえに哲学界で生み出され育成される、そしてある時期に「哲学的」と社会的に認知される性向と信条の分析ほど、哲学的な活動はない、と。ある界の論理とその界が誘導し前提する性向とが直接的に一致する場合、その界が内包する恣意的なものは超時間的・普遍的自明性の外見の下に隠される傾向がある。哲学界もこの法則を免れることはできない。それゆえに、社会学的批判はより根底的な固有の意味での哲学的批判を準備するだけの単なる前提ではない。社会学的批判は、ある場所で、ある時間に、哲学的と見なされた社会的活動に暗黙のうちに組み込まれている哲学の「哲学」の根幹に導くのである。

今日では哲学者はほとんど常にホモ・アカデミクスであるから、彼の「哲学精神」は大学界によって、また大学界向けに形成され、大学界が伝え教え込む特殊な哲学的伝統に浸っている。その伝統とはまず、規範的な著者とテクストである（微妙きわまるランク付けをされたこれらの著者とテクストはもっとも「純粋な」思考に指針と目標を与える。この分野でも、成文あるいは不文の国定学習要綱《プログラム》が全国的に「プログラム化された」精神を作り出す）。次は歴史的に形成された論議から生まれ、学校による再生産によって継承される諸問題である。さらに、繰り返し唱えられる主要な対立である（アンチテーゼ的な二つの語の組み合わせの形に凝縮されたこれらの対立を「西欧形而上学の二項対立」といかにももったいぶって呼ぶ向きもあるが、現実はもっと卑俗で、他のすべての界と同様に、哲学界も二元的構造で組織化される傾向がある事実を示しているにすぎない。フランスの場合は特に、認識論、科学哲学、論理学に連結する、科学に近い極と、その対象と表現形式で芸術と文学に近い、そして今日の「ポストモダニスム」のように美学と唯美主義に傾いた極との間の恒常的な対立である）。また、いくつかの概念である。これらは、表面的な普遍性にもかかわらず、特定の位置と日付を持った意味場と切り離すことができない、また、この意味場を越えて、多くは言語と国民の境界の内部に限られる闘争の場と切り離すことができない。そして最後に、理論もそうである。学校は脱歴史化し脱現実化することによって理論の永続化をはかるわけだが、その形骸化した伝達の過程で理論は多かれ少なかれ改変され硬直化する。

哲学的活動の社会的条件を問う根底的懐疑こそ、哲学の世界（これにはこれで、それなりの常識《サンス・コマン》というものがある）のしきたりや慣例、馴れ合いに対して自由を保証することによって、スコラ的幻想を自覚することを阻止するために哲学の伝統が設置する防御装置（その枢要な部分を成すのがプラトンのスコレーと洞窟についての、また、ハイデガーのダス・マンについての名高いテクストである）を打破することを可能にしてくれる、とわたしは信じている。スコラ的幻想に根を下ろしている哲学に含意される哲学――大学界において（特にフランスでは）高い位置を占めていることに由来する自信あるいは制覇主義的野心が支え励ます哲学――はいくつかの共通の前提のなかに典型的に現れている。その前提とはまず、歴史の選択的忘却あるいは否認。同じことだが、一切の発生論的アプローチと真の歴史化の拒否である。次に、他の科学を（理論的に）基礎づける、しかし他の科学によって（歴史的に）基礎づけられることはないという「基礎づけ」幻想（これは他の科学がおのれ自身に対して取ることができない視点を自分はそれら科学に対して取ることができるという思い込みから出ている）である。そして、客体化する主体を客体化することを（「還元主義」として）拒否する姿勢とその延長としての唯美的原理主義である。

スコラ的理性の批判にもとづく根底的懐疑はとりわけ、哲学の誤りはしばしばスコレーとスコラ的性向を共通の根として持つということを示す効果を持つであろう。かけがえのない同盟者である日常言語の哲学者たちがこれらの誤りからわれわれを解放しようとしてくれている。すぐに思い浮かぶいくつかの例を挙げるにとどめるが、ある語を理解し、その意味を学ぶということはある「観念」を凝視すること、あるいは、ある「内容」に狙いをさだめることを含んだ精神過程であるという錯誤をヴィトゲンシュタインが批判している。われわれが青いものを見るとき、われわれは青の概念を意識しない、とムーアが指摘している。ライルは「それを知ること」knowing thatと「いかにを知ること」knowing how、理論的知識と実際的知識（ゲームの、言語の、等）を区別している。再びヴィトゲンシュタインだが、彼は、判断を述べることは言語を使用するひとつの可能な仕方にすぎない、「わたしは悲しんでいます」I am in pain は必ずしも断言ではなく、悩みの現れでもあるかもしれない、と指摘している。ストローソンは、「文脈から相対的に独立した」文に注意を集中したと言って、論理学者を非難している。さらにトゥールマンは、蓋然性の表現の日常的使用と、科学的調査における確率的言表の使用とを区別するように勧めている。これら日常言語の哲学者たちはいずれも、スコラ的「言語ゲーム」に属する思潮、それゆえに実際的行動《プラティック》の論理（日常言語の探究はわれわれをここに導いてくれるはずである）を掩蔽してしまう怖れがある思潮を批判しているのである。

それはつまり（わたしはいつもそうしようとしてきたが）、以上のような哲学の類的諸傾向（これらの傾向は類的であって、あれこれの哲学者の個人的弱点とは関係ない、とオースティンが言っている）について、日常言語の哲学者たち、また、とくにパースとデューイのようなプラグマティストたちがおこなった分析に依拠して、スコラ的理性の批判に全面的な一般性と妥当性を付与することができる、ということである。逆にまた、スコラ的位置と性向の分析のうちに、哲学による言語の日常的使用と、それが生み出す錯誤の批判、また、スコラ的論理と実際的行動の論理との間の乖離の批判を根底化し体系化する原理を見出すことができるであろう。実際的行動の論理は、言語の、スコラ的世界で通用している社会的に中和され統御された使用よりは、非スコラ的な、日常的使用のなかによりよく表現されると考えられる。

Pierre Bourdieu
"Critique de la raison scolatique" in *Méditations pascaliennes*

解題

ここに掲載したテクストはピエール・ブルデューの著書 «Méditations pascaliennes», Seuil, avril 1997 の第一章 «Critique de la raison scolastique» の翻訳である。(紙幅の関係で原注は割愛した。この著作全体の翻訳はいずれ刊行の予定である。)

一九九七年五月二〇日付の筆者宛の書簡でブルデューはこう述べていた。「ご無沙汰を許してください。ここ数週間、執筆活動に文字どおり没頭していました。『パスカル的省察』と題するひじょうに難しい本を終えたところです。」

「難しい」というのは、ブルデューの言う意味ではもちろん「難解」という意味ではなく(実はきわめて難解な本である)、「仕上げるのに苦労した」という意味であるが、著者がこの本の執筆に心血を注いだことがこの一語からもうかがえる。ブルデューの著作には民族学、教育、国家、趣味、文芸など多様な領域を対象として綿密な調査と理論的考察の成果をまとめたものと、自分の仕事の解説・注釈である講演やインタビューを集めたものと、二系列あるが、この『パスカル的省察』は、『ディスタンクシオン』『実践感覚』『国家貴族』などでも展開した彼の社会と人間に関する独自な理論を集大成したものと位置づけることができる。この第一章のなかでも、何度か「わたしは確信している」「わたしは考える」と一人称で書いているが、これまでの著作には見られなかった(と思う)筆致である。六五歳を越えたブルデューのある種の意気込みを感ずる。これはフーコーの『知の考古学』、レヴィ=ストロースの『構造人類学』と同じように「国際的にもインスピレーションのもと、討論と批判の対象になる、ひとつの時代を画する参照文献であることはまちがいない」と、『ヌーヴェル・オプセルバトゥール』誌に載った書評のなかでディディエ・エリボンが言っているのも頷ける。

内容を簡単に紹介する意味で、裏表紙の著者自身による紹介を訳出しておこう。

「いまやある一定の水準に達している人間科学は、その方法と成果が前提している、しかし多くは暗黙の状態に置かれている人間観を明らかにする義務がある。この開示の作業はよりよい科学をつくるためにも、また、科学をよりよく理解し受け容れてもらうためにも必要である。

というのは、思考についてのもっとも根底的な批判といえども、すべての精神的所産の隠された、あるいは抑圧された条件であるひとつの事実を取り上げようとしないからである。精神的所産はスコレーの状態で作り出されたものであるという事実である。この状況こそ、体系的・認識論的・倫理的・美学的誤りの根元であり、これを方法論的分析にさらす必要がある。

この批判を、パスカルを手がかりに進めることにする。というのは、彼の人間学的省察がスコラ的まなざしには見て取れない人間存在の特徴——力・慣習・自動機械・身体・想像力・偶然性・確率——を対象にしているからである。また彼が『真の哲学は哲学を嗤う』という、人間科学がみずからを完全に解放するためにおこなわなければならない象徴革命のスローガンを提供しているからである。

人間科学はもっとも基本的な前提、とりわけ自由で自己に対して透明な《主体》という前提を批判する否定的哲学という形を取ることになる。この批判作業は、ヴィトゲンシュタインやオースティン、デューイ、パースなど異端派哲学者の支援も得て、暴力・権力・時間・歴史・普遍、そして存在の意味についての伝統的な考察を一新することになるであろう。そこから立ち現れる人間像に驚く、いや不快を覚える向きもあるかもしれない。なぜならそれは世間一般の人間観とは断絶しているからである。学者的視点は実はこの通俗的人間観を追認してだけであることが多いのである。」

「余暇」を意味するギリシア語 skholè は言うまでもなく school, école「学校」の語源である。この「学校」という場で「余暇」を享受しつつ、外界から何の制約を受けることとなく、世界について、人間について思索を巡らす「ホモ・アカデミクス」という存在の典型が哲学者であるとして、ブルデューはこの第一章で彼らの「スコラ的理性」を批判している。ドイツやフランスでは人文科学の領域では哲学が「諸学の女王」として長く君臨していた。歴史学にせよ社会学にせよ、この哲学の重圧を押しのけて自律性を獲得してきたわけである。しかし六〇年代以降、言語学や人類学、社会学の台頭で哲学はむしろ劣勢にまわり、これら諸学に借りつつ、その借りものをもってこれらと対抗するという戦略を取らざるをえなくなったというのが実情である。卑近な例をあげれば、エリート校として知られるエコル・ノルマルでも、いまや、「できる」学生は（フランス文学はもちろんだが）哲学よりは、社会学や、歴史学、経済学を専攻として選ぶのが普通になっている。（古典的教養主義から実用的科学への関心の移動の善し悪しについては議論の余地があるであろうが）この変化にはブルデューの影響も大きかった。いずれにせよ、ブルデューの仕事の理論的背景を検討する上で興味深いのは、プラトンを始祖としハイデガーできわまる独仏の観念論を批判するのに彼が英米の分析哲学ないし論理実証主義につながるヴィトゲンシュタインやオースティンらを援用していることである。「時代遅れのマルクス主義者」とか「構造主義的決定論者」といったレッテルがいかに浅薄なものであるかは、こうした点からも明らかであろう。

西欧の諸学をそれらの歴史的生成過程や哲学的・認識論的土台から切り離して、ただ単に実用的関心のみから輸入することで成立した日本の近代アカデミズムの世界では哲学の地位は高くも大きくもないから、ブルデューの哲学批判を異常に執拗と受け取る向きがあるかもしれない。あるいは特殊フランス的と受け取る向きもあるかもしれない。しかし、日本の人文・社会諸科学の根本的問題はまさにそれら諸学の根拠を問わないことにあることを、大学的知が大きな危機にさらされている今こそ自覚すべきではないであろうか。その意味で、ブルデューのこのテクストはきわめて啓発的であると思う。

（加藤晴久）

ハイデガーの大学論

北川東子

きたがわ・さきこ　一九五二年生。東京大学大学院教授。哲学・現代ドイツ思想。ドイツの解釈学的哲学を中心に研究を続け、その後、翻訳、異文化理解、身体と言語、近代化と身体文化といったテーマにも関心をひろげている。著書『ジンメル——生の形式』、編訳書『ジンメル・コレクション』、共訳書『哲学の使命について』（マルティン・ハイデガー著）『マルティン・ハイデガー——存在の歴史』（フーゴ・オット著）、論文「解釈の暴力と解釈の病理学」「ハイデガーと論理の身体」「『自分の身体』というテーマ——フェミニズムと身体文化論」。

一　学問論のふたつの道

「今日、〈学問〉論（学問についての省察）には二つの道がある。しかも、二つしかない」と、ハイデガーは『哲学への寄与』のなかで述べている。[1] ひとつは「非現実的なありかたでの学問」を構想する道であり、もうひとつは学問を「現行の現実的な体制において」考える道である。この第二の方向にあっては、学問論は現実の科学の「近代的な性格」を分析し、近代科学の営みを根底から支える文化の方向性を見定めることを目標とする。ハイデガーがこの方向で考えた学問論は有名であり、すでにさまざまに紹介されてきた。つまり、『世界像の時代』や『技術についての問い』をはじめとした後期の著作で繰り返し論じられる近代科学論であり、「歯止めのきかない技術化の時代」と歩調を合わせて展開していく科学にたいする哲学の立場からの批判である。ハイデガーは、近代科学と技術的世界観と主観性の形而上学との三つ巴を暴き出す。そのことで、現代の哲学的な科学論においてスーパー・スターのひとりとなったのである。

さて、もうひとつの道、「非現実的なありかたでの学問」を考える道は、「知の展開と建設へ向けた、ある特定化された可能性」を探る道と定義される。この道は、その定義からして、学問と大学との改革をめざす理論となるはずである。それは、どのような道だろうか。めざすべきは、「存在の真理のより根源的な基礎づけ」に根づいた改革である。「現行のものの解説や、現行のものにたいする直接的な対処」とは無縁な改革であり、通常の意味での改革ではない。「この方向での学問論は、一切の危険をかえりみずに、到来するものへ手を伸ばすと同時に、確固とした決意のもとに、過去あったものへと還り行くこともする。」現実の将来を念頭においての改革ではなく、過去と未来とを往来し、歴史を横断する改革――イメージされているのは、徹底的な全面革命である。非常体制下における改革である。

「学問についての省察（学問論）」と名づけられた『哲学への寄与』第七五節は、戦略的プログラムのような響きをもつが、まさにその響きに呼応するかのように、ハイデガーはこの学問改革論については、一九三三年のフライブルク大学総長就任演説『ドイツ大学の自己主張』を参照するようにと指示している。ナチズムへの加担を後世にまで記録し、ハイデガー哲学の価値を危うくまでしたテキストである。『哲学への寄与』が構想されたのは、確かにまだナチズム体制下の一九三六年頃であった。しかしその頃には、ハイデガーはフライブルク大学総長を辞して久しかった。ナチズムにたいする熱狂的な同調は消えた後であった。したがって、「学問論」は、ナチズムという特殊な歴史的状況だけが書かせた文章ではない。ハイデガーには確信があったのである。みずからの学問改革論にたいする確信であり、総長演説『ドイツ大学の自己主張』にたいする確信である。そしてその確信は、第二次大戦後になっても、ナチズム体制が崩壊したのちにも消えることはなかった。

二　やっかいなテキスト『ドイツ大学の自己主張』

ナチズム体制下において、当時の科学者や大学人がどのような行動をとったかという問題は、今なお、科学技術や大学のありかたについて考える際に絶えず引き合いに出される問題である。そのもっとも顕著な例がナチスの優生学であり、クローン技術や遺伝子操作の倫理性が問題になるときには必ずといってよいほど話題になっている。[2] おぞましい過去に言及することで倫理的警告を発するという調子が強いのだが、しかし時には、ナチズムの過去が、人間のぎりぎりの限界についての経験として、範型的な位置づけをされることがある。ある「極端」が予感されるとき、たとえばクローン技術のような人間の造りだした技術が、予測可能な領域を超えて暴走するかのように思われるとき、ナチズムの過去が記憶の闇からよみがえってくる。したがって、スローターダイクの『人間園の規則』[3]やH・クラウサーのエッセー「なぜだめなのか。神になろうとしないような人類は不気味であり、退屈である。」[4]のように、ニーチェ的な「超人思想」の装いをまとって、ナチスの優生学的な考え方のおさらいが行われることがある。ナチズムの過去が、まるでネガ写真のように、極限状況という裏側から現代社会を映し出す。

「教育改革」や「大学改革」という理念もまた、ナチズムという極端な過去に照らしてみることで、その本質的な側面を明確にできるかもしれない。ナチズムにおいては、よく知られているように、「ドイツ的な学問」と「ドイツ大学」という理念のもと、「マルクス主義的・ユダヤ的な学問」を根絶して学問においても民族浄化するという試みが実行された。[5] 大学という場からユダヤ系の研究者を徹底的に追放し、ナチス党員による大学組織の支配が行われた。「ナチズム体制下における大学」は、大学改革の臨界点を示す歴史的モデルと言ってよい。大学人がこれほどまでにも政治的・社会的力と同一化し、これほど大規模で徹底的な大学組織の改革が行われた例は他にないであろう。しかも、この大学改革は、ナチズム的な意味での社会改革の一部と理解されていた。

ただし、「国民とそのすべての階層にかかわる教育」の改革も含めた大規模な教育改革であったにもかかわらず、ナチスに明確なヴィジョンがあったわけではなかった。知識人にたいしてのヒトラーのあからさまな嫌悪感（「腰抜けども」）と、「男性闘士の性格育成」という軍事教練的目標があっただけである。したがって、学問のあるべき姿とはなにか、それにふさわしい大学とはどのような組織かという問題をめぐっては、つまり改革の理念をめぐっては、当時の有力な大学人がさまざまな思惑の下でさまざまな動きをみせた。ハイデガーもその一人であった。一九三三年、ハイデガーは「導く者（総統）を精神的に指導する」という、かねてからの哲学的野心をもってフライブルク大学総長に就任したのである。

したがってハイデガーのフライブルク大学総長就任演説『ドイツ大学の自己主張』は、彼の大学改革の理念を語る重要なテキストであるし、単に政治的プロパガンダのひとつとしてだけ読まれてはならないであろう。たしかに『ドイツ大学の自己主張』は、ハイデガー哲学がいかにファシズムとの親縁性をもっていたかを示すテキストであり、ハイデガーの民族主義的な排他性と虚栄にみちた軍国主義ヒロイズムを証言している。しかし、教養市民層を念頭に置いた大学論、たとえば研究・教育の自由と大学の自治とを基本思想とするヤスパースの『大学の理念』（一九四六年）と並べて読んでみると、この晦渋なテキストが不気味な現代性を持っているのを感じる。ナチズム色を意識して「闘争」や「奉仕」と訳されるべきだが、同時に、ナチズム色を払拭して「競争」や「サービス」とも訳せることばが語るのは、基本的には時代と国民の要請に適ったかたちでの大学改革の必要性である。旧来の知識体系が無効となりつつある過程にあって、全く未知の新しい状況（「存在の曖昧さ」）へと向けて、大学人と大学組織とを全面的に再編成しようという構想である。

しかし、仮にハイデガーがみずからの大学改革構想を明らかにするために、『ドイツ大学の自己主張』を講演したのだとしても、この演説が行われた一九三三年の時点では、その構想は一般には理解不可能であった。ベルント・マルチンによれば、『ドイツ大学の自己主張』は、その内容よりも政治性の方が先行したのであり、「ナチスのプロパガンダにとっては、ドイツの最も有名な哲学者が、ナチズム的な意味で受け取ることができる表現を用いて公的に発言したという事実だけが大事だった」(6)のである。他方で、ハイデガー自身もまた、この大学改革の構想を実現することはなかった。彼は、この演説直後に、みずからの偏狭な権威主義と卑劣かつ幼稚な学内政治とによって失脚した。そのことで、自分が構想する大学改革がいかに現実との接点を欠いていたかをまざまざと白日のもとにさらしたのである。

したがって、『ドイツ大学の自己主張』はやっかいなテキストである。歴史的・政治的な文脈で読むとすれば、ハイデガーのファシズム的思想傾向とナチズム的政治活動について証言している最も重要な文書である。短期間ではあったが、ハイデガーはナチ党員となり、ナチズムに強く同調した。ヒトラーを賞賛し「導く者《フューラー》・総統」の理念にとりつかれ（「総統《フューラー》自身、そして総統だけが、今日の、また将来のドイツの現実であり、その法である。」）、ナチズムを信奉し「この運動の内的真実と偉大さ」という表現を用いた。総長として、大学人をナチズム的に再教育するために「学問陣営」を開催した。さらには、卑劣な駆け引きによって、ユダヤ系の同僚を陥れようともしている。彼は、フライブルク大学内にあって疑いようもなくナチス的な意味で「ドイツ大学」の総長として行動した。『ドイツ大学の自己主張』は、こうした政治活動および一連の学内措置を動機づけるテキストであり、ハイデガー自身が人生の「棘」と表現した出来事、「総長職の失敗」の幕開けを告げるテキストである。しかし、他方で、ハイデガー自身は『ドイツ大学の自己主張』を政治的な誤りから生まれたテキストであるとは考えていない。ましてや、ナチズムの文脈に位置づけられるテキストと理解してはいない。

『事実と思想』という小冊子は、ハイデガーの死後一九八三年に出版されたものだが、ここには、総長就任演説と、ハイデガーが戦後すぐに総長就任の背景とこの演説の思想内容をみずから解説したテキストとが収められている。(7) どのような余儀ない事情で総長に就任せざるをえなかったか、ナチの党幹部や学界からいかにいじめを受けていたか、くだくだしい繰言が述べられるなかで、ハイデガーは思想的な立場については一歩も譲ることはしない。「形而上学の克服」や「ニヒリズム」といった哲学的な粉飾をほどこしたことばで、強弁とも聞こえることばによって、自らの正当性を主張しつづけたのである。

いわゆる「ハイデガーの沈黙」と言われ、現代哲学と政治との関係を語るさいの基本的な枠組みとなった事態である。しかし、ハイデガーは何かについて沈黙しようとしたのだろうか。もし沈黙しようとしたのなら、彼はなぜ『ドイツ大学の自己主張』を放棄しようとしなかったのか。第二次大戦後になってもなお、ナチズムの政治的意図との関連があからさまなテキストに固執したのであろうか。そして、今日、『ドイツ大学の自己主張』は、ハイデガーが主張するように、学問論として、そして大学改革論として読むことができるのだろうか。

少なくとも、このテキストをそういうかたちで読んだ人はいる。ヤスパースは、この演説の哲学的内容と、そこで構想される独創的な改革思想に強い感銘を受けた。ヤスパースは、哲学的素養や時代感覚と問題意識の共有という点で、おそらく最も優れたハイデガー哲学の読み手であったと言える。『存在と時間』を読んで以来、第二次大戦中も中断することなくハイデガーのテキストを読み続けている。その彼が、一九五三年頃に書いた次のような覚書が残されている。

「ハイデガー　極端の魔術。解体と破壊のラディカリズム……現在の一切の出来事に関しては誰よりもよく分かるという態度……絶望した人間たち、虚しく生きている人間たち、現在と未来が破壊的でしかないと考える人間たち、そうした人間たちすべての目には正しいと思われる。」(8)

もし『ドイツ大学の自己主張』をハイデガーの大学改革論として読もうとすれば、おそらくヤスパースの覚書は重要な示唆を与えてくれるであろう。また同時に、重要な警告ともなるであろう。その場合、ヤスパースが魅了されると同時に危険を感じた「極端の魔術」とは何だったのだろうか。

三　初期から構想されていた大学改革

「総長職の引継ぎとは、この高き学府の精神的導き《フュールンク》へと義務づけられることであります。ドイツ大学の本質に真にかつ共に根ざすことによってのみ、教育者と学ぶ者とによる従士団が目覚めるのであり、強化されるのであります」と、ハイデガーは『ドイツ大学の自己主張』をはじめる。「ドイツ大学」というあるべき姿にもとづいてのみ、大学組織は意味を持つ。では、「ドイツ大学」の本質とはなにか。それが明確になるのは、「まずなによりも、そして常に、導く者が導かれた者であるとき」である。つまり、「ドイツ民族の運命」という歴史的・精神的な委託によって哲学的に導かれたときなのだ。大学の本質が明らかになるのは、「大学の現状についての知識」や「大学のこれまでの歴史」によってではない。「一方で、われわれが学問を最も内的な必然性にさらし、他方で、最大の危難にあるドイツの運命に耐える」ことによってである。学問の必然性を明らかにし、「ドイツの運命」という試練に耐えてこそ、大学は自己主張できる。

『ドイツ大学の自己主張』には、ハイデガーの多くのテキストがそうであるように、独特な難解さがある。語呂合わせ的議論がもつ難解さもそうだが、もうひとつ別の難解さがある。奇妙な混在に起因する難解さだ。本来ならば、異なる知的伝統に連なるはずのふたつの概念系が混在していて、まるでふたつの声が互いに語り合うことなくしてただ混じりあうように、ことばの渦をつくりだす。導く者《フューラー》と導かれた者《ゲフュールテ》とが同一視され、ギリシア古代とドイツ現代とが手を結び合い、起源的な始まりと到来すべき始まりとが重なり合う。民族と個人とが一体化し、伝統と革新とが同じように求められる。意志と自由が誇らかに告げられるとともに、国家と民族への奉仕と拘束が宿命とされる。時代に迎合しているのか、反時代的あるいは超時代的に語っているのか分からない。政治と思想とが奇妙に妥協したテキストである。

その意味で、このテキストは現代的である。つまり、保守反動にせよ自由革新にせよ、個人にせよ民族や国家にせよ、意志にせよ宿命にせよ、現代人の世界観を構成するさまざまな概念を複雑にからみ合わせ、それらをより合わせていくことで、現代に特有な文脈欠如の状態をつくり出す。そして、この文脈欠如の状態においてこそ、政治的・歴史的文脈（ナチズム）と思想的・個人的文脈（ハイデガー哲学）とが結びつくのだ。

したがって、『ドイツ大学の自己主張』全体を貫いているのは、特定の主張でも特定の主義でもない。むしろ、軍事的なメタファーであり男根ナルシズム的で権威主義的な口調であって、H・オットが見事に分析してみせたように、ヒステリックで切迫した雰囲気である。「ドイツ民族の運命」や「闘争共同体」や「義務づけ」といったことばが何度も何度も繰り返し用いられるなかで、明白なメッセージとして伝えられるのは、唯一、「ドイツ大学」の全面改革の必要性であり、この改革の重要性、その形而上学的・世界観的・哲学的意味である。大きな変革の時を迎えて（「存在全体の不確実さのただなかで」）、なにがなんでも変わらなければならないという焦燥感である。そうした焦燥感が生まれることで、学問は民族の「精神的出来事」となり、大学改革は、単なる組織内部的な改革以上のなにか、民族的（国民的な）出来事となるのである（「学問は、われわれの精神的‐民族的現存在の根本的出来事とならなくてはならない」[9]）。

実際、『ドイツ大学の自己主張』が意図していたのは、ハイデガーみずからが『事実と思想』で解説しているように、「自己自身を革新する大学」を国家的なプログラムとすること、つまり、社会改革のモデルとすることであった。ハイデガーは、「当時権力を掌握した（ナチズムという――筆者）運動に国民の内的な結集と革新の可能性を見た」のであり、大学改革は「国民の内的な結集にあたって、基準‐提示的な（模範的な）働きをする」べきであると考えたのであった。「改革」というキーワードにおいて、「大学」は単なる研究・教育機関ではなく、「ドイツ民族の運命の導き手《フューラー》と守り番（牧人）」を教育し育成する場所となり、そのことで、国民的・民族的アイデンティティを確立するという役割を獲得する。

ところで、あたかもナチズムとの関係によって浮上したように思われるにせよ、O・ペゲラーが指摘するように[10]、ハイデガーにとって大学改革の問題は、決してフライブルク大学総長就任とともに始まった問題ではなかった。すでに一九一九年に、「大学の本質について」と題した講義を行い、大学改革の必要性を唱えている（「われわれは今日ではまだ、学問における真の改革にいたるまで成熟していない。成熟は一世代全体の問題である。大学の革新とは、真の学問的な意識と生活のありかたの再生を意味する。」）。さらに、一九二九年にも大学問題について講演を行い、個別学科に分かれた専門研究を批判し、学科間の障壁を打ち破るような「共通の問う作業」の必要性を唱えている。G・リーマンは、そうした初期からの大学論の流れを詳細に再構成しているが[11]、ハイデガーは若い頃から学問の革新を構想しており、「大学改革」の理念にとりつかれていた。したがって、ハイデガーの大学改革で構想されていたのは、ナチスの教育政策に合わせた一時的な組織改革ではない。「精神改革」であり、大学改革という場から広範なかたちで時代を改革することであった。改革は、「一種の政治療法」（リーマン）であった。したがって、『ドイツ大学の自己主張』もその意味で読まれなくてはならない。

四　学問と大学への徹底的な問い――極端の魔術

軍隊用語に似た多くのことば、辟易させられることばの数々をくぐり抜けて、大学改革という一点に集中して、このテキストを読んでみる。『ドイツ大学の自己主張』は、ドイツという民族的・国民的なありかたを踏まえたかたちで、大学の意味を考えようとする。一方で従来の研究・教育制度がまだ確固として残されており、他方であまりに短絡的に大学を政治化しようという動きがあるところで、大学は「ドイツ大学」として自己主張可能かという問いである。大学が存続しうるかどうか、それが独立した機関として自己正当化しうるかどうかは、「ドイツ大学」という理念において大学が改革されうるかどうかにかかっている。「一般には、大学の主宰的な本質性格は『自治（自己管理）』にあると思われている。この自治は保持されるべきであります。（中略）自治は自己省察の基盤に立ってのみありえます。だが、自己省察が行われるのは、まさにドイツ大学の自己主張の力によってだけであります。」しかも、「ドイツ大学」の本質をなすドイツ的なありかたとは、「われわれの精神的・民族的ありかた」のことであり、「ドイツの運命」というかたちで、つまり事実的にではなく哲学的に解明されるべきありかたを意味する。哲学こそが大学改革を主導すべき立場にある。

中世ヨーロッパに端を発し、「研究と教育の統一」というフンボルトの理念の下で営々と築かれてきたドイツ近代の大学制度を再編成するための理論としては、あまりに抽象的で空疎である。そして、ドイツにおける数学や自然科学におけるめざましい研究成果を考えれば、あまりに時代錯誤であり、現実離れしているとしか言いようがない。当時フライブルク大学には国際的な名声をもった科学者たちもいた。しかし、そうした空疎な抽象性のなかで、ヤスパースが「極端の魔術」と名づけたように、ハイデガーは鮮やかな極論を展開することで「改革」へのやみくもな衝動を駆り立てていく。学問そのものの根拠を徹底的に問いただし、新たな始まりへ向けて「問う作業」を断固として要求し、大学の解体を予感したところで「ドイツ大学の自己主張」を試みるのである。

「ドイツ大学」は、大学の来るべき姿として「意志され」なくてはならない。したがって、旧来の大学制度が否定される。とりわけ大学を「研究と教育」の場として理解し、知的好奇心を理念とする教養主義にたいする攻撃が行われる。マルチンが指摘するように、ハイデガーには大学のありかたを「精神貴族的な要件」（ウェーバー『職業としての学問』）と理解してきた教養市民層にたいする抑えがたい反感がある（実際ハイデガーは、後年になって教養主義の終焉を宣言している。「教養の時代は終焉します。無教養な者たちが支配の座についたからではない。時代においては、問うに値するものが再び一切の事物と命運の本質への扉を開くのであり、その兆しが明らかとなったからなのです。」（『学問と省察』、一九五三年）[12]。学問は「単なる知識の進歩を促進するだけのリスクを欠いた研究というぬくぬくとした居心地のよさ」に陥ってはならない。研究や教養に終始してはならないのだ。「教官諸君」はリスクを負うべきである、「恒常的な世界不安定という危険のただなかの哨所」へと進んでいくべきである。

そして、ハイデガーの大学は「ドイツ大学」として自己主張する。この大学は、「民族共同体」との結束で自己規定する「ドイツ学生諸君」を主体とした組織である。ハイデガーは、「大学」の民族性と土着性、地域性と大衆性とを強調する。大学をその本質へもたらすのは「ドイツ学生諸君の決意性」であり、「国民的な存在」としての「ドイツ学生諸君」である。「ドイツ学生諸君」は、「国民のすべての階層と成員が示す努力と切望と能力とを支えると同時に行動しつつそれに加わる」義務がある。「教官と学生の一体」があるとすれば、それは、「闘争共同体」としての一体性であり、「両者の意志は、互いに闘争へと向けられなくてはならない」。「ドイツ大学」とは、研究と知識の場である以前に、「戦い（競争）」の場所である。

ハイデガーのことばは、あたかも国防と国益のために大学を再編成しようというように聞こえるのだが、実はそうではない。ナチスは、教養エリート養成機関としての大学を廃止して、従来の大学を医学や工学の専門教育機関に取って替えようとしていた。ハイデガーは、「ドイツ大学」を主張する一方で、そのような「政治的大学」は否定している。「すべての学問は哲学である」と誇らかに宣言する哲学者ハイデガーにとっては、大学はなによりも哲学的な使命を帯びている。「精神的法の定立」という使命である。したがって、「大学」には、まず哲学が必要である。「学部が学部であるのは」、「専門分野が専門分野であるのは」、やみがたい力に駆り立てられて「精神的法の定立」を行う機関へとなることによってであり、「国民にとってのただひとつの精神的世界」を樹立することを目的にしたときである。大学人の使命は、国民の精神的教化であり、国民の精神性への寄与である。だが、「精神」とは文化人や知識人たちの「空虚な明敏さ」などではない。「精神的世界」は、「文化という上部構造」といったたぐいの生ぬるいものではない。「精神とは、存在の本質へと根源的に唱和した知りつつの決意性」、つまり哲学である。

では、大学にとって不可欠な「学問」（科学）は、「ドイツ大学の自己主張」という立場からはどのように位置づけられるのだろうか。ハイデガーは、『ドイツ大学の自己主張』前後に、さまざまなかたちで学問・科学を恐るべき巨大システムとして分析している。多様な分野として高度に専門化し、国際的な競争によってコントロールされる科学。軍事殺戮技術を生みだし、人間の「人間以下の部分」（「動物的な部分」）を「徹頭徹尾計算と計画に従わせよう」とし、そのことで人間を「最も重要な資源」と化してしまう科学（『形而上学の克服』[13]）。その学問（科学）は、「改革」と「自己主張」に取りつかれた哲学者が、一刀両断のもとに片付けることができるようなものなのか。それをするには、科学はあまりに巨大で強大ではないだろうか。

ハイデガーは、あらゆる大学改革論が直面するこの難問に、彼独特の「極端の魔術」で答えようとする。われわれは学問を放棄するかもしれない、大学という場所から学問を追放するかもしれないというシナリオを突きつけるのだ。

「われわれは、学問の本質を捉えようとする者であります。しかるならば、次のような分け目の問いの眼前へと進み出ることをしなければならない。われわれのために、学問は今後もなお存在すべきであろうか。あるいは、われわれは学問を迅速な終結へと至らしめるべきであろうか。およそ学問というものが存在すべきであるということは、無条件に必然的というのでは決してないのであります。それにもかかわらず学問が存在すべきであるというのであれば、しかもわれわれのために、われわれによってそうであるというのであれば、いったい学問はどのような条件において真に存続しうるのでありましょうか。[14]」

ハイデガーは、学問の追放というシナリオを突きつけることで学問の本質を問い、「民族」と「闘争」の場所としての大学という構想からして、「ドイツ大学の自己主張」を要請する。その極端な意味において、「われわれはドイツ大学の本質を意志するのか、それとも意志しないのか」と問うのである。「ドイツの」という国民的な、「大学」という特殊な場所が、学問内在的な必然性からではなくして、「自己」（われわれ）にとっての学問の必然性からして、「自己主張」できるのか、と問いかける。

『ドイツ大学の自己主張』は、きわめて極端でネガティヴなかたちではあるが、大学論の行き着く先を予感させる。もし大学が「素手で」自己主張しなければならないとしたら、どのような正当化が可能かという問題を提示する。いったい、どうなのだろうか。現在のように、一方で研究・教育制度の伝統と既得権に依拠し、他方で先端研究と情報システムに依存するのではなくて、大学は本当に素手でみずからの正当性を主張できるのだろうか。

五　大学場所論　大学とはなによりも「場所」である

「ナチズムと教育」というテーマに長年取り組み、最近では「大学改革」問題について活発な発言をしている元スタンフォード大学教授のハンス・ヴァイラーが、「大学改革のメルヘン」というタイトルで、かなり急進的な大学改革論をドイツの週刊新聞『ツァイト』に書いている[15]。彼は、これまでの「大学改革」が、いかに既得権保持と予算獲得のために延々と語りつづけられてきた保身のための物語にすぎないかを指摘する。自分たちの持ち場を奪われるのではないかと恐れる大学教授たちは「改革をめざす大学教授たちのメルヘン」を語り、政治家たちは「現代の社会では『改革』が政治的にいいイメージを持っているために」「改革好きの政治のメルヘン」を語る。ヴァイラーは、あることないこと取り混ぜて改革のメルヘンをまことしやかに物語って聞かせる大学人や政治家を槍玉に挙げながら、大幅な予算削減や、大学の民営化と国際化など、ここ十年ほどのドイツにおける一連の活発な大学改革の動きを皮肉たっぷりに分析している。そうしたなかで、ヴァイラーは、「大学」という制度のありかたについて、次のような面白い指摘を行っている。

「大学の国際性」という考えもまた、学長連や学部長などが公の晴れがましい席でよく物語って聞かせるメルヘンだ。「学問は国際的である。だから、当然のことながら、大学も国際的で、世界に開かれており、国境を越えたものだ。一言でいうと、グローバルなものだ」というメルヘンである。しかし、「実際には大学というものは、位置づけや価値づけの国内的なシステムに、さらに雇用制度や給与制度などの国内システムのなかにがっちりと組み込まれている。そしてそれは、ドイツだけでそうなのではない」。少なくとも現況では、大学はまぎれもなくナショナルな制度である。大学のナショナルな性格を無視して、「国際性」という空虚なフィクションを語るのはやめた方がよい。知的ネットワークにおいて真の国際化を担うのは大学ではなく、情報技術の発達による情報システムのグローバル化と、研究者や学生たちの国境を越えた移動である。ヴァイラーの指摘は、大学の日常を知る者の実感に対応している。現行の大学制度は、ＩＴ革命の時代にあってはむしろ非効率な地域的システムである。そうなると、大学を語るキーワードとしては、国際性やグローバル化ではなく、地域性とナショナリティの方がふさわしいかもしれない。

人の国際間移動が活発となり、先端技術研究や情報ネットワークがますます国際化するというプロセスにあって、大学は国内的な次元に取り残されつつある――ヴァイラーのこの診断が正しいとすれば、今こそは、「大学の場所」が、そして大学の「場所」としての意味が問われているのかもしれない。場所――つまり、地政学的な制約に囚われており、歴史・文化的な文脈のただなかに位置し、物理的にさまざまな人間や事物が交錯するところ。

ヴァイラーの論説の最後に、「従来の大学モデルの将来性というメルヘン」が登場する。科学研究や情報システムは、グローバルになればなるほど大学という場所を離れていくであろう。それにもかかわらず、大学がこのままずっと存続しつづけると思い込む人たちのメルヘンである。大学改革論は、「従来の大学モデルの将来性というメルヘン」を語る。つまり、従来型の大学に将来性を見て、だからこそ改革の必要があるという基本線に立っている。「このメルヘンを物語る者たちは、大学が、われわれが受け継いだ形態以外の形態をとりうるとは想像もできないのだ。」しかし、「従来の大学モデルの将来性」というのは、大学改革論のなかでも最大の虚構であって、「大学」という場所が将来も存続可能というのはひとつの思い込みにすぎない。情報技術の発達が「物理的な場所としての大学」を不要にしてしまう日が近いうちに訪れるかもしれない。現に、そうした日について具体的なヴィジョンが描かれているのだ。したがって、これまでの伝統にあぐらをかいて、「古典的モデル」からだけ大学のありかたを考えてはいけない。真に改革の構想を語ることができる大学論は、大学という場所の解体という事態をも見据えなければならないのだ。そうなったとき、大学改革論は、メルヘンを語ることをやめて、真の改革の方向性を模索することになろう。そして、大学という場所の意味を問うことをするであろう。つまり、「知識の生産と流通にそれなりに従事しているさまざまな装置」、急速に発達する情報システムとの関連で、大学という「場所」が、「活性酵素」としての役割を果たすことができるかどうかが問われるであろう。

ヴァイラーのこの指摘は、大学論のありかたについての鋭い指摘であると思う。現代の知は、さまざまな情報メディアを通して、ますます固定性と場所性から解放されていく。そうしたプロセスのなかで、情報＝科学＝大学＝グローバル化という等式を持ち出すのはあまり意味がない。むしろ、大学はなによりまずは固定的な「場所」として自己認識すべきであって、みずからの「場所」の地政学的な制約と歴史・文化的な文脈との関係で自己規定すべきだ。「場所としての大学」は、グローバルな（地球遍在的な）情報システムとは違う。局在的（一国的な）場所なのである。そうなると、グローバル化と地域化というダイナミズムのなかで、大学はいったいどのような役割を果たすことができるのだろうか。たとえば日本の大学であれば、侵略の過去や経済的なアンバランスを含めて「アジアに位置する大学」であり、西洋近代との錯綜した関係のなかで近代化を果たしてきた「日本という国の大学」であり、そしてまた若者ファッションや「おたく」などの突出したポスト・モダン的社会現象を起こす日本社会の大学として……といったかたちで。そうしたかたちで、もろもろの歴史的・文化的な負荷を背負った場所の意味を考え、大学の「場所性」を捉え直すという作業が必要なのかもしれない。

六　間違ったキーではあるが、しかし鍵が開くことがある

倒錯してはいても、ハイデガーの大学論もまた、形式的には「大学場所論」を展開している。彼は、「ドイツ大学」という地域的・国内的なありかたから大学の本質を問う。ハイデガーは、先述したように、若い頃から「大学改革」の理念に取りつかれていた。二十世紀初頭のドイツ大学哲学が退屈な哲学史とナイーヴな学問論に終始していた事実を考えれば、それも不思議ではない。めざましく進歩する自然科学

と比べれば、時代錯誤的に古典的な学科「哲学」が、自己主張しなければ消滅するであろう予感も間違いではない。そのハイデガーの焦燥がナチズムの狂気と出会うことで、『ドイツ大学の自己主張』を生み出したのだ。

「追放」の恐怖が、「大学」という場所への偏執を生みだす。「追放される」ことへの恐怖が「追放すること」の欲望へと転移し、「導くこと」の義務が「導かれること」の快楽へと昇華してしまうとき、ドイツという地域性は国家と民族という幻想の共同体へと姿を変えてしまう。いずれにせよ、戦いは「大学」という「場所」をめぐって行われていたのだ。「大学改革」は、「ドイツ」的な哲学的感性がナチズムに呼応することによって、幻惑的な超越性を帯びると同時に、血なまぐさい野蛮性を帯びることになる。超越と野蛮との一体化。

人は狂気になるのだろうか、それとも狂気と出会うのであろうか。狂気のさなかにあって、人はなおも自分でありつづけるのだろうか。この問いに答えるかのように、ハイデガーは言う。「非人（間）性と超人（間）性とは同じものである。両者は一体化している。ちょうど、理性的な動物 animal rationale という形而上学的な考え方において、動物性という（人間）『以下』と、理性という（人間）『以上』とが分かちがたく結びついており、対応しているように。[16]」狂気とは、もっとも動物的な衝動がもっとも高度な理性と一体化してしまうことである。ハイデガーは、みずからの過去も含めて、あたかも一切の狂気を免罪するかのようなことばを語るのだが、しかしこれに続けて次のようにも言っている。「非人（間）性と超人（間）性とは、ここでは形而上学的に考えられるべきであって、道徳的な価値判断として考えられてはならない。」もちろん、このようなことばに対しては「人間性」の領域はどこにあるかと問わなければならない。人間性「以下」と人間性「以上」とは、「人間性」を境界づけるだけであって、人間性そのものを説明はしない。

ハイデガーは、これらのことばを、総長職を辞職した後に書いた。ナチズムの狂気とともに歩み、そこから離脱した後に、ふたたび自分自身へと投げ返された時期にあたる。あるいは本当に、ハイデガーの言うように、狂気のさなかにあっては「区別すること」そのものが不可能なのかもしれない。峻別して、区分けして、とどまることが不可能となるのかもしれない。ただ、「以下」と「以上」とがなにか途方もない力によって一体化してしまう。両者が「対応」し、呼応し、分かちがたくなって、「同一」という感覚だけが支配するのかもしれない。そうも思えるのだが、しかし、そう思うことはあらゆる暴力をただそのまま容認し、被害についても責任についても黙すことを意味するのではなかろうか。

ここで、ふたたび『ドイツ大学の自己主張』についてのヤスパースの評言を紹介してみよう。「古いテキストが、彼の手にかかると生きて喋るようになる。たしかに、まるで開けるのに間違ったキーを使っているようなものなのだが、しかし偶然に鍵が開くこともある。それは、まるで、裏口から神殿に通されるようなものだ。空間について真像をうることはないのだが、しかし中にいることは確かなのだ。[17]」――ハイデガーは、古いテキストに限らず、あらゆる人間的な事柄についてそうしているように思われる。

七　近代科学批判と大学

総長職が過去の出来事となってしまった後にも、ハイデガーは精力的に科学批判（学問論の第二の道）を歩みつづけた。そして、学問・科学を近代に築かれた巨大な知的ネットワークとして位置づけ、近代性と科学との共生関係を分析しつづけた。

「すべての学問がますます人工的で技術的なありかたを深めていくなかでは、自然科学と人文科学との間にある対象や手続きの上での違いはますます後退していくであろう。自然科学は機械工学と企業の構成部分となり、人文科学はきわめて広範な新聞学問となり、今の『体験』が絶え間なく歴史的に解釈され、その解釈が誰にでもできるだけ迅速にできるだけ分かりやすいように公開されるような学問になるであろう。」[18]

自然科学は必然的に企業や産業構造との結びつきを強めていくであろうし、人文科学は情報提供に終始し、アクチュアルな事件の解釈という課題に没頭するようになっていくだろう。自然科学も人文科学もひっくるめて、現実の社会のありかたに対応した技術的知識の一部となり、技術的知識のネットワークのなかでのみ機能するようになる。

そうしたなかで大学はどのような組織となるであろうか。「大学」が「研究と教育の所在地」として自己規定するかぎり、「十九世紀的な存在」にとどまるであろう。そのような大学は、結局は「純粋な企業組織」に、つまり市場原理と機能性を原理とする組織へと再編成されざるをえない。「大学」が本質にめざめ、大学として決断する機会はないであろう。「研究と教育の場（そうしたありかたをする大学は十九世紀的な存在なのだが）としての大学は、ますます『現実に近づいた』純粋な企業組織となるであろう。そうした企業組織においては、なにも決断されることはない。大学が『文化という装飾』の最後の名残をとどめることができるのは、まだとりあえずは、『文化政策的な』宣伝の手段として考えられているからにすぎない。」[19]

『ドイツ大学の自己主張』において、ハイデガーは、「すべての学問は哲学である」と高らかに宣言し、個別学科の障壁を打ち破るような「問う作業」をこそ学問改革の担い手と定めた。その意味で、学問の「ギリシア的始まり」が、大学改革による新たな始まりと重なり合うのであった。しかし、ハイデガーは『ドイツ大学の自己主張』以降、急速に学問にたいする信頼を失っていく。学問はもはや始原へと還り行く力はもたない。「学問（科学）は近代的でしかありえない。」学問（科学）は本質からして近代的であり、支配と操作の手段として機能するものでしかない。「一切の対象の支配と操作という枠組みにあって、利用と飼育に奉仕するために正確さを設置すること」にすぎない。

したがって、学問には、もはや「ドイツ大学」という局所的な場所との結びつきはないのだ。学問（科学）は、その本質からして「ますます同型的となり、ますます国際的となる」。学問（科学）の国際化にともなって、大学も「国民的な（民族的な）組織」としての意味を失っていく。ドイツの大学であるか、アメリカの大学であるかは意味をなさないのであり、「科学の『我が国民的な（民族的な）組織』は、『アメリカ的な』それと同じ軌道を描いている」。組織のありようを決定するのは、「どちらがより高速で幅広い手段と人材」を使えるかという問題だけだ。そして、どちらが早く「科学」を完成へと終結させるかという問題だけなのだ。[20]

八　課題としての大学

ハイデガーは、もはや「ドイツ」という現実の国で、「大学」という現実の場所で、現実の「改革」を主導しようとはしない。哲学によって学問を指導し、大学を指導することによって社会を指導する試みを放棄する。「哲学は、学問・科学に反対でも賛成でもない。」ひたすら新しい有効な結果を追いかける「学問・科学それ自体の病的欲望に任せるだけである」。現実の場所としての「ドイツ大学」は放棄され、「すべての学問は哲学である」という哲学的命題、ギリシア的な始まりにおいて学問を改革するという構想が放棄される。回顧してみれば、ひとりの哲学者がナチズムの現実のただなかに位置するドイツの大学で「自己主張」することは、歴史と政治の怒涛のなかでは泡沫のようなものにすぎなかった。本質は理解されないままに終わったのだ（「この総長職を通常の大学行政の次元であれこれと判定することは、それなりに正しいし正当かもしれない。しかし、本質的な側面を捉えることは決してないのである。」[21]）。

総長辞職以後は、『ドイツ大学の自己主張』は、より純粋に「学問論」の第二の道としてのその性格だけが強調されることになる。この主張は、もっぱら「非現実的なありかたにおいての学問」を模索する方向において行われるべきである。つまり、まだないものの到来を可能にするために思いを込めること――それをハイデガーは「省察」と呼ぶのだが――「省察」という作業としてのみ行われるべきである。

戦後すべてがふたたび明晰な行程を歩み始めたかのように思われる時期（一九五三年）になって、ハイデガーは、『学問（科学）と省察』という講演を行っている。[22]ハイデガーは、「現実についての理論」としての科学の地位にもはや異議をはさむことも、科学研究の国際化を嘆くこともしない。まして、哲学によって学問の現状を改革することなどについては言及しない。「専門分化」は「近代科学の本質からくる必然的で積極的な結果」であって、科学が巨大で正確な情報装置として持つ権力は否定しようのない事実なのだ。

ハイデガーは、残されたのは「省察」だけであると言う。「省察」とは「その意味に立ち入ってみること」であり、「問うに値することにたいしての放下」である。近代科学という壮大な知的技術的装置に立ち向かうには、「省察」はあまりに貧しい。「かつての教養と比べて」も、「暫定的であり、悠長な、貧しい」作業である。しかし、「省察において、わたしたちはある場所へと至りつつあるのであり、この場所からして、自分のその都度の行為や無為が囲い込む空間が開かれてくる」。場所とは、「わたしたちの滞在の場所」であり、「わたしたちに割り当てられた場所」である。しかし、この場所がどこにあり、「どのように、そして何によって、わたしたちの歴史的な滞在が住み着き始め、住み着き続けていくのか、このことについて省察が直接に決定することはできない」。それぞれの研究者とそれぞれの教育者が、そして「学問を通り抜けていく人間のひとりひとりが」、それぞれの道で、それぞれの段階で「省察」を行っていくしかないのである。

ハイデガーの言う「省察」は、おそらく今日もなお大学人に課せられた作業であり、学問についての省察（学問論）を通して、大学は「場所」としてさまざまに自己規定し、自己実現していかなくてはならないであろう。しかし、今日の大学人と、『ドイツ大学の自己主張』におけるハイデガーとを分ける決定的な違いがある。一九三三年の時点で、現実のものと思えた『ドイツ大学の自己主張』は、二〇〇一年の時点では、そのすべてが虚構として、そしてまさにそれゆえに課題として残されている。それは、ナショナリティ（ドイツ）、場所（大学）そして人間（自己）という虚構であり、そしてまた、ナショナリティ、場所そして人間をどのように定義し、どのように導いていくかという課題である。

注

（1）Heidegger, M: *Beiträge zur Philosophie*, GA. Bd. 65, Ffm., 1994, S. 144.

（2）ナチス優生学の過去を踏まえたかたちでの遺伝子技術暴走にたいする警告について外観的な情報を与えてくれるのは、*Bild der Wissenschaft online*の二〇〇〇年一二月一八日号である。

（3）ペーター・スローターダイク『人間園の規則——ハイデガーのヒューマニズム書簡に対する返書』（仲正昌樹訳、御茶ノ水書房、二〇〇〇年）

（4）Krausser, H.: "Eine Menschheit, die nicht das Ziel hat, Gott zu werden, ist unheimlich und langweilig". In: *Die Zeit*, 01/2001.

（5）以下、ナチスの教育改革とハイデガーとの関係については主としてベルント・マルチンの研究を参考とした。Martin, B.: *Martin Heidegger und das Dritte Reich*, Wissenschaftliche Buchgesellschaft Darmstadt, 1989.

（6）Vgl. a. a. O., S. 24.

（7）Heidegger, M.: *Die Selbstbehauptung der deutschen Universität. Das Rektrat 1933/34 Tatsachen und Gedanken*, Vittorio Klostermann Ffm., 1983.

（8）Jaspers, K. (hrsg. von H. Saner), *Notizen zu Martin Heidegger*, R. Piper & Co. Verlag, München, 1978, S. 98.

（9）Heidegger: *Tatsachen und Gedanken*, S. 13.

（10）Pöggler, O.: *Heidegger in seiner Zeit*, Wilhelm Fink Verlag, München, 1999, S. 208.

（11）Leaman, G.: *Heidegger im Kontext. Gesamtüberblick zum NS-Engagement der Universitätsphilosophen*, Argument-Verlag, 1993.

（12）Heidegger, M.: "Wissenschaft und Besinnung", in: *Vorträge und Aufsätze*, GA Bd. 7,2000, S. 64.

（13）Heidegger, M.: "Überwindung der Metaphysik", in: *Vorträge und Aufsätze*, S. 93.

（14）*Tatsachen und Gedanken*, S. 10-11.

（15）Weiler, H. N.: "Das Märchen von der Hochschulreform", in: *Die Zeit*, 17/2000 (19. April 2000).

（16）Heidegger, M. : "Überwindung der Metaphysik", S. 90.

（17）Jaspers, K. : *Notizen zu Martin Heidegger*, S. 49.

（18）*Beiträge zur Philosophie*, S. 155.

（19）A. a. O.

（20）A. a. O. S. 140.

（21）*Tatsachen und Gedanken*, S. 39.

（22）Heidegger, M.: "Wissenschaft und Besinnung", in:*Vorträge und Aufsätze*.

付記

なお『ドイツ大学の自己主張』は、矢代梓訳がある。(『現代思想』一九八九年七月号 特集「消費される大学」に所収、後、『三〇年代の危機と哲学』、E・フッサール、M・ハイデガーほか著、清水多吉・手川誠士郎編訳、平凡社ライブラリー、一九九九年に収められる) ただし、ハイデガーのことばはこのテキストも含めて筆者の訳による。その他の著作や講演については、いちいち明記しないが、既存の邦訳を参考にさせていただいた。ただし、ハイデガーのテキストの翻訳にあっては、訳語が解釈のありかたを決定するので、ここではすべて筆者の訳による。また、「ハイデガーとナチズム」問題については、まだ記憶に残る論争であったが、本文に挙げたものの他に、以下のような参考書が重要である。

ヴィクトル・ファリアス『ハイデガーとナチズム』(原著一九八七年 邦訳は山本尤訳、名古屋大学出版会、一九九〇年)

フーゴ・オット『マルティン・ハイデガー――伝記への途上で』(原著一九八八年 邦訳は北川・藤澤・沓那訳、未来社、一九九五年)

さらに、ハイデガーとナチズムとの関係についてきわめて明確に分析した参考書として高田珠樹『ハイデガー――存在の歴史』(講談社「現代思想の冒険者たち08」一九九六年)がある。この本は、ハイデガー哲学全体についての最良の入門書のひとつである。

またハイデガー『ドイツ大学の自己主張』について直接論じたものとして森一郎「ハイデガーにおける学問と政治――『ドイツ大学の自己主張』再読」(『〈対話〉に立つハイデガー』所収、ハイデガー研究会編、理想社、二〇〇〇年)がある。

Photo by Ichige Minoru

日本の大学制度の社会史

【教育改造覚書】

中内敏夫

なかうち・としお　一九三〇年生。一橋大学名誉教授、中京大学教授。教育評価論・比較発達社会史。社会史、心性史、民衆思想などを横断しつつ教育学の枠組みを問う。『中内敏夫著作集』（全八巻刊行中）ほか、『教育学第一歩』『新しい教育史』『学力とは何か』など著書多数。

考えてみたいこと

大学制度は複雑多岐で密林の観を呈している。

「誰が支配しているのかさっぱりわからない。」まだ単純だった日本での初期の形態を、外国人教師R・ハーンはこう評している。

小論の主題はこの制度の全部を概観することではない。日本の大学教員数は、東京大学ができた一八八〇年には兼務者をいれても九一人だったが、現在約二八万人である。大学進学率は五〇％近い。この割合は小学実質通学率が九〇％台後半になった一九三〇年ころの高等小学校進学率に近い。小論の主題は、こうして人びとの日常のものとなった大学という歴史的現実に近づいていこうとするときの近づき方一般についての、日本の人づくり全体を視野にいれた、しかし主に人文社会系分野、それもときにはさらにその一部にデータを限定しての考察である。

なにが問題か

ある老農学者の一文[1]に接したときの衝撃をいままた思いおこす。——日本の農民は「三つの解放課題」を担って自らの歴史を刻んできた。農地（土地制度）問題も農産物価値問題も、戦前来のかれらの自己解放運動のまえに無傷のままではありえなかった。第三のターゲットの大学制度だけが「農民の求学の心」をしりぞけつづけて戦後も無傷のままでいる、と。近代の学校知の歴史はどこでもまず自然科学知としてはじまる。日本の大学知は、中世知の特色である知徳一体の教え《ラチオ》を解体しつつ姿を現わすこの新しい知の開拓者たちの世界と、なんと遠く離れたところに懸かってきたことか。ガリレオ・ガリレイの『新科学対話』（一六三八）には、ラチオの担い手であるアリストテレス学者が端役として登場する。そしてかれが、機械の工作場や大型船の建設現場で働いている職工や船大工のもつ知《フォーク・サイエンス》が「研究者たちの頭に思索のための広々とした働き場所を与えている」(2)さまを伝えて知のフィールドの転換の必要を説く「新科学者」サルヴィヤチによって論破されてゆくさまが語られる。

　知の形態で初発とは逆の志向のものになった日本の大学制度の基礎を築いたのは、一八八六年の**帝国大学令**である。それは、伊藤博文内閣の初代文相森有礼が、西洋列強に伍しうる国家官僚指導型強国の脱亜入欧による建設という国家課題にあわせ、先行の「学制」（一八七二年）の大学規定を一新して公布したものであった。後者三八条にいう「大学は高尚の諸学を教る」は、このとき「国家の須要に応ずる学術技芸を教授」（第一条）に代えられた。こうして国家の事務機関となった大学の任務は欧化の推進にあったから、当時一校（最終的には植民地のものも合せて九校）だった帝国大学の建設は欧州大学制度の選択的導入のかたちですすめられた。モデルはベルリン大学である。十二世紀来の中世大学の旧習を一新すべく十九世紀に現われてくるこの近代大学は、国民国家の経営するものでありつつ、（自然）科学的真理の探究としての学問の自由と総合性をめざすものとされた。学問のこの自由と探求精神は、日本では地域の悪習と衆愚の通俗知からの離脱と自由というかたちをとって大学の制度文化に定着し、戦後にいたったのである。

　伊藤、森らは、「国家の須要に応ずる」という原則の制度化を、探求精神の国家管理と自由のあからさまな掣肘（学問の弾圧）という、後に頻発するようなかたちでは定型化しなかった。かれらはもっと巧妙な方法をとった。文官試験試補及見習規則（一八八七）、文官任用令（一八九三）、そしてその後身へとうけ継がれる政府高官任用にあたっての帝大卒生の特権保障の政策である。学歴（出身校歴）による官僚任用のルールはドイツにもあったが、日本のは無試験というもっと徹底したものだった(3)。私学など帝大以外の高等教育機関卒生は、徴兵免除や公費援助の特典なしに加えてこの点でも差別された。これが官僚国家日本でふるった力は底知れない。幼稚園から小・中・高を経て大学に至る全学校体系の日常をまきこみながらできあがっていった「学歴病」国日本（R・ドーア）がその帰結のひとつである。

　学卒者任官のこのルールが非難され、後には為政者層自身によって改廃が計られながら、それを上まわる力（を蓄えるもの）になっていったのには理由がある。発案者たちの政策意図は、これでもって国家有用の「各地方の俊才を招致する」（森有礼）点にあった。後世、人はこれを古語になぞらえて「野に遺材なからしむるな」主義とよぶ。しかしこれは統治者の論理であって、「俊才」を生みだしさし出す側の地方郷党社会には、同じ社会過程をこれとは異なる論法で生きる心意ができあがっていった。かくして中央に「招致」された人材は、高位にあることによって物的にも精神的にも出身地方を中央で重からしめ、あるいはその一家郷党をして地方で重からしめるという論法である。これは、共同体的紐帯が強く、就学主体としての個人が析出されていない論法である点で共同体的な地域主義である。しかし外に出店をつくる点で、ムラを出ることによってムラを育てる「でかせぎ」型の地域主義といえよう[4]。官僚国家日本の下半身は共同体的紐帯社会であって、帝国大学令はこうして上下・中央地方双方からの巨大な精神社会的支柱のうえに立ちあげられたのである。

このシステムをゆるがしかねない事件がその後二回あった。

ひとつは、一九一〇年代から二〇年代にかけての人口動態の第一次転換期に現われてくる、国民の広い層からの高等教育への要求の高揚である。この波にのってそれまで専門学校あつかいをうけてきていた慶応、早稲田、日本女子などの私学が「大学校」と称し、また大学としての実質も備えはじめる。しかし、帝大だけが大学ではないということの事態に臨んで、政府は帝国大学令を改正するのではなく別に**大学令**（一九一八年）とよぶ新法を公布し、これらの私学を吸収した。こうして私立大学制度は実現をみたものの新私大は莫大な国庫供託金を義務づけられたうえ、待遇・任用の格差は従前のままで残り、旧システムは無傷でこの時代をのりきる。

二回目は第二次大戦後の学制改革、**学校教育法**（一九四七年）公布のときである。この法令は旧システムに対して、三振りの斧を加えた。（一）大学の目的から「国家の須要」をとる。（二）帝大は旧来の公私高等教育機関と同じカテゴリーの「大学」となる。（三）大学は幼、小などと共に学校教育法という単一の法令の規定をうけ、高等「教育」を行なう場となる。このうち大学令公布以来懸案となっていたのは（二）である。同じ「大学」になっても格差と差別が旧来のままではこの斧は空振りとなる。そして戦後歴代政府がその実質化を最もサボタージュしてきたのがこの（二）だった。このため、急増した大学間の教員一人当り積算校費等諸種の格差、就職差別が、公私の間だけでなく男女、同じ国立大間にまでひろがることになった。政府はこの差を埋めるどころか、一九五六、六四年と国立大の類別化をおこなって現状を追認する。廃止されたはずの旧帝大システムは再び無傷で残ることになった。

看過ごしてならぬのは、このシステムが、一元的偏差値競争がひろがるなかで、旧帝大だけでなく大学令以後の大学も学校教育法以後の国公私の新制大学もまきこみ、その多くを格差と差別を保存しつつ質的には同じものにしていった点である。国公私大学の序列化である。これが受験を通して家庭教育から小中高だけでなく、全大学の教育現場をも荒廃させる。

もちろん帝大は名目上もうどこにもない、しかしAランク大学に呼称をかえ、また老朽を捨て新参を加えつつ現存しているのである。九一年以降の大学設置基準の大綱化そして独立行政法人化は、このAランクに入るか落ちるかの大学間競争を激化させ、そして旧帝大システムを別形で再生産してゆくだろう。大学制度の社会史は、その先になにがくるのかの問いに、答えねばならない。

大学の日常史――教員と学生の文化変容

なにげない全十条の帝国大学令は、復古と欧化という「双頭」原理を使いわける近代日本の国家哲学で運用されることによって、ほとんど無に近いところから巨大で特異な大学制度をつくりだした。その拓いた学芸研究と教育過程はまがうことない（西）洋学と洋学教育の世界である。しかしそこを生きる人びとの日常関係は、王朝期大学寮*以来の官民の古俗をひきいれて古代的風ぼうを帯びていた。戦後の大学史は、帝大システムの方は別形で温存しつつこの古代のカビを少しずつ落してゆく過程である。日本の大学の日常に変化らしいものが起るのは七〇年代にかけてのころである。大学の日常についてはノンフィクションものを含めていくつかの記録がある。しかし確かな根拠となると、たえられないものが多い。幸いにも七〇年代ころからの変化以前のさまをとらえている新堀通也らの先駆的な統計的研究があるので、以下主にこれによって教員学生関係等の旧習を瞥見しよう。

*古代日本の律令国家などがつくった国立の大学制度。

（一）大学教員

大学教員の**出身階層**といえば、かつては代々の名門学者家、豪農、政府高官層などといわれていた。カミングスの一九六七年調査によれば、当時四八―六一歳層（戦前からの教員）と三八歳以下層（戦後派）の出自を比べると、専門職、経営者層出がへり、事務・販売業・労働者層がふえ、農業層は一〇％前後で不変だが六二歳以上と比べると二七％からの減少となる。(5)国公私平均では、すでにこの時点で広い層にこのポストが開かれる傾向にあったことになる。

そのライフヒストリーをみてみよう。まず**養成**だが、これはひとりの教員（恩師、母校）が教え子として彼を世話する一師・一校主義がその特徴である。平均就学校数は六〇年代の時点で米国では二・五校、独でも二・四校なのに日本の大学教員は一・五校、Aランク校では一・二校である。(6)日本の大卒は出身校が「一つしかない」(7)。大学教員養成機関（大学院）数が限られていることからすると驚くべき数である。学生が他の大学や教員のもとに世間知らずにも途中移ろうとすると双方で冷や飯を食わせ、卒後のばあいでも旧関係を思いださせて黙らせ、元の関係にもどらせる。一師主義の直接の源流は近世職人社会（僧籍を含む）の奉公の「誓書」である。そこには親方の元を離れたさいには二度と同職を志さないとの一文がしばしばみられる。「どの国の温情主義的類型よりも封建的」（D・リースマン）、「新鮮な刺激や構想が欠乏し質の高い学問が生れにくい」（W・カミングス）、その温情は「弟子の忠誠という階層的な悪徳によって相殺される」（ＯＥＣＤ教育調査団）など外国識者の批判、忠告はきびしいが、日本の大学教員はそれ以上に純粋のもたらす等質性好みだったということだろう。

等質性は、まとまり、チームワークの良さなどで官僚、企業社会では有効な場合もあるだろうが、独創を競う学界向きでない。学者は必ずしも大学所属ではないが、その養成は多くは大学である。一国の独創的学者層の厚さは学問センター（学者の流入数の多い場所）の移動でおおよそつかめる。十七世紀は伊、蘭、十八世紀英、仏、十九世紀独、仏、二十世紀は米、独（いずれも一、二位）と動いてゆくが、二十世紀の日本は一七位までとっても出てこない。[8] しかしこれは日本の研究者の独創性のなさということばかりではないだろう。その地理的な不利（それでも二十世紀の中国は一二位）、宣伝下手もあるだろう。あれこれが不利に働いて日本では外国人学者を招くといっても研究的動機による吸収の可能性は低いことになる。

採用と**移動**でも同じ同系繁殖の心意が、自校主義、ヨコ移動の困難、着任順昇進のかたちをとって慣習化した。

学部教員の**自給率**と**供給率**一、二位を法経から理工までの全学部でみると、[9] それぞれ東大九五・三％、京大八八・九％と、東大二四・八％、京大一三・四％だが、分野によっては他大学がこれに代る。また自給率では三位に早大八三・二％が入ってくる。世間はこれを学閥とよぶが、この圧倒数は両大学の養成能力の高さともいえる。その上でのこの高（すぎ）さとそのもたらす片寄り（たとえば女子教員数の少なさ）の問題である。自校（家）主義の初発は古代大学寮の博士・教授ポストである。[10] **職場移動**（職歴）はほとんどが内部、それも学歴、業績以上に卒年次順、着任順の昇進である。両者が矛盾せぬよう採用しなければならぬし、新任者は先任教員の業績数に注意して研究発表をセーブしなければならない。日本の選良社会どこでものことだったが、これが奇異にきこえるのは学問研究の自由をかかげてきた場でのことだからだろう。ヨコ移動が少ない点で欧米との差は歴然（職場一つだけの教員の割合は米国一一・五、独五・〇に対し日本は三四・〇％[11]）だが、もう少し内容にたち入ってみると米国ではエリート（Ａランク大）学者が異職種間移動も含めてヨコ移動するのに日本では動かず、代りにＡランク外教員がよく動いてきた。[12] 旧帝大・Ａランク大学を典型とする閉鎖的、情緒的な、中根千枝の名づけてよんだ「タテ社会」[13] のひとつである。子飼いでなく他分野に育った俊才は大学の教員にはなれない。日本は学者の流出国（頭脳流出）となる。日本の研究者社会は分野によっては世界に屹立していても、[14] この高水準は直ちには大学社会には波及しない。「野に遺材なからしむ」ための装置だった大学自身の方は、野の才を吸収しえず、吸収しても年功ルールでその才を枯らしてきたことになる。

日本ではＡランク外教員がよく動くと述べたが、その動き方は私から国、地方から中央、短大から四年制それも大学院大学というコースが多い。その結果、予算、設備等に加えてスタッフの面でも大学格差が広がり、[15] 旧帝国大学令システムがさらに強化される。ことはこれに止まらない。中央の国立大学院大学に着任した教員は、弟子がふえ、学会をおさえ、国際学会招へいスピーカーとなり、出版の機会もふえることにもなるのであって、その結果たとえば八一年に社会学、教育学分野で発表された業績は、上位一〇％（出身、職場ともほとんどAランク大）の教員によって、論文四五・五％、五六・三％、著書では六四・九％、六八・五％がそれぞれ生産されていた。[16]

一八七七年、東京数学会社の設立にはじまる日本の**学会**は、会員がその才を競う先端知の場であると同時に、名声と研究資金の利権のからむ集団である。近代組織の形をとっているが、分野によっては近世徒弟制のなごりをとどめるところもある。七〇年前後のころの教育学関係学会調査[17]では、過去十年間学術論文ゼロの会員が半数以上、著作物なしが八〇％、発表のない幽霊会員多数だった。当時の関連七学会どれにも所属しない研究者が三八・三％いたというが、このことは学会が知的吸引力をもっていなかったということでもあろう。入会の排除規定はなく、会長も理事も民主的に選ばれる。しかし投票行動は学閥、それも男性原理によるものが多かった。これでゆくと会長、理事の多くは有力閥をもつ大学出身の男性教員によって占められるようになる。これに対抗できるのは政党原理である。どちらも等質集団になるからまとまりよく、効率もよいだろう。しかし欠点も多い。先端知が競われるが、深部は同調社会なので必ずしも自他感覚に支えられてのことにはならない。ために会は大学教員の同業者組合の色彩が濃いものになる。会員の親睦と後輩会員の研修や業績発表はうまくゆくが、論争は無形の枠におちこんで不首尾におわりがちとなる。危機感にさいなまれてだれもが対応策を講じてきたのだが、それを上まわるもっと大きい力がそこに働いてきたのである。学者の国会といわれた**学術会議**ははじめ立候補制だった。特定党派の利益代表者が当選して学界を「正当に代表していない」[18]との批判が政府に影響力のある有力筋からも出て、学界推選となったが、今度は、会は各学界の「利益代表の場」になったと日教組大学部会報告書が難じることになる。なにかの利益代表になることは市民社会の宿命である。とすれば、誰の代表を出すのが学問の進展にとってよりよいかということだろう。

今回は余裕がなくてふれられなかったが、政党や会社企業、それに行政府、宗教団体、労働団体などとの間に結ばれてきた関係も、大学の教員の日常を知るうえに欠かせない論点だろう。この点を掘りだしてゆくと、大学教員の言行を織りあげている、学閥とはまた別性質の糸目がみえてくるはずである。最後にもうひとつ、日本の大学には、例えば米国の大学と違って、最近までなぜか「大学教育」のカテゴリーが制度上なく、教員には教職の意識が弱かったし、学部長など管理能力は評価されても学生の指導能力の方はカウントされてこなかった点も重要である。[19]なぜかというに、六〇年代後半からの学園紛争とその後のキャンパス荒廃をうけて、大学はこの部門から少しずつ変りはじめるからである。これには学生の動きが関係するので次に学生の社会史に目を転じよう。

(二) 学生と地域紐帯および家族

十数世紀前の古俗をひきずる大学制度は、大学の教員文化ではなく、その所属してきた階級の階級心性の産物だったかもしれない。またそれは、六〇年代までのこと、六〇年代以前でも一部の分野での、ある限られた歴史的段階でのことだったかもしれない。そして統計的平均値だから実在の数値ではなく、多くの例外を含む傾向ということだろう。しかし「千年の黴《カビ》」とはヨーロッパ大学史書の語るところでもあって[20]、古代のカビをまとう教員文化が分野によってはその後も残っていても不思議ではない。そう考えたときでてくるのは、この種の家父長的文化に若い学生たちがなぜながく黙従してきたのだろうかという疑問である。学生の社会史をみてゆくとこのなぞが解けてくる。学生の社会史は唐沢富太郎の先駆的なしごと以降しばらく進展がなかったが、その後、天野郁夫、竹内洋、広田照幸ら教育社会学者の歴史社会学的研究が加わった。以下これに若干の卑見をくわえてのべてみよう。

帝国大学令公布時には八七五人だった大学生は、二十世紀初頭にはその約三・七倍になった。同年齢人口の二〇〇人に一人だが、このころから官僚コースの法を除き医、理、農学部などで平民がはじめ圧倒的だった士族出を上まわりはじめる[21]。十四年ほどの間のことだから、これは、日本の大学が近世の伝統を継いで出自上の身分に対し比較的開放的だったということである。社会序列の再生産装置ではなかったということだが、このことは直ちに、出自家族の資産や性に対してオープンだったということでない。(旧制)高校生(戦後の教養部学生)についての調査研究(一九一〇—三六年)によると[22]、はじめ農、商、工の自営業と専門職が出自家族のトップだが、いずれも資産中以上で、もちろん男子である。性差別がなくなり、府県ごとに国立大学ができて機会均等が進んだかにみえ、学生数も公私あわせて約二七〇万、三〇〇倍強となった(一九九九年段階)戦後制度下でも、ことは必ずしも変ってない[23]。出自家族はその後二十世紀にはいると旧中間層に代って会社、銀行員、公務員など新中間層が上位にでてくるが、どの職種でも低所得者層はとり残されてゆく。低所得者層からも進学者がふえてくるようにみえても、いわゆるAランク大に手のとどく割合はふえてゆかない[24]のである。

初期、士族や、平民でも素封家の息子たちが中心だったということは、その就学動機が過去志向(先祖の名をけがさぬよう、イエ再興のため)だったということである。これに共同体的紐帯が加わると郷党とわが村町、わが母校の期待と名誉を担って、となる。新中間層主流に変ったということは、この紐帯が弱まり、単婚家族を演出者とする未来志向(興家と将来の出世のため)がでてきたということである[25]。でてこなかったのは一身の自立という現在志向だということだろう。

古い時期のものを関係者の日録や書簡類にさぐると、親族から金を集めて「興家」のためにおまえに学問をさせるのだとか[26]、「両親は申不及兄弟」までがおまえの成功を「加勢」しているのに[27]、といったものがでてくる。重い荷物を背負っての就学、いわゆる「でかせぎ」型地域主義で、いきおい受験は自殺と隣あわせの深刻さである[28]。しかしひとたび大学の門をくぐるや、就学の日々は、垣間みる欧米文化とは裏腹のタテ関係をたとえ強いられることがあっても立志出郷関の意志で内部からはりをつけられ、師弟の秩序はゆるぐことがない。この秩序を受けいれていくかぎり約束される将来の高位・高官の地位は、この時代の学生の共有した高踏文化――「衆愚を踏みにじって上昇の一途をたどる超人」意識――をさまざまのバリエーションを拓きつつうみつづける[29]。卒後も就業先各分野にひろがる同窓生毎、卒年毎、居住地毎、所属ゼミ毎、職場毎の先輩後輩の無形のゲマインシャフト的でかつゲゼルシャフト的なつながりと祝典が、長期の、ほとんど死の直前にまでわたってこの心意を再生産しつづける。西欧的教養を最も身につけた選良たちのつくりあげる最も日本的なタテ社会がそこにひろがる。同じタテ秩序である大学の家父長的文化が、さしたるきしみもみせず世紀をこえて学生たちをつかみえてきたゆえんである。

次の段階に入ると、両親の出世期待に応えるべくとの動機が多くなる。この就学動機は家の名誉、その安泰というかたちもとるが、その家は前段階のイエとちがい単婚でも非直系の家であって、「興家」の性格がちがう。これには二つの段階がある。ひとつは宿命的な一体感のなかでの親、とりわけ母親の国家有用人材期待を背負っての就学動機であって、新中間層が出自層主流となるにつれ増えてくる。三〇年代のマルクス主義運動で検挙された学生の手記のひとつは、老父と病身の母が「当局」の追及をうけつつもなにより自分の身上を案じてくれているさまを知って「もう全く左翼もマルキシズムも私の前にはありませんでした」と語る[30]。この類型のばあいでも、大学の家父長制文化を支えてきた選良者としての学生文化はあまり変っておらず(「お母さんは頭が古いよ」という、学生が帰郷して母親に投げつける、旧映画でおなじみの常套句)、これあるかぎり、政府の学問弾圧(戦前)があろうと学生運動で高揚(戦後)しようと、旧大学システムは本質的に安泰だったといえる。

つぎの段階、同じく母の安心のためといっても自己と切れた関係のなかでこれが就学動機の主流になったとき、大学はかつて経験したことのない転換のくさびを内部から打ち込まれる。「でかせぎ」型地域主義の重荷は下されて、受験は自殺と隣合せの地所を離れる。一八八七年、学生の風儀を正すために制定され、次第に特権の象徴のようになってきていた制服・角帽[31]はあっという間に姿を消し茶髪に代る。就学しても「学業不成就」のまま気軽にやめ、卒業しても高官など眼中にないかに振まう。少子化のなかで多くの大学、大学院は学生集めに苦労するが、集めても、講義、ゼミは容易に成り立たない。かれらは文字通り学習から逃走する。この社会過程は大学の目的から「国家の須要」がおち、卒後の目標が高官から民間の高位に変り、さらに目標そのものが消えてゆく過程とパラレルである。

転調か、再生か

外部からの批判に加えてくさびがこうして授業の面に打ちこまれてきたから、大学の改革はこれまで欠けてきた「大学教育」を創る試みからはじまった。日教組・日高教の教研が特別分科会のかたちで大学部会を開いたのは一九六一年からだった。しかし六九年十八次大会の報告書(32)は、この間の部会での議論は正直いって「不毛」だったと述べている。しかしこれを現場で支えていた国公私大組合が単独でおこなう「授業改善」の教研は八〇、九〇年代も続く。政府の産学協同政策、生涯学習計画、私大経営者団体の試みがこれに重なる。

大学の「授業改善」はどの方向に進めば、世紀を越えてここに仕掛けられてきた隠された《ヒドン》カリキュラム*のわなをとり除く力に成長してゆくだろうか。そしてさらに、大学の教員文化（または階級心性）を変える力となり、ガリレオの民衆アカデミズムの地平を拓く力に成長しうるのか。学生の卒業目標の官から民（企業に限らず色々ありうる）への転換、そして学歴別年功子飼い制の解体は大学を変える大きい力になるだろう。このときどのような経営政策がでてくれれば、大学は、日本人の人づくりシステムの全体までがこれにひきずられて迷いこんだメビウスの帯――等質者の量差による序列順位をめぐっての学校間、学生・生徒間の果てることのない敵対的競争の力学――から脱け出すことができるだろうか。八〇年代をすぎるころから序列ランクの違いが出自の違いとなりはじめ、学生文化に偏差値の違い以上の心性の違いを蓄積しはじめる。そのどちらに、この呪縛から自己を解き放つ芽はさしはさまれているのだろうか。大学を考えるものにとって、偏見にとらわれない歴史の視線が今日ほど必要な時代はない。

＊制度化されておらず、関係者によって意識されているともかぎらない習俗としてのカリキュラムのこと。

〈付記〉小論で使用した大学数、教員数、学生数などの調査で、仲嶺政光氏（富山大学）の協力をえた。付して感謝のしるしとする。

注

(1) 石川武雄編著『地域と大学』教育文化出版、一九八六年、四三〇ページ。
(2) ガリレオ・ガリレイ、今野武雄ほか訳『新科学対話』上、岩波文庫、一九七六年、二一ページ。
(3) 天野郁夫『学歴の社会史』新潮社、一九九二年、一一九ページ。
(4) 勝田守一・中内敏夫『日本の学校』岩波新書、一九六四年、七一、七五―六ページ。
(5) W・カミングス、岩内亮一・友田泰正訳『日本の大学教授』至誠堂、一九七二年、一〇七ページ。
(6) W・カミングス、同右、三四―五ページ。
(7) 新堀通也『日本の大学教授市場』東洋館出版社、一九六五年、一七四ページ。
(8) 同編『学問業績の評価』玉川大学出版部、一九八五年、九六ページ。エポニムの割合も参考になる。同書八四ページ図5―1。
(9) 同『日本の大学教授市場』前出、六二、四九ページ。
(10) 同編『学閥』福村出版、一九六九年、三八―四三ページ。

(11) 同編著『学者の世界』玉川大学出版部、一九八一年、一二四―五ページ。
(12) W・カミングス、前出書、三四―六ページ。
(13) 中根千枝『タテ社会の人間関係』講談社現代新書、一九六七年、七〇―一ページ、ほか。
(14) 尾佐竹洵編『大学と研究社会』日本経済新聞社、一九七六年、一三七ページ。
(15) 新堀通也『日本の学界』日本経済新聞社、一九七八年、八七―八ページ。
(16) 同右、七五ページ、同『学者の世界』前出、五〇、五四―六〇、四七―五四、四四ページ。
(17) 同『日本の学界』前出、一一六―八ページ。
(18) 高坂正顕ほか編『大学教育改革のための提案二〇条』創文社、一九六九年、一一五ページ。
(19) 尾佐竹洵編、前出書、一二一ページ。
(20) H・W・プラール、山本尤訳『大学制度の社会史』法政大学出版局、一九八八年、一ページ。
(21) 天野郁夫、前出書、一二五ページ。
(22) 竹内洋『学歴貴族の栄光と挫折』中央公論社、一九九九年、一七六―八〇ページ。
(23) 天野郁夫『高等教育の日本的構造』玉川大学出版部、一九八六年、一四八ページ表4―8、一五八―六〇ページ。
(24) 柏木敦「教育費と家計教育費の増大」花井信・三上和夫編『教育の制度と社会』所載、梓出版社、二〇〇〇年、一三一―三四ページ。
(25) 勝田守一・中内敏夫、前出書、一二一ページ。
(26) 小林輝行『近代日本の家庭と教育』杉山書店、一九八二年、四二―三ページ。
(27) 広田照幸「受験勉強の社会史」青木保ほか編『日本近代文化論4 知識人』所載、岩波書店、一九九九年、一三二ページ。
(28) 同右、一二三ページ。
(29) 唐沢富太郎『学生の歴史』創文社、一九五五年、一五七―八ページ。カッコ内は手塚富雄『一青年の思想の歩み』中の一文。
(30) 文部省思想局『左翼学生生徒の手記』第三輯、一九三五年、五五ページ。
(31) 唐沢富太郎、前出書、六一、七九ページ。
(32)『日本の教育』18、一橋書房、一九六九年。

〈座談会〉

日本の大学の現在

——現場から

国立大学、公立大学、私立大学、それぞれがいま直面している問題とは何か？

各大学はいかなる対応をしているのか？

国立、公立、私立それぞれの「現場」の声から、問題の所在をより具体的に把握し、大学改革の、より実践的なあり方を考えるための徹底討論！

（編集部）

飯田泰三（法政大学・法学部）
市川定夫（埼玉大学・理学部）
勝俣　誠（明治学院大学・国際学部）
塩沢由典（大阪市立大学・経済学部）
（司会）桑田禮彰（駒澤大学・外国語部）

Ⅰ　**国立・公立・私立の問題と改革**
国立大学の独立行政法人化――埼玉大学の場合／社会人大学院の試み――大阪市立大学の場合／私立大学の実験――法政大学の場合／新たな時代の課題に取り組む――明治学院大学の場合／都市型大学へ――駒澤大学の場合

Ⅱ　**国立大学の独立行政法人化**
国立大学の平等という建前の消滅／大学間格差の拡大／大学の「効率的運営」／大学評価機関による資金配分／国立大学は自らを改革してきたか？

Ⅲ　**公立大学の自治の行方**
地域社会への貢献／大学の意思決定の改革

Ⅳ　**私立大学の実験**
法政大学の新学部設置／意思決定システムの改革

Ⅴ　**知の変容と大学**
知のコンビニ化の中の大学／魅力あるカリキュラム――校外実習と地域研究／研究体制の充実と社会貢献のあり方／学外の実習、学内の実践／社会人大学における知の創造／「何がわかってないか」を教える／地域共同研究センターとサテライト校

Ⅵ　**二十一世紀の大学像**
賢い市民の育成／多様な社会的ニーズに応えるアカデミズム／新たな総合的知の創造の場／多きにつくことに批判的な大学

一　国立・公立・私立の問題と改革

桑田　この座談会はタイトルが「日本の大学の現在――現場から」となっております。編集部からの要望をまず申し上げておきますと、「とくに大学の現場の声を聞きたい。そこから地に足がついた議論を展開していただきたい」ということです。

しかし、ひと言で「大学の現場の問題」と言っても、多種多様ですから、はじめに、これからの議論の大枠になるような問題を設定させていただきます。それは、各大学が国立・公立・私立としてかかえる問題です。ここにご出席の皆様の顔ぶれは、国立大学から一人、公立大学から一人、私立大学から私をふくめまして三人、というかたちで選ばれております。ご出席の各位は、ご自分の大学がかかえる諸問題のうちで、まず第一に、国立・公立・私立としての問題に照準を合わせて、お話しいただきたい。

次に所属学部についても、法学部、理学部、国際学部、経済学部というように、ばらつきをもたせて人選されています。そこで、第二に、各人、ご自分の所属する学部がかかえる問題を、他大学の同じ学部、さらには広く日本全体の同じ学部をも視野に収めながら、つまり、経済学部、法学部、理学部、国際学部としての問題を、お話しいただければと思います。

要するに、「大学の現場の問題」の混沌の中から、国立・公立・私立という設置形態に関わる問題と、学部としての問題を取り上げ、これからの議論の大枠として設定します。前者はわが国で設置形態を同じくする諸大学に共通する問題であり、後者はわが国における一専門学問の教育研究の基本組織単位の問題であって、「現場」の声を、孤立させることなく広がりのあるものとすることができるからです。

したがいまして、今後の話の展開に応じて、私がそれなりの調整をさせていただきますが、議論の展開のおおまかな道筋といたしましては、次のようなかたちでお願いいたします。まず第一に、国立、公立、私立という順番で、お一人ずつひと通りお話しいただいた上で、それぞれがかかえる問題に焦点を当てて議論したいと思います。そして第二に、学部としての問題、例えば理学部、法学部等々の問題を議論したい。一般に、大学人は、自大学の他学部について、他大学の同学部ほど知らない面がありますから、この議論が他学部を知るいい機会になるかもしれません。さらに第三に大学院の問題。最後に社会と大学。おおまかにこのような流れで四つの問題を検討していきたいと思います。議論は、けっしてこれにしばられるものではございませんが、だいたいの合意として頭に入れておいていただければ幸いです。

それではお話をはじめていただきます。まず市川先生からお願いいたします。

国立大学の独立行政法人化
——埼玉大学の場合——

市川　まず問題提起としていくつかかいつまんで申し上げますと、一つはどの大学もすべて直面してる問題として、十八歳人口の急減が実際に起こって、それぞれの大学がどう生き残るのか、あるいはそれぞれの学部がどう生き残るのかということで、どこの大学も苦慮してるという状況があります。

Photo by Yamamoto Momoko

市川定夫（いちかわ・さだお）　1935年大阪生。埼玉大学理学部教授。1963年京都大学大学院博士課程修了。農学博士。遺伝学。著書に『新公害原論』（新評論）『環境学　第三版』『環境学のすすめ』（以上、藤原書店）等。

　そういった中で、私どもの国立大学の場合には、国家公務員の大幅定員削減に大きく役立てようと、国立大学の事務官、教官の数が非常に大きいものですから、その有力な一つの解決策として独立行政法人化ということがうたわれています。しかもそれはいわゆるいままでの大学の自治という名のもとで、しかし同時に各国立大学が平等であるという原則的な立場、そういったものから離れて、それぞれの国立大学が今後法人として独自性のある方向で行くのがいい、あるいはいままでのような教官等積算校費、あるいは学生等積算校費というがんじがらめの予算ではなくて、それぞれの大学が予算の執行もふくめて、自由になれるようにという名目もふくめて、独立法人化がうたわれています。

　しかし、独立法人化という方向づけのなかで、いままでの国立大学が実際にどういう問題に直面するかということは、当然、それぞれ各大学の学部の中でも、あるいは学科の中でも非常にきびしい問題として、いま議論が続けられているのですが、しからばといって、本当にどこの大学でも、どこの学部でも、どこの学科でも、こうすればいいという考えが出てきているのかというと、それはほとんどなくて、ただ心配だけがあるということが実態でしょう。

　とくに私のいるような理学部の場合は、やはり埼玉大学でも教養学部というのがあり、これは文学部に近い存在ですが、そことともに、法人化により効率的に大学を運営しろといういまの声の中で、基礎研究は削られていくのではないかという危惧が出ている。例えば理系だったら、工学部とか応用科学は、すぐに役に立つ学問として重宝されているかもしれない。しかし理学部でやっている学問なんていうのはすぐには役に立たないという形で、切り捨てられるのではないかというような心配が出てきています。

そういった中で、いろんな議論が行なわれてはいるのですが、独立行政法人化と言われてから実際にはじまっている方向としては、いわゆる学長、学部長の権限強化はすでに行われております。副学長制が導入されて、副学長がかなりのことに決定参加できるという形になっています。それから予算配分法も、今年度から国立大学の場合、大幅に変わりました。いままでは理系・文系でまず分けまして、それによって教官等積算校費がいくら、それから学生等積算校費がいくらと決まっておりました。しかも修士課程があるかないか、博士課程があるかないかで全然違うという、そういう枠組が変えられまして、いままでは理系は積算校費の単価が大きいけれど、文系は小さいという形のものが、今年度から一斉に一律に変わりました。そしてその差額にあたる部分が大学に配付されましたが、それは学長の権限で学内で配付できる。もちろん学長の権限は独裁制ではなくて、すぐにできるわけではないですから、従前に習った方式に近いことで分けていますが、しかし学長自身で分配できるものが増えているということは実際起こっています。

それから一方、国立大学間の協議としては、国立大学協会（国大協）というのがあって、私も国大協の委員を何年もしておりましたから、その中の様子はよく知っているのですが、国大協の中で、独立行政法人化に関する意見が完全に分かれてしまって、結局、旧制大学を中心とする大きい大学と、地方大学の間にまったくの見解の乖離が起こりまして、国大協としては何も決められないということが実際に起こりました。結局、地方大学が犠牲になっていくのではないかということが心配されています。それからさきほど申しましたように、埼玉大学だけではなくて、どの大学でもいわゆる効率的運営の要求が基礎研究を追放していくのではないかということは、国大協の中でも言われています。

それからもう一つ特徴的なのは、われわれの大学の教育学部もそうですが、教員養成学部に対する独立行政法人化にともなう要求がきわめてきびしくなっています。それは少子化にともなって、小・中・高校とも先生はもうそんなにいらないとして、本当は少人数クラスに変える方が先決だと思うのですけれども、それはおいておいて、もう先生はいらない時代で、独立法人化するんだから、いままでのように、各県の国立大学に一つずつ教員養成学部がある必要はもうないというのです。したがって、すでにささやかれているのは、例えば埼玉県と群馬県で一つあればいいとか、そういう声が実際に出ていて、文部省に呼ばれて学長以下が、あるいは事務局長が聞かされてくる。そういうことを検討しろと言われるようになっています。

それともう一つは、先日発表されました、さらなる大幅定員削減策にともなって、いままで以上の定員削減が課されることは目に見えてきます。しかもその定員削減の規模は、いままでよりも率が高くて、現実に私自身も今年度末で定年になるのですが、私が退官した後はまったく補充がききません。何年か後にはあるかもしれませんが、当分ないということです。それだけではなくて、定年で退官される先生だけではなくて、このごろ、教員の流動性というか、あっちこっちへ移って、活性化が必要だと言われているのに、ある先生が他の大学へ移られたらその後は埋められない。そうなれば、その流動性をなんとか止めようという力が働くことになるのですが、そういう事態にまで定員削減の問題が響いてきております。

そういったことで、埼玉大学としても非常に深刻な問題をかかえているのですが、ただ、われわれが経験した中で二つの例をあげておきたいと思います。一つは、埼玉大学が今年度からはじめたものですが、いわゆる受験校としても有名な埼玉県立浦和高校が単位制の高等学校に変わって、協議の上、埼玉大学と県立浦和高校の間で協定を結んで、午後四時からはじまる、担当教官が同意した授業を埼玉大学が提示して、それで浦和高校の方で選ばれたのが一六科目だったのですが、浦和高校生の高校での単位になる科目として開放しました。私が持っていた生物学概論にも浦校生が六名来まして、一番多かったんですけれども、非常に刺激的ないい経験をしました。それからもう一つは、埼玉大学で今年新しく開始したのは、経済学部ですが、東京駅前と大宮のソニック・シティに、いわゆるサテライト校を開設しました。これは主として社会人学生のために、浦和のキャンパスまで来るためのむだな時間を使わないで、そのまま、勤め先に近いところで講義を受けられる。先生の方が動いていくというサテライト校が開設されまして、これも非常に好評ということで、最近の試みとしては好評なものが二つあります。

最初の私の問題提起はそれくらいにしておいて、あとは皆さんと議論の上でお話ししていきたいと思います。

桑田　どうもありがとうございました。続きまして塩沢先生、お願いいたします。

社会人大学院の試み
——大阪市立大学の場合——

塩沢　公立大学の固有の問題はいろいろあると思いますけれども、簡単にいえば国立大学と私立大学の間の谷間に沈んでいて、公立大学の特殊な問題というのはあまり議論されないことが多いのではないかと思っています。ただ最初の問題提起としては、いま、大阪市立大学で計画しています、新大学院の開設絡みでいろいろ感じたことをお話ししたいと思います。

私は新大学院の開設準備委員会の副委員長をやっています。委員長は副学長です。二〇〇三(平成十五)年の四月に開校予定ですが、

Photo by Yamamoto Momoko

塩沢由典(しおざわ・よしのり)　1943年長野生。大阪市立大学経済学部教授。1968年京都大学理学研究科修士課程修了。複雑系経済学。著書に『市場の秩序学』(筑摩書房)『複雑さの帰結』(ＮＴＴ出版)等。

社会人向け大学院のために四十九名の教員を専任ではりつけます。学部をもたない大学院としてはこれはなかなか他にない規模のものではないかと思っています。うち三十名弱が現部局の方に動いていただいて、あと二十名ぐらい新任で来ていただきます。一応できあがった評議会の案があるのですが、いま、それでそのままいけるのか、もう少し修正が必要なのかという議論をしている段階です。

その中で考えたことで、一つは大学の意思決定に関する問題です。二番目は、どうしても大学の教員というのは、こう考えてしまっているのではないか。その点からいうと、大学は例えば社会的責任とか、または学生がどのように大学に対して期待しているのか。こういうことにちゃんと答えられないのではないかというようなお話です。それから最後は大きな問題ですけれども、二十一世紀の社会における知識の構造の問題がある。それに大学としてもやはり取り組まなければいけないのではないか。この三点について簡単にお話ししたいと思います。

まず大学の意思決定の話ですが、私は開設準備委員に任命される前に、二年間、基本計画の策定委員会というものをやっていました。この基本計画は大阪市立大学としては第三次にあたるものですが、その中で今回重視したのは、組織とか運営に関する部分です。運営機構部会というのをつくり、その部会長をさせていただきました。一次、二次の基本計画にも、一つの章という形では大学の運営や機構をどうするかという話はあったのですけれども、今回は三分の一ぐらいの比重をもつ問題としてこういう問題を取り上げました。

ここで一番問題になったのが、学長とか学部長、大学院化した場合には研究科長でしょうけれども、そういう方々のリーダーシップの問題です。さきほど、市川先生から学長権限の強化という話がありましたが、権限の強化とリーダーシップというのはちょっと違うと思うのですけれども、一般には混同されているのではないでしょうか。一番重要なのは、学長と、それから大阪市大には副学長が一人いるんですけれども、そういう方々がいても、頭脳機能をもたなければ何もできないということです。学長補佐はいません。そういう状態の中で学長が評議会に何かの提案をするのは、何か問題が起こって、どうにも先送りできなくなってからでした。評議会に問題が提起されて、そこに専門委員会ができて、その専門委員会の中でいろんな議論がされて、評議会に答申される。こういう手続きですと、各部局がほとんど拒否権をもってしまいます。先を見越して大学が何か新しい課題に取り組んでいくということが非常にむずかしいことになっていたのではないかと思います。結局、大学の学長や部局長は単なる司会者、議長であって、何かまずいことが起こった時に対処するということになってしまっていた。

今回、答申として出したのは、革新性も何もないですけれども、学長補佐を数名置きなさい、というものでした。ただしこれは設置者である大阪市は即座には認めませんので、役職手当て無しでそういうものを置いて、まず問題探索、それから企画立案、さらには必要な調査を行って、学長提案の原案をつくる役割をしてもらいましょうということになりました。いままで重要な問題はすべて学長が諮問委員会を評議会のもとに置いてやっていたのですが、これからは学長が補佐に調査をさせるとか、問題探索からはじめて問題を上げさせることが可能になりました。さらに重要な問題に関して学長直属の委員会をつくって仕事をする。その結果を評議会に提案するという形にしていったらどうか、ということになってきています。

さきほど申し上げました、新大学院の開設準備委員会というのは、評議会の諮問委員会ではなくて、学長の諮問委員会として置かれた最初のものになります。これでうまく動くかどうかは、今後の問題です。大学の問題を考えようとするとき、どうしても大学の自治という問題にぶつかります。憲法で学問の自由が認められていて、それが大学の自治の根拠になっている。しかしそれが本当の大学の自治ではなくて、教授会の自治になってってしまっていた。そういう問題があります。大学を経営体とみるという視点はほとんどなかった。もしそういうふうにみるとしたら、経営体としては体をなしてなかった。これが現状ではないでしょうか。私学は別だと思いますが……。

次に第二の問題です。大学教員の特性の問題です。つまりこういう人たちが構成している大学であるということをよく考えておかないと、大学の改革もなかなか進まないのではないかということです。一つはどうしても専門家であるということです。これは学者である以上当然のことで、専門家でなければいけないのですが、私がいま取り組んでいる社会人対応の大学院をつくるというような場合には、かなりむずかしい問題になっています。どういうことかと言いますと、例えば今度の大学院は都市を中心テーマにしたもので、三つの専攻があります。第一専攻は都市ビジネス専攻、第二専攻は都市政策専攻、それから三番目が都市情報専攻ということになっています。

その一つとして、例えば、第二専攻、都市政策というものを取り上げた場合に、都市が活発に動いていくためにはどういう政策がとられるべきか、というテーマが一つあります。そうするとそれを中心にして一つの研究分野を立てたい。ここに五人か六人の教員の人に来ていただいて、学生さんも十五名から二十名で、こういうテーマに沿ったグループづくりをしたい。しかし教員側の反応とすると、自分の専門の店を開きたい、そこに学生さんに来てもらいたい。できれば社会人よりは学部を卒業したばかりの人を集めて、後期博士課程まで教育して、ドクターを出して学者にしたい。これは先生方の自然な対応ではあるかと思いますけれども、これだと社会人向け

大阪市立大学新研究科の全体像

＊研究科名は未定（都市がキーワード）

		（主要コンセプト）
第１専攻	**都市ビジネス専攻** （研究分野）	企業活動の担い手
１－１	アントレプレナーシップ	ベンチャー企業家
１－２	システム・ソリューション	ｅビジネス・ＩＴ戦略
１－３	アジア・ビジネス	アジア
第２専攻	**都市政策専攻** （研究分野）	市民社会のリーダー
２－１	都市経済政策	新産業育成政策
２－２	都市公共政策	地方政府の企画・立案
２－３	都市共生社会	NPO・NGOのリーダー
第３専攻	**都市情報専攻** （研究分野）	情報社会の担い手
３－１	情報基盤	システム構築と管理
３－２	情報メディア環境	ＩＴ活用の人間的側面

＊2001年１月に評議会に報告された案を加工。研究分野名などに、なお変更の可能性がある。

の大学院にはならない。「社会人も入る大学」になってしまいます。研究開発の方面の言葉に、シーズ・オリエンテイドとニーズ・オリエンテイドという言葉がありますが、大学教員の対応はどうしても、自分たちの知識、自分たちの技術がどういうものであるかを提示するという、シーズ・オリエンテイドになってしまっていて、マーケット・オリエンテイドになっていないんです。それを別のものに切り換えていくということには大変な抵抗がある。それではうまく行かないのだからと説得にかかっているのですが、なかなか理解してもらえません。

三番目は、社会における大学の役割が大きく変わらざるをえないという問題です。とくに二十一世紀の知識の構造の中における大学の役割が変わる。これは一言で言えば、大学による知識の独占は終わったということです。そのことを前提に置かないと今後の大学の問題は考えられないのではないかと思います。文系で言いますと、一番わかりやすいのは、図書館をもっているということによって大学は社会の中に地位を占めてきたわけです。膨大な知識の集積をもっている。しかしインターネットの時代になりますと、まず知識の置かれる場所も分散して、しかもそれをふつうの人が使えるようになっている。大学に行かなくても全部手に入るようになるということがありますから、大学というものが機構としても優位性を失ってきている。これは理系でも同じです。研究開発費というものがどのような機関によって支出されているかという統計があります。三十年前ですと、大学や国立研究所の予算の方が大きかった。いまは企業が八〇パーセント、大学・国立研究所が一五パーセントで、あと民間のシンクタンクが五パーセントという構成になっていいます。大学と企業の民間研究所の働きというのは、もちろん違いがあって、生み出す知識にもかなり差はありますけれども、長期的にはこのことは必ず大きな影響をおよぼすに違いないと考えます。

そういう時代に大学はどうしたら社会の知的中心でありつづけられるか。私は社会人大学院ということでとくに強調しているのは、社会人を教えるということは本当はできないかもしれないということです。少なくとも現場の知識に関して、そこに来る学生さんの方が教員よりもずっと詳しい知識をもっている。その中で、社会人の要求に応える教育は一体どうしたら可能なのか。私がいっているのは、社会にある問題に学生と教員が共同して取り組む、問題解決にあたり、その活動の中から新しい学問の芽を見つけていくということではないか、ということです。その共同作業の中に教員でなければできない、いろんな働きがあると思います。理論形成とか、問題把握をして、ちゃんと説明できるものにするとか、それから総合する力なども、一部の教員にはあると思います。しかし、そういう大学人がもっている強みを生かしながら、しかし共同して取り組む以外に仕方がないのではないかと思います。

まとめとしては、社会に分散している知識をいかに大学の中に取りこむ装置をつくりだすか、ということです。そういうものをもって、はじめて大学、少なくとも社会科学系の大学というものは、今後の社会に貢献できる存在になるのではないか。社会人大学院というのは、そのための一つのテストケースになっていると思っています。

桑田　ありがとうございました。続きまして飯田先生、よろしいでしょうか。

私立大学の実験
——法政大学の場合——

飯田　私は法政大学の中では、ここ二十年ほど、歴史（大学史）をつくる仕事をずっとやっています。ちょうど今年が創立百二十周年だったものですから、記念式典をやったり、展覧会をやったりして、その時の配布用に『法政大学一八八〇〜二〇〇〇』という、ヴィジュアルな、ピクトリアルな歴史を作ったりしました。ただ、これを実際に作っている時の気分としては、百二十年の歴史の中で築き上げてきたものが、完全に通用しなくなりかけている時代に入っているという、そういう実感もあります。

私立大学は他でもだいたいそうだと思いますが、だいたい十年ぐらい前からなんとかしなくてはという動きが出てきたようですね。そういう動きの中で、藤原書店刊の『大学改革とは何か』（一九九三年）という本も作られたと思うのですが、その直接のきっかけは何だったかというと、文部省が臨時定員増という形で人口が増大していった時期に認めていた、その定員増をやめるという方針を出したことでした。そうすると自動的に学生定員が減ります。ところが私立大学のほとんどはそうだと思いますが、財政を全面的に授業料収入におんぶしていますから、学生数が減るということは、もうそれだけで経営的に危機的な状態になる。それに対応するためにどうしたらいいかということを考えざるをえないということがありました。その背景にあるのは、いうまでもなく、少子化にともなう十八歳人口の減少です。これも前々から小学生、中学生と順番に減っているということから、二〇〇三（平成十五）年にはひどくなるぞということがずっと言われていましたから、法政の場合は、たしか七、八年前ですけれども、法政大学二十一世紀審議会というのをつくりました。八つぐらいのセクションに分けて、教員・職員ふくめて侃々諤々の議論をしまして、いろんな部分でそれぞれ答申を出して、やれるところから着手しようということでやってきました。

Photo by Yamamoto Momoko

飯田泰三（いいだ・たいぞう）　1943年山口生。法政大学法学部教授。1973年東京大学大学院法学政治学研究科博士課程修了。日本政治思想史。著書に『批判精神の航跡——近代日本精神史の一稜線』（筑摩書房）。

入試改革

そして私の属している法学部の方では、ま

ず入試改革から着手しました。それは要するに、多様な学生をいかにして集めるかというので、入学試験の方式そのものを多様化しようとしたわけです。これも立命館などがすでにその前から先駆的にやっていました。そういう中で地域入試、これは関西とか地方大学はやっていますが、東京の大手ではほとんどやってなかった、それに手をつける。それから人文社会系のところはどこもだいたい三科目入試、英語と国語と専門科目一つとなっていたのを、二科目入試という、これも最近になっていたるところで目立つようになった、入試教科科目数の減少という、それを先取りするようなものを六、七年前からはじめた。さらに社会人論文入試と称しまして、社会人がその職場体験などをもとに論文を書き上げて持ちこめば、あとは面接だけで、つまりその本人がちゃんと書いたかどうか確かめた上で受け入れるとか、いくつか試みました。課題を出して小論文を書かせる小論文入試なども。小論文入試というのもあちこちで、ちょうど一芸入試というのが流行りかけていた時でもありました。一芸入試というのは、ぼくらが感じるのは、一般入試で入ってきてる学生が非常にそれに対して不満をもちます。あいうことをやられたのでは、われわれが一生懸命勉強したのは何だったのかと学生はいうわけです。そういうこともありましたけれども、そうではなくて、きちんと社会人としての経験を生かした形で、それを論文に仕立ててあげることができるということであればいいのではないか、ということではじめたりしました。

新学部

法政大学は去年と一昨年と二年間で、学部を四つ新しく立ち上げました。従来六学部であったものを十学部にしたんです。その効果があって、去年、今年と入学志願者数が増加しました。これは一九九二（平成四）年度が、それ以前のずっと増加傾向にあった入学志願者数の一番ピークだった時期ですが、それからちょうど八年たった二〇〇〇年度との比較の数値があります。それで見ますと、例えば大手私大でいつも十三万人とか十五万人とかの受験者がいた日大ですが、ここは一四万七千人から八万七千人に減って、四一パーセント減になっています。それから早稲田、慶応、近大、このへんがだいたい三二パーセント減っていく。それから中央、明治が三一パーセント、二四パーセントという具合に減っている。その中で、法政は学部の数を増やして、ただし学生数は増やしてなくて、他の学部の人数を減らして回したんですが、プラス一・二パーセントとなっている。プラスしているのは、大手私大では法政だけということで、一応成果をあげています。あと東京理科大がマイナス一・六パーセントで終わっているというのと、立命館が七パーセントの減少に抑えているというのが目立つのですけれども、それ以外は大幅に二桁台の減少を示しています。そういう意味では、短期的には、ここのところなんとかやりくりでやってくることができたということですが、しかしもうあとは手の打ちようがないというところまでじつはきています。

夜間部改組

それからいま非常に大きな問題になっていますのは、法政には二部（夜間部）があります。大きな私立大学は、私立法律専門学校だったところが多くて、専修でも明治でも法政でも、みな夜間部からスタートしています。それが大正の「大学令」のところで昼間の大学に変わるのですが、そういう経緯もあって、夜間部の比重は非常に高くて、とくに法政の場合には都心にあって通いやすいということもあって、社会人というか、本当に昼間働いている人たちが通ってくる学生を一定程度確保できていました。ただ、これももう十五年、二十年前から圧倒的に一部（昼間）に入れない学生が二部に回るというふうに変わってきていまして、問題になっていましたが、希望者はどこかに入れるようにまもなくなるという状況で、二部に回ってくる学生はもうあと二、三年か三、四年でなくなるだろうということがほぼ見込まれています。中央とか明治とか、二部の募集をやめた、ないしはやめる方針を決めたところが出てきているという状況のなかで、これをどうするかということでいろいろ模索している最中です。

私立大学昼間部志願者数推移

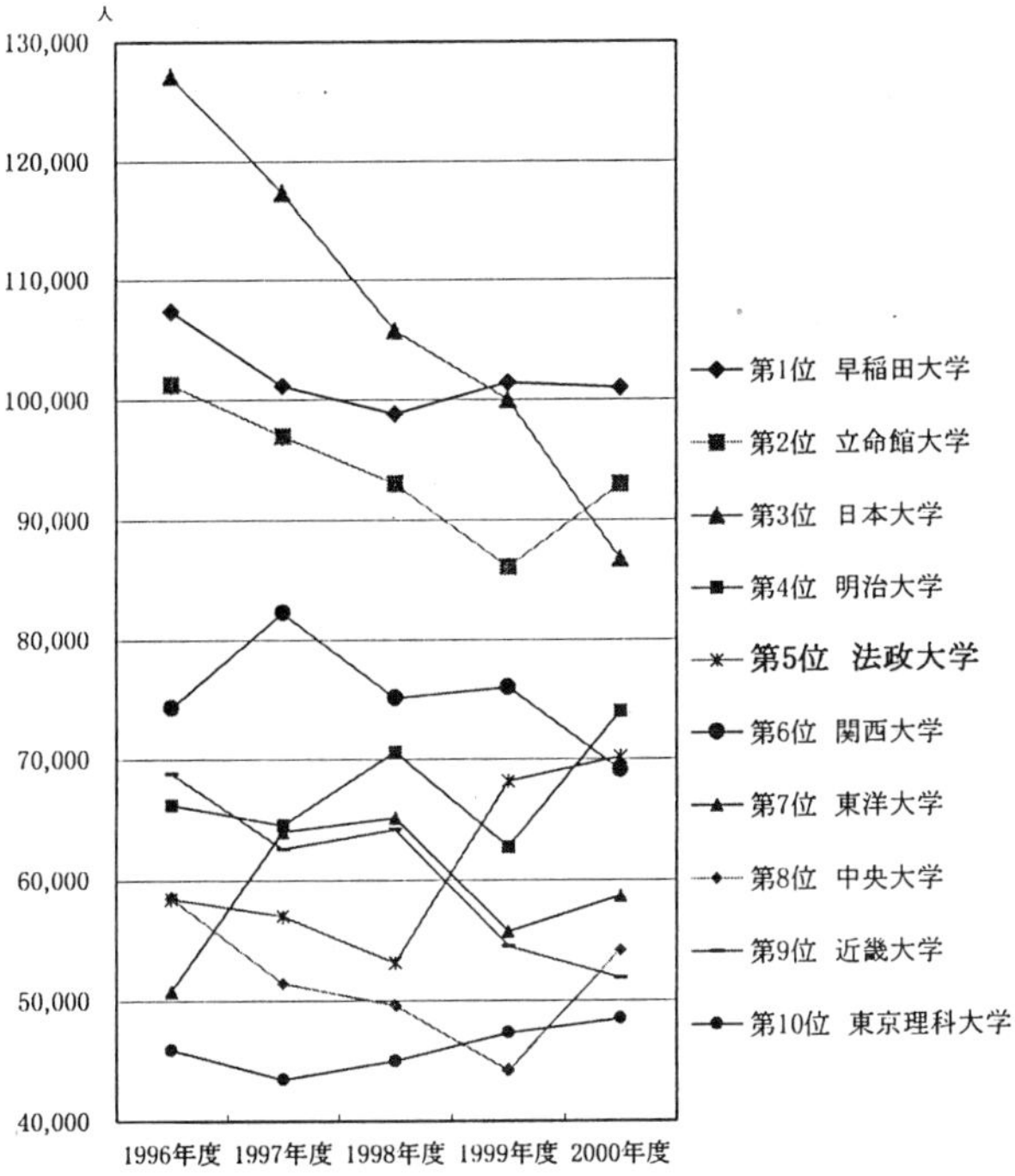

『法政大学　学内ニュース』より

　結局、私の関わっていたものとして、二、三年前から、二部を生涯学習的なと言いますか、そういうものに切り替えていく方へ、これも立命館で先行しているものですが、「インスティテュート制」というのを導入してやれないかということで、「日本学インスティテュート」というのを立ち上げようというので、しばらくやりかけていました。それは従来、二部をもっているいくつかの学部から定員を割いて、一学部分つくってというつもりでした。ところが、さて母体になるところが予想したよりもはるかに急速に成り立たなくなった。そうするとむしろ全体を生涯学習学部という形に切り替えるしかなくなったのではないかということで、ちょっとその動きをストップさせまして、いま生涯学習学部を二〇〇三年に発足させるということで、どうするかということを模索中です。そういう新学部の中にファッションとか旅行ガイドとか、そういう部分を含んだ文明・文化学コース（仮称）と合わせて、日本・アジア学コースをつくりたいということで考えているのですが、これが当面、真剣にやらなければいけない問題になっていることです。

大学院改革

その他、さきほど出ました、夜間の社会人大学院というものを法政はかなり前から、経営学部が一番最初に、もう十年近く前に立ち上げました。そして四年前から、私は政治学科、それから大学の政治学専攻に属しているんですが、政治学専攻の中に政策研究プログラムというのをつくりまして、当初二十人程度募集するつもりではじめたところ、実際には受験者が最初の年は九十何人来まして、圧倒的に地方公務員とか、だいたい四〇代ぐらいの、一番油の乗り切った連中がリフレッシュし、充電するために、さらに勉強したいとやってきています。結局、この三年続けて四十人前後とってるということで、ほぼ定着しかかっていると思います。他に経済学専攻でも都市政策プログラム（夜間）が出来ており、また昼夜開講の政策科学専攻が二〇〇一年四月から発足することになっています。

ただこれはあとで問題になると思いますが、大学院中心ということになると、とにかく教員の割かなければいけない労力は大変なものです。つまり基本的に私学の、とくに社会科学系の経済学部とか法学部というのは、マス・プロ教育であることによってかろうじて成り立ってきました。法政大学の場合は、大内兵衛が総長だった時代に経済学部をぼんぼんふくらませ、さらに、当時、中央労働学園という形で存在していた、協調会文庫の跡の施設を生かして、それを吸収して社会学部をつくり、それからさらに有沢広巳を中心に、これも大内時代ですけれども、経営学部というのをつくっているというふうに、同じようなものを次々とつくり、それはだいたい大教室で、詰めこみ授業でやっていたわけです。もちろん文学部系、それから工学部、理工系はそれではやっていけませんから、教室単位の、少人数教育でやっていたのですが、それをいまの大学院ということになると、全面的に転換せざるをえない。先の政策研究プログラムに一学年四十人が入ってくるのに対して、はりつく教員の数というのは、すごい数が必要です。

そういう中で、私学にとって大学院中心で果たして経営的にやっていけるかといえば、これは大問題だろうと思います。それと関連して、これは国立・公立・私立と共通して、例の法学部が法科大学院（ロースクール）に転換するという流れが決定的になってきた。しかしこれも私学の場合、それを中心にやって、学部教育はそのための予備校みたいな感じで本当にやっていけるのかどうか。要するにいままでの現状でいえば、東大と京大と、中央と早稲田、慶応、最近は同志社とか明治が若干増えてきていますけれども、そういうところで対応できたとしても、人数的にはいまの司法試験合格者はトップの三つ、四つを除けば二、三十人ぐらいです。それだけのものをつくりだすために、いままでの法学部は一学年千人とかとってきた性格をがらっと変えてしまうわけにはいかないだろうということがあります。ですから国立の大学院大学化に対応して私学もということは、現状ではきわめてむずかしいだろうという問題があります。

通信教育

それからあと、法政は通信教育を、この先駆的なものは、昔は校外生制度といって、教科書を販売して、地方で勉強しながら一年に一回答案を送ると単位を認めるということを明治時代からやっていた大学です。それで第二次大戦後、いち早く、一九四六、七（昭和二十一、二二）年の段階から通信教育をはじめて、ずいぶん実績をあげてきたのですが、これが完全に放送大学が発足したあたりから性格が変わってきました。そこにいまやバーチャル・カレッジという、アメリカとか香港や中国でもずいぶん増えているらしいですが、インターネットを使って教育を受けるというのが、従来の郵便で送るという通信教育にとって変わろうとしている。そういう中でどうしたらいいか。これも法政などの場合は経営的にも大きな意味をもっています。通信教育で入学して、お金は納めるけれども、実際にいわゆる卒論を書いたり、それから教室授業（スクーリング）に出て、卒業していく数は十分の一もいるかいないかです。ということは、施設面とかではそんなに必要としないで、しかも通信教育の場合、授業料は低いけれども、それでも授業料収入はかなり得ていたという、そういうものが成り立たなくなってくるということで問題になっています。

ＩＴプロ・コース／イクステンション・カレッジ

　そういう中で、いまの法政の清成総長は三年ぐらい前ですか、ベンチャー学会なんていうのを立ち上げたりした人で、次々といろんな企画を試みています。二〇〇〇年四月に開校した、ＩＴプロフェッショナル・コースというのは、修士課程を一年で通過できる。その代わりきわめてインテンシヴにインフォメーション・テクノロジーをマスターさせるという、これはたしか授業料が三百万円とか非常に高いものを設定したのに、募集の何倍も集まって、すでにベンチャー・ビジネスを立ち上げた学生が何人も出てきているということです。それからイクステンション・カレッジといいまして、やはり社会人向けにかなり高い受講料で、春のコースと秋のコースと、それぞれ何十と立ち上げまして、例えば「技術者のための企業十人塾」というのをこの四月から十月までやったのですが、これは募集人員十名で、しかも受講料が二十二回で五〇万円です。これも募集よりもはるかに多い応募があるとか……。さらに、二〇〇一年一月から、アメリカのシリコンバレーの近くに法政大学アメリカ研究所を開所し、先端分野等の遠隔講義やサマースクールの実施等をしながら、新しい教育モデルの構築と実施面での協力施設にする予定です。ただし、これらはそれ自体としては一応成り立つのですが、しかし規模が小さいものだから、やはり大幅に大学の財政状態を改善するところにはいきません。

　そういう中で、とにかくいろんなことを片っ端から実験しているというような現状です。最終的には大学設置基準というもので、例えば法政の場合は市ヶ谷キャンパスというのが靖国神社の横で立地はいいのですが、面積が狭いものですから、そこで集められる学生の数というのは、敷地面積当たりでやっていますから、非常にしぼられます。理屈からいえば、高層化したビルを造って、そこに詰めこめばいいようなものですけれども、いまの大学の設置基準というのはそうなっていない。そういう中で学生数を増やせなくて、授業料収入が確保できないとなると、結局は何もできない。あと、受験料収入というのがけっこう大きな意味をもっています。一人三万円とか三万五千円とか取って、さっきの数値で、法政は数年前までだいたい五万八千とか六万人ぐらいの受験者数だったのを七万まで伸ばしました。つまり一万以上伸ばせば、それだけで年間三億という、そういうみみっちい努力をしています。ところがとくに最近になって、どこもいっせいにいろんなことをはじめまして、科目数を減少させるとか、とくにセンター入試に相乗りする。そうすると、同じものでいくつも受けられるとなると気軽に受けられるということで、それが法政ではセンター入試導入はごく一部の学部でしかやってないものですから、その分が最近かなり目減りしてきているというところがありまして、そういうものももう限界だし、はてさてどうしたものかというところです。

それからさらに、これもどこまで議論できるかわからないのですが、やはり従来の学部の枠組、学部というものを根本的に考えなおさなくてはいけないのではないか。どこにでも法学部があり、文学部があり、経済学部がありという、それをそれぞれ特化していくような形で、同じメニューをいたるところで開いているというのではない方向に、私学の場合、もっていかざるをえないのではないかという感じをもっています。もちろん、さきほども市川先生のお話にありましたように、基礎科学的な要素、それをきちんと教えるとか、それから社会人として育っていくための市民としての基礎教養となる社会科学というものを提供するということは確かですけれども、そういう中でどういうふうに大学としての個性を出していくかということで、いろいろ議論しているのですけれども、まだなかなかそこが見えてこないということです。

桑田 ありがとうございました。それでは勝俣先生、お願いします。

新たな時代の課題に取り組む
――明治学院大学の場合――

勝俣 最初に、今日の三人の先生方のお話を聞いていて、大学改革ないし大学全体の運営、方向づけに直接携わった方々が中心だったことがわかりました。私自身はそういう流れにおいて、委員としてはかかわりましたけれども、中心的に動いて来ませんでした。ですから今回、どういう改革をといっても、大学全体を背負ってお話しできる立場にないと思います。ただお引き受けしたのは、「大学革命」というタイトルで、この座談会は革命するための座談会か(笑)、それともすでに起きている革命を、大学のスタッフとして分析するためかという、そのへんを少し探ってこようということでお引き受けしました。

ですから、今日は教員・研究者として、一私立の一学部のメンバーとして問題提起したいと思います。ましてや、いま流行りで、これからお話しする内容とつながるんですけれども、経営者として大学という組織が生き残るのはどうしたらいいかと言ってしまうと、どうも経営診断、マーケティングの専門家のようになって論じなければいけなくなってしまいます。もちろんそれは必要ですけれども、私自身は大学での職業生活は自分の人生の一部で、すべてではありませんから、やはりある時は突き放して考えていく必要もあるだろう、ということをふまえて個人的見解としてお話ししていきたいと思います。

私立の場合は、飯田先生がお話になった法政大学の事例で、まさに私もそういうことが現場で起きていると思います。とくに少子化の問題、定員割れがあって、その背後に日本の場合、少子化・高齢化という形がはっきりと見えてきている。新聞でも私立大学の定員割れが今年は二八パーセントですか、短期大学の場合はもっと深刻らしいです。その背後に、私はやはり私立大学とは一体何だろうかと、大学人一律に語れない部分があるだろうと思っています。大まかなお話ですけれども、例えば、研究レヴェルで見た場合、文部省の科研費の配分の総額は、東大は百億円ぐらいに近い。それは理学部をもっているということがあります。私の大学は理学部はありません。で、科研費の配分総額は約四千万円です。えらい違いですし、また教育レヴェルで、学生・教員比率について、これももちろん学部の数や分野や規模に依ると思いますけれども、東大の場合、だいたい一教員十人ぐらいです。私がいまいる明治学院大学は全体で四十人ぐらいです。というふうに、同じレヴェルで大学は語れない。さらに私立の中でもいろんな大学があると見なければいけないと思います。さきほど飯田先生がおっしゃった、受験生が減っているという、明治学院大学はどのぐらい減っていますか。どのぐらいか、常時正確には調べてないんですけれども。

飯田　学生数の規模の大きい方から十位までしか先程の表では出てないんです。

勝俣　うちの大学は入ってますか。

飯田　いえ、入ってません。

勝俣　そういうのを知らないと、同僚からもっと真剣に大学改革に取り組めと言われるかもしれませんけれども（笑）……。私の学部全体でいいますと、定員が二五〇名です。学部で千三百人ぐらいが総数ということになっています。まず最初にぶつかる問題は、どういう魅力あるカリキュラムを組んで、学生にたくさん受けてもらおうかということにつきます。おそらくあらゆる大学でぶつかっている問題です。ですからやはり受験の方法の多様化と同時に、どうやって学生にアピールするカリキュラムをこれから来る人たちに伝えて、受験してもらおうかという話が一番です。その意味では、私たちはやはり学生に魅力あるカリキュラムとは一体何か考えざるをえない。当然、時代のニーズと切り離すことはできないと思います。

　とくにいま大学の進学率を見ますと、一九六〇年代、女子学生の大学進学率は四・六パーセントぐらいだったんですけれども、今日になると、一九九八（平成十）年の数字で二七パーセントです。私どもの大学の国際学部というのは、社会科学中心の国際関係学部ではなくて、その中にはいわゆる人文系の先生もいるのですけれども、女子学生が非常に増えてきています。この学部はいまから十二、三年ぐらい前にできた学部ですけれども、やはり女子学生の比率が最初は半分ぐらいだったのが、いまは六、七割になってきています。これは当然、いろんな形で教員にもっとジェンダー面で女子教員を増やす、またその変化している受験生の中のニーズを的確にとらえるようなカリキュラムが必要だろうということを意味します。

Photo by Yamamoto Momoko

勝俣誠（かつまた・まこと）　1946 年東京生。明治学院大学国際学部教授・同大学国際平和研究所長。1978 年パリ第 1 大学博士課程修了。国際経済学・南北問題。著書に『現代アフリカ入門』（岩波書店）等。

同時に今日、他の先生方もおっしゃいましたけれども、私どもは国際学とインターナショナル・スタディーズという、非常に学際的という、これもまたあとで討論しなければいけない問題ですけれども、幅広くカリキュラムが組まれているという中で、そういう知識をどうやって得て、かつつなげて、相互に関係づけていくかという点がきわめて重要です。情報と知識を得るだけなら、知識のコンビニ化、とぼくは呼んでいるのですけれども、いつでもどこでも好きなだけ得られる時代です。少なくともディジタル化した知識や情報は、もう大学の図書館や教員が配布する資料とか参考文献という世界だけではなくなってきている。その意味では、知の獲得方法の中に、また得た知識をよりよく社会・世界を読むために相互に関係づけていく中に、私達の学部として個性的なものを打ち出していかなければならない。学生が大学でこのカリキュラムを取ってよかったと、どういうふうに時代の変化に単なる適応ではなく、能動的に対応していくかが見えてきたと評価してくれることが大切です。

大学院に関してはのちほどお話しするんですけれども、私どもの大学院は非常に小規模です。これはさきほど飯田先生がおっしゃったように、学部で精一杯で、大学院まで、どこまでわれわれが全力でつきあえるかということが私としてはあります。しかしながら他方では、少子化というのは高齢化とワンセットで進んでいます。高齢者層は社会経験は豊富で所得の面では比較的安定している。その方々にどういう形でこれから知的好奇心を満たすような場を設けるかというときに、おそらくなんらかの大学院レヴェルで可能なものはあるだろうかというのは、私自身考えています。

以上、さきほど飯田先生のおっしゃった問題とつながるので、あまり重複しないようにしたいと思いますけれども、もう一つ、非常に大事な問題は、私立大学の研究者というのは一体どうしたらいいかという問題です。しかも社会人文科学系の、私どものような学部で、教育とリサーチの兼ね合いをどう位置づけるか。一つはいま、もっとティーチング・メソッドをしっかりして、学生に魅力のある授業方法を工夫する必要があります。他方、二十一世紀には、社会科学を中心としてぶつかざるを得ない大きな研究課題があります。これは二十世紀をどう評価するかという問題と関わりあうと思いますが、研究者として基本的な、大きな時代の課題に取り組む時間と手段をどうやって確保していくかという問題があります。けれどもどうもいままでは秀れた研究者＝秀れた教育者という予定調和的考えが支配的でした。しかし学生は必ずしも納得しない。さらに、これもあとでお話ししたい課題ですけれども、大学のキャンパス生活と教育内容の関係はどうあるべきか。こうした多次元の課題があります。

都市型大学へ
——駒澤大学の場合——

桑田　どうもありがとうございました。重要な問題がすでに皆様から提示されておりまして、司会としての私の方からさらにつけ加えて申し上げることはあまりないのですが、一応、私立大学の一例として、私の勤めております駒澤大学のお話を簡単にさせていただきます。

皆様のお話をうかがっていますと、一言で申しまして、駒澤大学は私立大学の中では非常に腰が重くて、まだ十分この現状に対応できてないという感じがいたします。ただ、腰の重さというものには必ずしもネガティヴな面しかないわけではなくて、「慎重さ」のよう

Photo by Yamamoto Momoko

桑田禮彰（くわた・のりあき）　1949年東京生。駒澤大学外国語部教授。1985年一橋大学大学院社会学研究科博士課程満期退学。フランス現代思想。著書に『フーコーの系譜学』（講談社）。

な多少いい面もあるのかもしれません。それでも、この数年間のうちに、改革と呼べるようなものも、たしかに行われてきました。都心の私立大学はもう十年以上前から、郊外にどんどん出ていく。明治学院も横浜に、法政も多摩にキャンパスを持つようになりました。そうした動きとは少し異なり、駒澤は北海道に教養部を置き、ずいぶん遠くまで行ってしまったのですが、それ以外はほとんど動かなかったんです。私も実際行ったことがありますけれども、岩見沢にございまして、のんびりしていて、それなりになかなかいい面もありました。ただこの期におよんで、なかなかむずかしい問題がございまして、最終的に申しますと、撤退いたしました。

　この問題がむずかしかったのは、私見では、北海道に置かれたのが教養部であったということです。正確には、教養部の一部が置かれたわけです。したがってその撤退は、単なる経営上の問題だけではなくて、教養部問題の一部をもなしていたという面がございます。撤退を決断した当局には、社会的に高まる教養部解体の動きの中で、この北海道教養部を解体し、同時に都市型大学へと移っていくという方針があったようです。いま現在は、純然たる都市型大学の方針を固めているように見受けられます。その延長上に、例えば最も基本的なインフラですが、大学のキャンパス、校地の拡張を行っています。本校は世田谷区の駒沢にございますけれども、そのすぐ近くに新たな土地をすでに取得しております。これはなかなか大変なことで、お金も心配ですけれども、要するに都心集中という方向を打ち出しました。

　教養部問題のほうは、まだ残っております。私が属している外国語部も教養部の一部です。以前、『大学改革とは何か』（藤原書店編集部編、藤原書店、一九九三年）の中で私が説明しましたように、駒澤大学の組織はかなり複雑になっています。基本的にはタテワリです。そこに教養部がヨコワリとしてくいこむかたちになっていて、その教養部が細かく分かれています。外国語教員が一つの教授会をもち、保健体育教員が一つの教授会をもち、そして文学部の中に社会・人文科学系の教養教員、自然科学系の教養教員、教職課程の教員がそれぞれ別々の組織をかたちづくって所属している。このように非常に複雑です。北海道教養部はなくなりましたが、あいかわらず多様な教養部組織が各学部を貫く形になっておりますので、私はこれをサイノメ型と呼んでおります。現在、その中で一番大きな外国語教員の組織の今後の在り方が、検討されていますが、具体的にはまだどういう形になるか見えておりません。

カリキュラム、そして制度等については、一般の私立大学と同じようなさまざまな試みが行われています。社会人の受け入れを増やすとか、あるいはさきほど飯田先生からもお話がありましたように、うちも二部をかかえておりますが、昼夜乗り入れが実施されつつあり、カリキュラムでいうと、学生の選択権が拡大され、それから勝俣先生からありました、魅力あるカリキュラムということで、新たな試みも行われております。しかしその成果はまだはっきりと手応えのある形では出ていないようですが。あるいはまた、これは多くの大学で一般的に行われていますが、自己点検評価をはじめ、大学基準協会の正式会員になり、相互評価を受けるところまできました。これはわが大学においては、この五、六年のことですが、やはりそれなりに大変な作業でした。ドラスティックな大改革は行われておりませんが、改革は少しずつ地道に進んでいる、と私は感じています。

二　国立大学の独立行政法人化

国立大学の平等という建前の消滅

桑田　市川先生の方から独立行政法人化について、もう少し突っこんでお話しいただいて、しかも市川先生には準備していただいたものを必ずしもすべてお話しいただけなかったかと思いますので、補足していただきながら、それをきっかけに本論に入りたいと思います。

市川　国立大学がいま独立行政法人化という問題に直面しているということを、さきほどの問題提起の中で申し上げましたけれども、国立大学そのものを考えてみますと、旧制の大学があって、一九四九（昭和二十四）年にいわゆる新制大学というのができました。少なくとも各都道府県に一校以上ということと、それからどの都道府県にも教員養成の学部はあるという、そういう原則で、例えば埼玉大学の場合ですと、旧制浦和高等学校と埼玉師範、埼玉青年師範、埼玉女子師範、その四つの学校が合併して埼玉大学となった。そういうことでどこにも師範がありましたから、新制大学のうちの地方大学には必ず教員養成学部ができて、新制大学がスタートしたということがあります。

新制大学がスタートした時の文部省の方針としては、旧制大学と新制大学は、原則としてというか、建前というか、すべての大学は平等である、国立大学として平等であるという建前が語られました。そういう形でもすべての大学がいっせいに入試することはできないから、一期校、二期校に分けられた。ただし、地方大学の中で、うちの方が歴史が古いとか、うちの方が伝統があるとか、いろんなことでもめ事が起こるところは、毎年、一期校と二期校を交替するという大学もいくつかありました。例えば鹿児島大と熊本大とか、そういうのがあったのですが、一期校・二期校制で入試をやりながら、しかし本当は平等なんだと。授業料もまったく同じだし、例えば教官等積算校費も、理系か文系か、大学院があるかないかによって額は違うけれども、同じであれば、旧制大学であろうと新制大学であろうと、基本的にまったく同じであるという建前でスタートしました。ただし、それはあくまでも建前であって、出発した時の母体の総定員法という枠内で決められましたから、地方大学はたいてい学生数に対して教官の定員は非常に少ない。旧帝大とか成立時代から大学であったところは、同じ国立の中でも、後にできた地方大学から比べれば総定員法の枠内で、教官数、事務官数とも非常に恵まれている、そういう数でスタートしました。

だから埼玉大学の場合に戻りますと、スタートした時から学生定員に対する事務官定員数、教官定員数とも国立大学の中で最低でした。私も職員組合の委員長をやったことがありますが、私は京大から来てそれに選ばれた時、びっくりしました。京大の時の数と比べたらまったく雲泥の差です。それで同じ授業料を取っていいのかなと（笑）思うぐらい大差がありました。

そういう中で、ずっと国立大学は長くやってきた。入試一つとらえても、私は、入試のことは埼玉大学に来てからほとんど入試の関係の委員長をやっていましたし、国立大学全体の国立大学入学者選抜研究連絡協議会というのがありますが、その会長を務めていたりしていまして、さらに国大協の中の入試特別委員会などの委員もしていたし、文部省の中の入試の改善に関わる委員もやっていたことがあって言うのですが、かつてのそういう一期校・二期校制から、一九七九（昭和五十四）年に共通第一次学力試験が導入された時も、やはり当初は国立大学間の平等性ということを建前にしていましたから、どの受験生も国立大学は一校しか受けることができませんでした。

ところがその後、複数受験という要求が出てきます。一回しか受けられないのはかわいそうだと。国立大学に行きたいと受けたのに、安い授業料の国立大学に入れなくなるというのはおかしいという議論になったのです。それで複数受験という声が大きくなってきて、やがて国大協での話し合いの末、共通一次が大学入試センター試験に衣替えした一九九〇（平成二）年から、A日程・B日程という形で、箱根の山を越えて東側はA日程、西側がB日程という二つの日程でやるということになりました。A日程とB日程とだれもが二校までは受けられる。公立はその時、C日程とあいだをとっていましたので、公立もふくめると三校までは受けられると、そういう形でスタートしました。

ところがその制度がスタートした翌年から、京都大学の法学部が一番最初にはじめたのですが、B日程だけではなくて、A日程にも独自の入試をやって、それで取り合うようになった。A日程とB日程で分かれていますと、先に合格した方に取られてしまうということがあったからです。そして一九九三（平成五）年には全国立大学で前期・後期日程に分ける入試へと変わっていったという形で、入学者の確保をめぐっては、国立大学はけっして一枚岩ではなくなったのです。昔、平等といったものが複数受験に変わってから、入学者確保に関しては利害が対立するような形になった。

それでもごく近年までは、いわゆる国立大学の間には原則として差はないという建前は貫かれていました。予算上もそうでした。しかし近年になるほど変わってきたのは、大学院への進学率が増えてきて、大学院の認可がどんどん進んだ時に、文部省が大学院を担当する資格のある教官がどれだけいるかということに基づいて、大学院の設置を認める、認めないということが進むにつれ、例えば修士課程もなかったところにどんどんできていきますが、どちらの大学の修士課程が先にできたか、どちらの方が後だったかとかが言われるようになった。それから博士課程についても、少なくとも旧制の時代に「大」のつく母体校が一つでもあれば、博士課程は認めるという原則があった。ところが埼玉大学にはじめて理工学研究科に理化学研究所と提携して博士課程ができた時には、前身には「大」のつくのは一つもない、旧制高校と師範しかないわけですから。それが一九八九（平成元）年に実現した途端に、前身校に「大」のつくところがなかった他の大学でも申請が相次いだ。それを機会に文部省は打ち切ってしまった。母体に「大」がついたのがなかったところには、今後一切つけないと。埼玉大学に実現したことで要求が殺到したものですから、文部省は閉口してしまった。それから文部省の態度は、学校間の格差を言い出すようになりました。文部省の方から、平等とはいわないで、当然、格差があるんだ、ということを言い出しました。

大学間格差の拡大

そういう中で、いままでは大学院ができると、教官に大学院手当てがつく。それから教官等積算校費という、教官一人当たり、教授、助教授、助手、理系か文系かによって決まってくる額、それから学生一人当たりについてくる学生等積算校費、そういったものが一定だったのが、大学院に修士課程があるかないか、博士課程があるかないかの差が拡大していきました。だから大学院の規模の小さいところは予算規模が小さくて、大学院の規模の大きいところの予算規模とますます乖離していく、という形がずっと出てきています。それは国立大学協会の中でもいろいろ問題にはされていたんですが、国立大学協会としては立場が違う大学が混じってるわけですから、一つの声にはならない。そういう中で今回の国家公務員定員削減を、むしろ私から言わせれば、それを口実にした形での独立行政法人化というのが出てくるという、そういう経過をたどっているということです。

独立行政法人化といったときに曲折がありました。最初は文部省は反対していました。大学はそういうものにはなじまないということで、とくに議会の文教族もそれを押し返そうというので、必死で大学だけは独立行政法人化にはしないと。その他の国立の研究機関は文部省管轄でもそれを認めるけれども、大学は認めないという形で押し戻そうという動きはありました。文部大臣などもそういう方向をとろうとしていましたが、だんだん変わっていきまして、文教族の議員自身もだんだん変わってきて、最後には独立行政法人化にした方が、大学によっては地方自治体と結びついたり、あるいは国立大学ではいろいろ制約が多いので、民間からの資金導入とか、そういうこともできるのではないか。自由度がずっと大きくなるんだという形で、独立行政法人化の方針が固まっていったということになります。

それと並行して、さきほど申しましたように、各大学とも制度が変わってきます。埼玉大学もすでに、前の学長の時にいわゆる学長補佐会という、各学部から一人ずつ出る補佐会をつくって動きだすのですが、塩沢先生がおっしゃったように、学内の意見調整をするのに学長一人ではとてもできない。そういうことで補佐会をつくって原案をつくったりするということをやっていたのですが、今年度から概算要求が通って副学長制になりまして、二人の副学長ができました。一人は研究担当、一人は教育担当ということになっています。そういう形でやられていますし、他の国立大学でもそういう方向はどんどん進んでいるというのが現状です。

しかし独立法人化の一つの問題は、結局、こういう形になりますと、それぞれの独自の運営ができるといいますが、現時点を基盤にしますから、結局、大学間の格差の固定化につながるし、あるいは固定化だけではなくて、場合によっては拡大化につながる可能性がずいぶんあると思います。しかもいま言われているのには、大学院の有無、その規模による研究大学院大学、あるいは職業人養成大学、あるいは教養大学への分極ということもあります。それを予測している人もあります。したがって、そういうことから、さきほど申し上げましたように、国大協での見解が完璧に乖離しまして、まとめることができなかった。それで、地方大学が犠牲になるのではないかと、そうなれば大学の中央集権化みたいなものだという議論もあります。

大学の「効率的運営」

それとやはり理学部のことで申し上げましたように、独立法人化になることによって、効率的運営が求められるということから、結局、すぐに役に立つ研究を結果的に奨励する可能性が出てくるだろうから、基礎研究を追放する形になるだろうと。いままで外国の基礎研究成果にただのりしてる日本と言われてきましたけれども、そういう風潮がますます出るのではないか。しかもＩＴ時代と言われる中で、いろんな情報が飛び交う中で、結局、基礎研究に携わっている人も多きに追随する。すでにいままでもその傾向はあります。例えばぼくの遺伝学の分野でもそうなのですが、みんながやっている方向へ、例えばゲノム解析といったらみんなゲノム解析に走ってしまう。それと同じように、多きに追随するという研究が横行して、独自性のある、個性的な研究というのはなくなっていくのではないか。そういうことが言われています。

それからとくに教員養成学部では縮小と統合という、さきほど申し上げたように、文部省からのかなり強い圧力がかかってきているのが現実です。どの大学にもかかっています。それは少子化を理由にしていますが、この問題は国大協も高等学校以下の少人数クラス化の方が先決だと言っていて、例えば教育学部全体の、教育関係の学部全体の学部長会議でも、この要望は文部省に出しているのですが、文部省の方としてはそれを聞く耳をいまのところもっているふうには見えません。したがって、教員養成学部に対する要求は非常に強くなっています。さきほども申し上げたように、埼玉大学にも「例えば」という形ですが、群馬大学の教育学部との合併、あるいは再編成、そういった形で打診がきてるということです。そうなると、いま地方分権の時代と言われていて、教育委員会というのは県単位にあるわけですから、それとの関連で、そういう教育行政の中の地方分権と合致するのかどうか、そういう問題も出てくると思います。

それからもう一つは、いまの独立行政法人化が大幅定員削減と並行して進められているということで、将来、どういう方向へもっていくかが非常に策定しにくい状況のなかで、これが進められているということがあります。とくに教員養成学部でこれが顕著でして、新しい方向にもっていこうにも非常にむずかしくなっています。埼玉大学の中での議論を見ていますと、他大学といきなり統合したり再編したりされるよりは、例えば同じ教育学部の中でも、ぼくらに近いところでいいますと、理科教育に関わっている人は理学部の中に移してしまう。技術教育にあたっている人は工学部に入れてしまう。それから例えば外国語教育をしている人だったら教養学部に移してしまうとか、そういう形で再編される人数を少しでも減らそうと、そういう議論が出たりしてるぐらいです。

　そのために教育学部としては、各学部で順番で定員削減を負担していましたから、数年前から、定年になられたりすると、いくつものポストを実際にはなかなか採用できなくて、教育学部にはそういう特別の事情があるんだからということで、定年になられる前から人事をはじめて人選してしまって、その人の割合の承諾も得ているから、どうしても取らせてほしいという形で、教育学部のそういう現状をなんとか守ろうという動きがあったのですが、それを予測していたからです。ところがいま、それも動かなくなってきています。もうぎりぎりのところまできています。

　それと事務官の定員削減もいま深刻になっていますから、これから独立行政法人としていったとしても、結局、事務官が減った分の事務作業というのは、事務体制を変えようかと言っていますけれども、最終的にはどうしても、一部の事務作業を教官が代わりをしなければならないという状態にいまでもあるのが、もっと顕著になるだろうということです。

　それからもう一つ最後に、大学院との関係ですが、ご存じのように、大学院への進学率というのは国立大学でとくに高いのですけれども、ところが一方で、さきほども申し上げたように、文部省は博士課程とか博士後期課程というのは特定の大学院にしか認めないという方針をとっています。独立行政法人化になったらそれが自由になるだろうと言う人もありますが、実際には独立法人に対してもそれを認可するかしないかを認めるのは文部省ですから、立案はいままで以上に自由にいろいろできるでしょうけれども、結局は、事実上、現状が後にも続くだろうと思います。そういうなかで教官の数が減る、しかし業務は増えていくという形で負担増は続いていくだろう。そして仮に今後、例えば修士課程だったら拡大は認められる、しかしそれには新規定員はつかない、したがって負担だけが増していくでしょう。仮に博士課程、博士後期課程が認められるところが出たとしても、独立行政法人化は定員削減が目的でやっているわけですから、新しい定員はつきっこないですから、結果的には、やはり一人一人の教官の負担増がきびしくなっていくというだけにしかならないだろう、そう思っています。

　そういうふうに独立行政法人化というのは、非常にいろんな問題が絡んでいながら、いろんなことをうたいながら、実際は本当は国家公務員削減の柱にしたいという意図があるためにこういう形になっている、ということを理解していただきたいと思います。

桑田　ありがとうございました。皆様から質問がございましたら出していただきたいのですが。

大学評価機関による資金配分

塩沢　いまの市川先生のお話に反対論を

出すような恰好になるんですけれども、国立行政法人化の話の大部分はいままでの既得権を崩されるから大変だという議論になってしまっているんです。しかし、じゃあ何も変わらなかったらいいのかというと、国立大学のこれまでの現状というのはそんなにいいものだとも思えませんし、それから自分たち自身でどのくらい改革できたかという、それもできてこなかったと思います。ですから私は独立行政法人化そのものは、そんなに大きな問題ではなくて、むしろそれが起こった後にどういうことが国立大学としてできるかを議論しなくてはいけないと思います。

例えば、独立行政法人化したときに、国の予算がつかないということではないですから、総額としてどのぐらいの額がつくか、それからその配分がどうなるかということです。配分ということを考えると、必ず大学または学部、もう少し小さな学科までふくめて、評価というのが重要になるだろうと思います。ところが現在は文部省は大学評価学位授与機構というものを一つ作っています。ここが一元的にやるということは非常に危険なことだと思います。でも現状でしたら、ほぼそうなるでしょう。国立大学協会は、ほとんど独立行政法人化した後にどういう制度があるべきかということは提案してませんから、そのまま行ってしまうのではないかと思います。しかし大学評価ということで考えれば、じつは大学基準協会というのがずっと前からあって、最近は自己評価をふくめていろいろ努力している。そういうところに評価機能があって、それが資金の配分に役立っていいはずですけれども、そういう動きがないし、要求も出てないと思います。

それからさらに、これは公的機関だけがやっていいのか。むしろ私は民間の評価機関というものをつくるべきだと思います。そこがきちんと大学の活動を評価した後に、国としての学術の政策というのがあるはずですから、それに見合った形で、どこにどういう資金を配分するか、考えなければいけない。そのことなしに、いままでは文部省が設置を認めたから、すべて一律に資金を配付する、教員もはりつける。これではすでに出来たところの最低限は確保されるんですけれども、新しいものに対応することがほとんどできなくなります。だからこそ、文部省としたら一部を切ってでもやらざるをえない、まあアメとムチの体系をやらざるをえなかったと思います。

公立大学はもっとむずかしくて、じつは文部省に相当するものがないものですから、本当に大学の自治になっていて、何も外部からの介入がない。そうすると五〇年間何も変わらなかった。最近少し国立大学とか私学の動きの影響もあって、内部から変えていこうという動きはありますけれども、私学のいい理事会をもっているところを除くと、大学はなかなか自分たちが自分を変えていく、社会の要求、必要に合わせて自分たちを変えていく能力が非常に乏しい組織だということを言わざるをえない。

桑田 塩沢先生、いまおっしゃった「民間の評価機関」とは、例えばどのようなものをお考えでしょうか。

塩沢 日本で現に少しずつ進んでいるのは、予備校と新聞社ないしは雑誌社などが組んで、各大学の評価をしているものです。これは主に受験生向けの情報を与えるための評価です。

中国でもアメリカでも、大学はかなりきびしく評価されて、毎年、順位が変わることまであります。ところが日本で大学の努力というものが一切社会の評価に反映されず、格付

け も固定されてきているということは、大学にとっても、社会にとっても、非常に悪いことではないかと思います。

どういう形のものをつくればいいということは簡単にはいえない。どんなものを作っても一元的にやれば問題が起る。ですから例えば競合する評価機関を三つぐらい作るのがいい。そういうものが公正に動いている、評価ができているというならば、そこにそれなりの資金配分権を与えたらいい。例えばここは一〇パーセント、ここは一五パーセントということでいいと思うのですけれども。文部省の役人が権限として資金を配分するという方式を改めて、大学の評価と資金配分を連動させる。そして、評価と資金配分は一元的にやってはいけないという原則をつくる。それが重要ではないかと思います。

桑田 非常にリアルな話として、今後、現在の国立大学が独立行政法人化された場合に、そういうシステムができる可能性はあるものでしょうか。

国立大学は自らを改革してきたか？

市川 私が基本的な最初の報告で申し上げたし、いまも説明したことというのは、いわゆる上からの独立行政法人化に対しては、私はこう考えるという立場で申し上げているので、実際には国大協の中も、われわれの大学の中も、もう半ば諦めています。それは明確にそうです。いまから言ってもしょうがないと。だからそうしたら、そういう独立行政法人化の中で、どうしたら埼玉大学としてうまくやっていけるかということしか考えてないというのは事実だと思います。いまの学長も副学長も学部長も評議会も。ただ、まだ非常に深刻な立場で反対なさっている人は一部の学部にいらっしゃる。それは教授会としての決議をあげたりしているぐらいだから、そうなんですけれども、他の学部で決議をあげたりはしていない。

国立大学全般として、世間の目から見て、さしたる改革を自らやってこなかったではないかと、それは事実だと思います。それぞれの大学でいろんな将来計画案ができて、概算要求をし、それが文部省に認められて実現したものはたくさんありますけれども、それがすべて大学が世間の目を意識して、そして計画を立て、概算要求を立てたのではないということは、そのとおりだし、たまたま、いわゆるその時点の社会的なニーズに合ったものと、大学が立てた計画が符合した時にその拡大が認められていった。

例えば私自身の理学部のもともと四学科あった中に、私が所属する生体制御学科というのが一九七七（昭和五十二）年に新しくできた。一番最後にできた学科ですけれども、うちだけが後に講座増が認められたとか、それから大講座制に移行した時、既存の四学科はそれぞれ二大講座しか認められなかったのに、うちだけが三大講座が認められたとか、そういう例を見ても、それぞれが何か工夫創意することによってプラスになったという点はあるけれども、大学全体としてよくなる方向への議論が実際にどの大学の中でもあったかというのは、それは疑問だと思います。それぞれタテワリの中で競合するなかで、比較的いいものが拾われるという構造の中でしか大学自身の改革は進んでいなかった。

ただし、この独立法人化の問題が出る前か

ら、自己点検評価というのが言われはじめた時に、大学レヴェルでも学部レヴェルでも自己点検評価というのをはじめたのは、埼玉大学も一番最初のうちの一つの大学です。それから外部評価というのを導入したのも、一番ではないですけれども、うんと早い方です。

Photo by Yamamoto Momoko

自己評価をはじめた年は一番ですし、それからいわゆる学生アンケート、学生による授業評価とか、そういったものをふくめてのアンケートをはじめたのは、学部によって多少違いますが、理学部は一番最初でした。

それから塩沢先生がおっしゃった、いわゆる大学基準協会による評価も、埼玉大学はすでに受けています。ちゃんと学部ごとに評価をいただいています。学科ごとにもいただいています。で、どこにどういう問題があるということももらった上で、それをもとにいろいろ検討が進められているという状態にはなっています。ただし、大学基準協会は必ずしも一〇〇パーセント外部とは言えません。なぜかというと、そこに加盟している各大学がお金を払っているわけですから、だから半ば身内、半ば外部という存在です。

それからもう一つ、学生部がもとになって、例えば、いまおっしゃった、予備校と受験雑誌が中心のものですけれども、それに新聞社が加わって、最初は入試からはじまった。入試のやり方とか、それから入試の結果を公表する、しないとか、入試に関する情報公開、そういうことからはじまったんですけれども、いまはその入試の時の配点基準とか、最後の判定基準とか、それだけでなくて、それぞれの学部・学科での、いわゆる学生にしかいままで配ってなかった、講義の日ごとの予定表、何曜日の何回目にこういう講義をしているという、そういうシラバスまで一応、公表しろというのには、うちの大学もすでに応じています。だからそういう外部、全部かどうかは知りませんけれども、それにすでにのりはじめているというのは事実です。

そういうことがまた逆に、入試に戻りますと、そういう予備校と受験雑誌と新聞などが協力した結果いい評価が出ると、それは確かにうちの学科でもすでに出ていますように、センター試験等で成績のいい子がどんどん受けてくるようになる。それで悪い評価をもらうとたちまち下がっていくという、そういう現象もすでに起こっています。

まったく個々にそういう改善が行われなかったとか、あるいは評価も求めなかったということも、国立大学全体の中では多々あるでしょうし、積極的にそれを受けたかということもふくめて大半がそうだと思います。うちでも積極的にそれを本当に受けだしたかというのは、必ずしもそうではないと思います。やはり要求があって、それをやった方がいいだろうというので渋々やる方が多かったし、それから当初はこういうことをやることに対する教官からの負担増の苦情、こんなことをやっているひまがあったら研究をやりたいという率直な意見も多かったし、学生にアンケートを求めているあいだに授業は何分でもできるという意見もあった。授業時間が減ってしまうと。回答をそこで求めないと出してくれない率が高くなるので、授業時間中に書かせて出させるということをやったものだから、そうだったのですけれども、いろんな反対もあったのですが、とにかくやってきました。

ただし、おっしゃったように、国立大学自身が全体としては、いわゆる自己点検・自己評価、あるいは自らによる改善が足りなかったのに、しかしすでに既得権として得たものは守りたい、そういう立場からの反発があるというのも事実です。そういうところが批判されるということは当然あるでしょう。またそういうところがあるものだから、そういう問題はあることを認識しながらでは、やはり一枚岩では反対できないというところもある。もっともそれより大きいのは、どうしても利害関係があって、大きい大学と小さい大学があって、埼玉大学はちょうど中間ぐらいなものだから、たぶんむずかしい立場にあるのだろうと思うのですけれども、地方大学ほどそういう反対の意向というか、危惧の意向が強いというのには、おっしゃったように、やはり外から見れば、既得権を守ろうと言っているにすぎないということになるかもしれません。

ただ、それぞれ地方によって、地方自治体と、あるいは地方の社会からのいろんな要望を受けておられる大学が多いことも事実です。そういうのをすでに発表されている大学もあります。だからそれぞれの都道府県によって事情も違うと思うし、大学によっても事情は違うと思います。一昨日（十二月二十三日）でしたか、山形大学を出られた方が『朝日新聞』の「論壇」に投稿されておられましたけれども、そういう地方との関わりあいにおいては、その大学の存続を、という要望を受けている大学もあろうし、たぶんどこもそうなんだろうと思いますけれども、具体的にはああいう投稿をなさる人も出てきているということもあります。しかし実際には、おっしゃったように、本当に大学自身が十分な自己評価をし、自己改善をし、その上で独立行政法人化に反対したかと言われると、必ずしもそうではない。それはそのとおりです。

桑田　ありがとうございました。いずれにしましても、国立大学はわが国の大学システム全体の中できわめて大きな位置を占める存在だったわけで、それが独立行政法人化されることで、わが国の大学システムが大きな転換期を迎えることはまちがいない。今後もこれについてはしっかり見ていきたいと思います。論点はかなりはっきりしたはずです。

三　公立大学の自治の行方

地域社会への貢献

桑田　恐縮ですが、時間の関係で先へ進ませていただきます。塩沢先生からは、さきほど新大学院構想についてご報告いただきました。三番目に設定した大学院問題のところで議論すべきことかもしれませんが、もっぱら大阪市立大学という公立大学でその試みが行われるという点から、ここで論じておきたいと思います。とくに社会人、市民を相手にするというお話がございました。質問させていただきたいのですが、この「市民」というのは、もちろんBürgerとかcitoyenというニュアンスもあるのでしょうが、大阪市立大学ですから、まずは大阪市住民という意味での市民を考えてよろしいのか。つまり今度の新大学院構想は、大阪市立大学の公立大学としての地域性を反映したものなのか。というのは、さきほどあげられた専攻には、例えば都市政策というものもございまして、構想のベースに「地域性」が感じられます。そのへんのところから、とくに新大学院構想とからめて公立大学のお話をうかがえたらと思うのですが、いかがでしょうか。

塩沢　この新しい大学院は、市の方からこういうものをつくりなさいと言われたものではありません。大阪市立大学には四つの学部に二部があります。教員は併任で昼間と夜とやっている。そういうものをどうしようかという議論と、教養部の改組がからんではじまった議論です。そこに経済研究所と学術情報総合センターの教員が参加することになり、従来にない規模のものになりました。

　もちろん大阪市立大学は大阪市が立てている大学ですので、大阪市民とはいいませんけれども、大阪ないしは関西経済とその社会に十分貢献できるものにしたい、そういう強い希望はもっています。とくにこの新しい大学院は大阪梅田という、東京でいえば東京駅か新宿のようなところに出るものですから、第一線で働いている社会人に来てもらう大学にしたいと考えています。さきほども言いましたけれども、社会人も来るのではなくて、その人たちを中心にしてやりたい。それに十分応えられる大学院大学にしなければいけない。これが主軸です。

　さきほど言われた大阪市民かどうかということについてですが、大阪市立大学の設置の当時から大阪市はこういうことをいっている。市立大学は大阪の市民だけを養成するのではなくて、将来、大阪なり日本なり、世界でもいいですけれども、そこで活躍してくれる有為の人材を養成してほしい。それはめぐりめぐって、大阪や関西の経済や文化の活性化に貢献してくれることになる。それで市民だからといって授業料が安いということはなくて、唯一違うのは入学金が半分になるということだけです。

　公立大学一般ということでなにか言うのは大変むずかしい。公立大学は設置者ごとに管理の様式がちがう。もちろん市とか県の一部局になっているんですけれども、そのあり方がだいぶ違います。大阪市立大学の場合は、各局と同等の扱いです。大学の事務局長は市役所の局長と同格です。学長はそれより上ということになれば、助役と同格ということでしょうか。しかし、大阪府立大学の場合には一つの課の下にぶら下がっている。そういう細かい差によって交渉上の違いとか、いろいろあるらしい。大阪市立大学はその意味では非常に幸運で、大きな自治権をもっていた。予算なども、一応大学が出して、財政局と直接交渉できるという恰好になっている。しかし、これは大学ごとにいろいろ違います。

いまたくさん公立大学ができましたから、それぞれ課題をもっていると思うのですけれども、私がいま心配しているのは、次のことです。公立大学、とくに県立大学の新設がどんどん進んで、いまでは国立大学とほぼ似たような数の公立大学があります。新しいものは新しい構想によってできますから、それなりに機能すると思いますけれども、十年、二十年たった時に、だんだん社会が変わります。社会の要求が変わった時に大学として自らを変えられるか。なかなか難しい。国立大学の場合には、さきほど言いました、文部省のアメとムチで、ムチがかなり効くと思うんですけれども、大部分の公立大学にはそういうことを考える設置者側の役人もいない。そうすると自分たちで考えて、しかしかなり自分たちの仲間に、ある意味で血をみるようなこともしなければならない。そうでなければ大学は変われない。これが公立大学の一番の問題だろうと思います。

大学の意思決定の改革

桑田　二つお聞きします。一つは地域に根ざした大学、つまり大学のローカリティということです。大阪市大の場合、とくに今回の新大学院構想において、それが顕著に現れているように思えます。それはさきほど、他の方のお話にもありましたような、今後自らの大学の特化ないし特徴ある発展を考える時に、大阪市大の場合は、この地域に根ざした大学院が自らの一つの大きな特徴になっていく、という認識をお持ちなんですね。

塩沢　認識というよりも、むしろそうあらねばならないし、この新しい大学院を基点として既存の学部と大学院も変わってもらわなければならない。このように学長は言っています。

桑田　面白いですね。さきほどお話にあったように、大学院構想が大学の運営の仕方をまず変えるところからはじまっている。例えば「学長補佐」をつくるところからはじまるというのは、この新大学院構想の射程の広さ・深さを感じますね。

塩沢　その点はちょっと説明不足のようです。補佐制度はこれから導入するものです。新大学院は学長の意向を受けて前副学長がまとめられたものです。その意味では従来の制度のもとに実現したものですが、副学長の「断行」といっていい、強い意志がなければ不可能だったものです。じつはこの新大学院の議論はもう十数年続いているものなので、むしろなぜこんなに遅れてしまっているかということの方が問題なのです。ただ、それが二〇〇〇年に急展開したのは学長補佐を作るという話と軌を一にしたところがあります。大学の意思決定をきちんとやらないかぎりは、なかなかこういう大学院も新しい構想として進めないというのが現状だろうと思います。

桑田　もう一つは、同じ地域に、市立大学や県立大学など複数の公立大学が存在する場合、新しい大学の再編の動きのなかで統合が問題になっているケースもあるということを耳にしたのですが、例えば大阪の場合は、市大と府大がなんらかの形で連携を強めていくとか、あるいは統合とか、そういうことは日程にあがってないのでしょうか。

塩沢　大阪府立の大学は現在三つあります。大阪府立大学と女子大学と看護大学。その統合はやらざるをえないのではないでしょうか。大阪府の財政状況からいって、できることはなんでもやらなければならない。それに府立大学の場合、まだ規模の利益が働きます。それに対し、大阪市立大学はすでに文理四学部ずつ、計八学部もある大きな大学です。これは東京ではあまり知られていないでしょうが、大阪市立大学は公立の中では一番大きい大学なのです。この上に府立大学と合併したら身動きがとれなくなるでしょう。もう一つは、大阪市の方に自分のところは旧制の時代から大学をつくったんだという自負がありますので、すんなり統合で進めようということにはなかなかならない。ですから当面は府立大学、市立大学はそれぞれの特徴を生かした形で相互に競合していくということになるだろうと思います。

四　私立大学の実験

法政大学の新学部設置

桑田　ありがとうございました。それではもう少し先へ進ませていただきます。多くの私立大学は、定員割れという深刻な問題が目の前にひかえています。さきほど飯田先生からも勝俣先生からも、いろいろ新しい試みが紹介されました。例えば法政大学の場合、すでに新学部を四つ設置された。さらに「生涯学習学部」と呼ばれるものを新設される。すごいですね。東洋大学あたりもかなり新学部・学科を設置しているようですが……。実際、定員確保という点ではかなりの効果が出ているというお話でしたが、学部新設に関して問題はないものでしょうか。

飯田　いや、それは、じつはこれはやはりいろんな絡みがございまして、ごたぶんにもれずというか、さきほど駒澤大学のお話にもありましたように、教養教育をどうするかという、法政大学はまだ来年まで教養部が、しかも第一教養部、第二教養部と二つ残っています。

市川　それぞれ一部、二部の教養部なのですか。

飯田　ええ。それを吸収する母体をつくるという意味があって、じつは市ケ谷地区に国際文化学部と人間環境学部という二つをつくりました。国際文化学部の方が第一教養部のスタッフを中心につくって、それから人間環境学部の方は昼夜開講の学部としてつくりましたので、第二教養部を中心にというのが実情です。それにくっつく形で、というと変ですけれども、じつは法政は三キャンパスありまして、市ケ谷に従来は法学部、文学部、経営学部の三学部、それから多摩に経済学部と社会学部、それから東小金井に工学部がありますが、多摩キャンパス、小金井キャンパスにも一つずつつくるというので、多摩の方に現代福祉学部、それから小金井の工学部とくっつく形で情報科学部です。この情報科学部は理工系、文系と両方ありうるのですけれども、これは理工系の方の情報科学部ということで、一気に四つつくりました。しかし、さきほどお話ししましたように、経営学部が有沢広巳学部長のもとでできたのがもう五十年近く前で、大内兵衛総長時代です。それ以来、全然動かなかったのをやっと動かすことができたということです。しかも、十五年前に多摩キャンパスが出来たとき、経済学部と社会学部がそちらに移転すると同時に、新設学部をそちらに一つ作ろうとしたのですが、学内の反対があってつぶれてしまったということがありました。初めは「文化科学部」、それから「国際情報学部」というような試みで、文部省に申請して、最後の段階で取り下げるということを繰り返したんです。

意思決定システムの改革

今度の四学部新設に当って、一つ大きいのは、さきほどちょっと出ました、大学の意思決定機構の問題があります。従来は、法政は良くも悪しくも民主主義でして、各学部は完全に平等で、そしていろんなお金の配分なども全部同じにやる。そして学部を越えた問題に関していっしょに動くということが非常にむずかしい。ましてや新しい学部をつくるということはむずかしかった。そういう中でいろんな経緯があるのですが、新学部をつくるための教学改革本部というものをつくりまして、これは一応、各学部代表みたいな形で加わる。それも執行部クラスの、学部長クラスの人たちが集まるということを中心に表の委員会をつくると同時に、いわばウラ組織として教学改革本部補佐というのを三人設けまして、そして立ち上げる新学部が教養部の改組・転換という性格をもつものですから、そこから強力な人材に入ってもらって、実質はそこで動かすというか、いわば根回し的なことをそこで進める。そして決まったことを教学改革本部会議でという体制をとったのです。

しかしこれはじつは前史がありまして、それ以前に法政大学は、たぶんご承知と思いますが、大学紛争で学生が騒ぐ方でいうと、名うてのところで、それをずっと引きずっておりまして、学生部がそれに対応してやってきたのがもう機能しなくなっているような状況がありました。その学生部改革をどうするかと、学生対策というものについての根本的なやり方を変えるということをやろうとした際に、学生部長補佐という仕組をつくりまして、各学部から補佐というものを出してもらいながら、学生部長を助けてかなり強引に仕組を変えていったということがあります。その補佐というシステムが非常に有効であるということで、六、七年前に教学改革本部というものをつくって、補佐制度を入れました。

それからもう一つ、市ヶ谷地区再開発と称して、じつは最近、ちょっと目立つ形でボワソナードタワーというのを建てたりしたのですが、市ヶ谷地区を再開発して、ハード面でも変えていこうという、そちらの方も再開発本部というものをつくり、かつ補佐機関をつくってということで進めていきました。

それとの関連でもう一つ言いますと、いまの清成総長の前からずっと動きがあって清成さんになってから実現したものの一つに、総長室、大学によっては学長室という言い方をしていますけれども、総長直属機関として総長室を作る。要するに職員システムをラインにするだけでなくてスタッフ制も導入する。

かつ、総長室ないし学長室のところに教員が協力できるような体制をつくって、いろんなプロジェクトとか、そういうものをそこで議論して立ち上げていく。さきほど言いました、イクステンション・スクールとかをそこでやっていくということに意味があったのではないかと思います。そういう組織面での、従来の法政の民主主義からすると、けしからんと、うっかりすると総長独裁になりかねないようなことを同時にやりながらということで、いろんなことを同時にやってというか、いわばどさくさまぎれにやったようなところもあるのですが。とにかくそれで、総長室をもう少しちゃんとしなければいけないと。

それからそういう意味で、従来の例えば学務部とか、学生部とか、総務部とは別な形で、例えば最近はイクステンション・カレッジなどをやるために事業室をつくったり、それから研究面を重視して、法政は内部にかなりたくさん研究所をもっているものですから、伝統ある大原社会問題研究所とか、能楽研究所とか、沖縄文化研究所とか、そういうものを母体にしながら、むしろ大学を研究機関として、私立大学として可能なかぎりきっちりもっていくために、研究推進室というのをつくろうということで、学務部の職員と別に、これは割く形で何人かはりつけて、科研費のこととか、外部資金導入のことをいろいろ考えるとかしながら、そして各学部、研究所から委員を出して、研究推進委員会をつくって、やっていこうということで動き出していきます。ただ、こちらはなにせ回せる予算額がないものですから、どうやって外部資金を導入できるかということで、いまからいろいろやろうということでやっているところです。

そういう意味での組織づくりと連動させなければ改革は無理であろうと。それからとくにそういうスタッフ的機能とか、補佐という形での実務担当部門を充実させるということが重要だろうということですけれども、必ずしもこれは法政の学内の認識としても浸透してないところだと思うのですが、それがなければ実際動かなかったということです。

桑田 一言で言いますと、まさに意思決定システムの改革があったからこそ、次から次へといろいろな試みが行われるようになったということですね。

飯田 それと法政大学が一つ特殊なのは、私立大学ではめずらしくと言いますか、ある意味で立命館も似てるところがあるのですが、理事会というものが教学サイドの教授会、学部長系列と対立する構図ではなくてというか、いや、むしろ昔から対立してるのですが、それは完全に教授会、学部長会議系列の方がおさえるという形で、学内の教員出身理事の方が完全に常務担当理事を独占して校友理事をおさえこむということができるようになっていまして、その意味では教員サイドで、まさに自治でやっていけるという体制がありまず（校友会のあり方も、この十年来、評議員選挙の仕組を変える等の改革が進んで、ずいぶん変ってきました。私立大学にとっては卒業生の組織化とその協力ということが決定的に重要ですから。）。ただ、従来はその教員サイドの中でまた対立構図があったりしたのですが、このところだいぶ乗り越えられて、いっしょに動けるようになったということです。

五　知の変容と大学

知のコンビニ化の中の大学

桑田　ありがとうございました。ここまで、国立大学、公立大学、私立大学それぞれの問題について、各人の「現場」からお話をいただきました。問題はかなり出てきました。次に、予定では、各学部固有の問題、法学部、理学部、国際学部、経済学部としての問題がございます。これは時間の関係もございますので、第三の大学院の問題と合わせて議論したいと思います。さらに、さきほど塩沢先生の方から出た言い方で言いますと、「大学による知識の独占は終わった」。要するに大学の知のあり方の変容の問題も、大学院の問題とからめて論じていただければと思います。勝俣先生がさきほど私立大学における研究のあり方の問題を出されましたので、まず、もう少し展開していただいて、それをとっかかりに後半へ入っていきたいと思います。すでに社会人を相手にした新大学院構想は塩沢先生からお話がありましたし、また例えば生涯学習学部という飯田先生のお話、またさらには市川先生の方から、埼玉大学の新しい試みとして高校生に単位を取らせる試みなど、かなり多様なお話がありました。知のあり方といいましても、特定の頂点的な知ばかりではなくて、まさに社会的なあり方というような、広がりをもったお話をいただければと思います。では、勝俣先生、お願いいたします。

勝俣　ざっくばらんに話させていただきます。さきほどちょっとふれたんですけれども、私はやはりいまの職場に移って十二、三年になりますけれども、知のコンビニ化というのが、いまの大学および周辺に感じている印象です。それを少し私なりにコメントしたいと思います。

まず、十年ぐらいの変化はどうだったかということを宿題として少し考えてみたんですけれど、四つぐらい簡単にあげておきます。現場から私が見てて、どういう変化があったか。

一つは女子の比率が十年前よりも多くなってきた。これは偏差値でいくとそうなります。これを憂える声を耳にすることがありますが、私は非常に結構なことだと思っています。

それから二番目に、学部には経済の群、それから法律・政治を中心とした群、そして人文系の哲学とか宗教学・文学などの群、全部で三つありますが、例えば私の属しているのは経済の群ですけれども、とりわけ開発に興味をもつ学生が増えてきていることです。これは援助行為と密接な関係があって、一言でいうと、南の地域、いわゆる欧米よりも南、卑近な例をいうと東南アジア、それから中にはアフリカとか、いままで周辺化されてきた南の地域に強い関心をもっている。そしてその取り組みとして、なぜ開発を取るかと言うと、さきほど市民の話がありましたけれども、やはりボランタリーとか、ＮＧＯ活動を通じて、いわゆる自分も積極的に南の開発問題に関わりたいことを念頭において授業をとるという変化があります。

それから三番目は、よくレポートを書かせると、インターネット情報が増えています。すなわちいろんな知識が非常に簡単に手に入るようになったということがあります。ただ、それに関して、いつも学生に強調していることは、知識が入っても、飯田先生がおっしゃられましたけれども、それをどういうふうに組み立てて、それなりの形を与えていくかという作業は、当然、基本的な社会科学や人文科学の基礎をどれぐらいしっかりもっているかに依るという点です。やはりインターネットという、知の獲得手法で知が非常にコンビニ化してる時のあやうさというのを一つかかえているのではないかということです。

これは当然、教養部の解体の問題に関係していきますが、本当にこんなふうに解体を急いでよかったかどうかと、私は端で見ていて感じます。では専門科目を増やせばいいのかということですが、まさに知識をインターネットで簡単に得られるなかで専門化しても、分野によっては専門学校の方が、またはそれだけやっている学部の方が比較優位がある場合があります。中にはこうした動きを非常に単純化すると、これからはＩＴ革命と英会話を前面に出すカリキュラムをつくろうという動きがないでもないと思うのですけれども、そもそも大学のこうした一般教養型の国際学部という中で、どのように情報の獲得技術を位置づけるかというのは、かなり重要な問題だと思います。

最後に、四番目の十年間の変化といいますと、やはり学生の支出のニーズが増えたせいか、絶えずアルバイトをするようになった。ですから授業に割く時間とそれ以外の時間をかなり計画を立てて使い、あまりキャンパスで滞留しない。そうすると、やはり授業一つに対する準備とか、大学で昔あったタテカン時代のような、いわゆるのんびりキャンパス生活というのが、やはり消えつつある。

魅力あるカリキュラム——校外実習と地域研究——

こういうものをふまえて、学生が来たいようなカリキュラムないし学部のイメージアップをしないかぎり、学生は来ません。来なかった時は経営が悪化するという、この厳然たる事実は理想論ではけっしてすまないということがあると思います。一般的な傾向として、魅力がないのではなくて、学生が学問の面白さを発見するだけの能力がないとか、関心が低いという言い方があります。もう一つは魅力あるものを大学側が提示できないか、または実行しようとしても、いろんな決定システムの問題のなかでイニシアティヴがとりにくいということが挙げられます。すなわち、一般論で言っていますけれども、何も根本的対策を打ち出せないまま、小手先の、さきほどいったような、ＩＴ革命と英会話の重視という極論に近い例えですけれども、そういう技術的な論争で終わってしまうということを私は危惧します。

知の得方のなかで、知識をインターネットのみで得るということのあやうさを克服する方法として、私は二点だけあげておきたいのがあります。

一つは、私の学部が十年以上の経験をもっている、校外実習があります。ゼミの中にはいくつか、三週間以内ですけれども、とくに途上国を中心に、そこで社会科学ないしもっと広い地域研究のフィールド訓練をやる。それは知識というものが、必ずしも記号やヴァーチャルなものだけではなくて、行ってぶつかって、感じることによっても得られるということです。身近な例でいえば、コミュニケーションの問題、とくに南の国へ行けば身の回りの病気との戦い、それから水をどうやって健康に飲むかとか、身体を使ってどうしてもぶつからなければいけない。そういう非常にささやかなことですけれども、身体を巻き込む校外実習をしています。そのために入りたいという学生もいるぐらいになって、これは従来、座ってカチカチと指を動かしているだけの知識の獲得とは違うだろうと思います。

もう一つはそれに関連して、地域研究というものを、従来、欧米研究中心だし、日本も当然、その中の地域研究に入るべきだと思いますが、とりわけアジアないしその他の南の地域を国際学部の一つの柱として重視していることです。これはどういうメリットがあるかというと、ディシプリンだけでなく、複眼的に見る、そういう訓練として非常にいい。教える方の教員も、地域研究というのはなんらかのディシプリンから出発しているはずですけれども、その中でよその領域ものぞきながら、教員にとっても地域研究をいっしょにやる。例えば経済系の教員と人文系の教員がある同じ地域を学生に教える。それでカリキュラム上の協力もある。とくにグローバル化の核の一つとしてＩＴ革命による社会現象のヴァーチャル化がありますが、決してヴァーチャル化できない生身の人間が暮らす地域からの定点観測というのがともすると忘れられてしまう。その意味での地域研究の重視というのも、一つのカリキュラムの私としては魅力の一つかなと思っています。

研究体制の充実と社会貢献のあり方

さきほど、研究体制はどうなるかと言ったのですけれども、私どもは中規模の大学ですけれども、全学レヴェルのいくつかの研究所があって、その中に国際平和研究所というのがあります。たまたまいま私はそこの責任者をやっているんですけれども、その時に学部でいわゆる自己完結して、その合体としての大学があるのみという考えをしてしまうと、いわゆる全学に属する研究所はおまけになってしまうという危機感がつねにあります。私はそこのもつ研究機能、また社会に対する貢献が重要と思っています。研究活動をしっかりとやっていくことが広い意味での授業の改善につながります。実際、これから二十一世紀にいろんな大きな課題、とくにわれわれの平和研究というのは、冷戦後の社会でどうやって戦争や地球環境破壊や人権侵害のない時代をつくっていくかという問題を主要課題としています。これらのテーマを各学部を越えて、研究者として外部資金の導入もしながらやっていく必要がある。これは私大がいま、どうやってお客を集めるかという、経営論的のみの生き残り策をやってしまうともう見えなくなってしまうのですけれども、最終的には教員自身の研究の地盤を自分たちでいっしょに削りかねません。今後、全学の研究所のリサーチ機能をどういう形で拡充していくかというのは、私自身、いま研究所にいて感じてるところです。

桑田　いま学部生の変化と研究所のお話をうかがいましたが、社会人と、研究所以外の大学院の問題は、どうでしょう。

勝俣　大学院に関しては、これは飯田先生がご指摘になったように、負担の問題は非常に大きいと思います。まず学部の中で学部生が圧倒的に人数として多い。その人たちを引きつけていくためには、大学院まで手が回らないという部分もあって、一学部・一大学院で運営していく中だと、教員が最低のコマ数を満たして、プラスアルファとして大学院の教育をするというのはかなりきついと思います。そのへんをどう考えていくかというのが一つあると思います。

もう一つは、いま私立大学の場合、実質的には三年しか機能してないと思います。ひどい場合は、もう三年後半ぐらいから就職活動というもので、いわゆるカリキュラムをしっかりと消化できないことがしばしばあると思います。これは各論ではなくて、総論だと言われてしまうかもしれませんが、もっと学部教育期間を長くして、大学院では専門性を強調し、学部レヴェルではもう少し基礎的な教育をゆったりやるというのはできないのだろうかと。そういう基礎教育が、いま違った形でマーケット・オリエンティドになりすぎているのではないかと。資格をもつため、例えば修士を一年ではというけれども、私はむしろそういう資格だけで本当に労働市場の中で大学は生き残れるかという不安が残ります。その意味では憲法の二十三条の学問の自由というのはもともと国家の介入を意識したものだと思うのですけれども、あまりに早く、効率のいい、労働市場の現象に適応した実務型コースのみを優先しすぎてもいけない。すなわち外からの市場化圧力みたいなものに対しても、大学はある程度距離をおいて、最終的には社会に貢献する存在でありつづけなければいけないと思います。

桑田　国際平和研究所が社会へ貢献する場合、具体的には例えばどういうような形になりますか。

勝俣　これは二十世紀をどう見るかという研究のアングルによるのですけれども、個人的には二十世紀というのは大戦という大量殺人と経済成長による大量消費と自然破壊の時代だったと思います。そうすると、二十一世紀の平和学というのはどういう形で人を殺さないで、なおかつ地球環境の中で共存できるかを考え、提言する、その二点につきるのではないかと思っています。それは具体的にはまず学生に平和学という面白さを学内的に還元しないと、学内でサポートが得られないと思います。研究所自身はカリキュラム権はもちません。各学部の学科主任が全部にぎっていますから、コンセンサスもむずかしいですけれども、一応、所員を中心に各学部の所属でありながら、平和学コースというのをなるべく設ける。すでにあるものもあります。

それからもう一つは、例えば東アジアにおける非核化、地球環境、アフリカの広域武力紛争など時代の直面する大きな問題に対してプロジェクトを組んで、外部資金を導入しながら学内の教員と外の研究者や平和運動家と、研究、シンポジウム、提言書の発表という形で、メッセージを日本の内外に出す。これは広い意味では、自分たちの学校の地球的課題に対するスタンスを明示できるという点でもアピール効果があるという形で考えています。

桑田　どうもありがとうございました。

学外の実習、学内の実践

飯田　いまのお話に関連して、さきほど、新しく四学部をつくって、とくに市ヶ谷でつくった国際文化学部、人間環境学部には何十倍の志願者という感じできてるのですが、これはじつは目玉の売り物みたいなのを入れたんです。一つは、国際文化学部の方にスタディ・アブロード制をやりまして、半年間、学生全員を必ずどこかの大学に派遣する。ヨーロッパ、アメリカ、オーストラリア、中国、韓国という形でやっていまして、それから人間環境学部の方はフィールド・スタディーズと称して、必ず地域に出かけて行って、教員が指導して、なんらかの成果を得る。そういうのを打ち出したことが、かなり成功した要因だと思うのですが、それはまさにさきほど勝俣先生が言われたようなことです。

それからあと、われわれ法学部の政治学科の方でも、だいぶ前からインターンシップ制というのをやっておりまして、それが単位になります。つまり自治体とか、いろんなボランティア活動とか、NPOみたいな活動をやっているところに夏休みとかを使って出かけて行って、レポートをちゃんと書いてくれば単位をやる。それをやるとやはり学生が変わりますね。そういう類いのいろんな工夫の余地があるのではないかと。それこそヴァーチャル・カレッジになってしまって、コンピューターの前に座っているだけではなくて、外に出かけて行くということが意味をもつと思います。

勝俣　それに付随してよろしいですか。学部の選択にあたり、学生というのは学界誌でこまめに発信している教師がいるかどうかではなくて、口こみとか高校の先生があそこが面白いよといって来る場合があります。その時に環境問題一つをとっても、あそこの大学では学内における環境問題を重視している、エコ・キャンパスが実践されているという基準で私たちの学部を選ぶような動きが出ている。学生はこれから行く大学をどういうふうに見るかというと、学校で習ったことは学内で実践するのは当たり前だろうと。ですから教えていることと教育内容または学校が運営されていることとのギャップがあまりにも大きいと、足元がおかしいという疑問を残します。

その意味では、大学のアメニティはいままでは技術的な問題で、カリキュラムから外して考えていました。つまり大学選びはたとえば外で発信した先生が大勢いるのがいい大学だというだけで判断しない。この点を考えさせてくれる一つのいい例に消費生活協同組合問題があると思います。いま大学生協は非常に落ち目になっていて、私の大学にも二つキャンパスがあって、白金校と横浜校と二つのキャンパスがありますが、白金は学食に外部の業者が入るとのことです。しかし、私もこの大学に来て驚いたのは、協同組合というのはかなり戦前からいろんな形で活躍してきた。儲け主義からは一線を画してという、そういう理念がありました。いまは大学のアメニティが全般的流れとしてファーストフード化する中で、大学のキャンパスのアイデンティティの一つがなくなってしまった。一方で大学の授業の中では非暴力とか協同組合の相互扶助の価値を教えながら、大学内に市場原理をすんなりと導入してしまう。教師としては理念を教えながら、足元はどんどんマーケット化していく。それをどういうふうに考え、教えていくのか。それを私は知の獲得と実践にかかわるアメニティ問題として考えています。

桑田　他の方はどうでしょうか。

社会人大学における知の創造

塩沢　私立大学の問題から学部の問題に移ってきたいままでの話の中で、一番底流にあるのはやはり少子化の影響ですね。それが一部の大学の定員割れという形で響かざるをえない。これは私に言わせれば、大学側の対応があまりにも遅すぎたのです。同じことはアメリカで六〇年代、七〇年代に起こりました。それは大変だと言われたのですけれども、結果としては学生数は減らなかった。なぜかといいますと、社会人学生の数が非常に増えたからです。社会人学生だけを受け入れる大学が出てきました。ニューヨークのペイス大学とか、サンフランシスコのゴールデンゲート大学とか。これは経営学者のドラッカーが、二十世紀の後半における偉大な革新の一つであるとあげているぐらいの革新だった。これに対し、日本の大学の大部分は、社会人も入れようかという形でしか対応してこなかったと思います。もちろん社会人専門というのをつくるには、その大学の意思決定の問題とかいろいろあるでしょうけれども、先生方自身がそういうことを望まないという問題があったと思います。しかし、私はさきほども言いましたけれども、十八歳人口だけを相手に考えていて、大学というものはどうなるだろうか。簡単にいえば、大学の高校化が進むだけではないかということです。それはなんとか逃げようと思っても、なかなかこの大きな流れはむずかしいのではないかと思います。

しかし、もちろん大学は高等学校または専門学校と同じであってはならない。十八歳人口に知の伝達をやらなければいけないと思いますけれども、知の創造というものを大学の方がどう組みこむか。これが大学と他の教育機関とのちがいですね。大学院大学化、または重点化は大学が知の創造センターでありつづけるための一つの対応でしょう。しかし、それは現実には若い学生を手足として使って、先生方が研究を進めようというものになっている。国立大学の大学院大学化というのは、だいたいそういう方向だと思います。しかし社会科学についていえば、そういうものがいい成果を生み出すかどうか。たぶんあまりうまくいかないだろうと私は思います。従来型の欧米からの輸入学問ならば、それでいけるとは思いますけれども、日本は先端に立ってしまっています。そうした時に新しい課題を自分たちで生み出し、それを解くという中からしか世界に貢献できないはずですけれども、そういう仕組みができてないのではないでしょうか。私は、社会人大学向けの大学というものは、新しい学問的挑戦だと思います。そこにやってくる学生さんたちが現実の課題をもってる。それに応えられなければ大学はもうばかにされてしまいます。そういうことは現にいっぱい起こっています。社会人大学を開いているところはいっぱいありますけれども、きちんとした教育ができてないのではないか。社会人も入るという恰好では絶対にそうなります。

その意味では、やはり大学がよほど先を見越して自分たちのことを考えなければいけないのではないか。そういう気がします。大阪市立大学の都市をキー・ワードとした新大学院は、もちろん大阪や関西の問題に取り組むのですけれども、勝俣先生が言われた「開発」という問題を考えてみても、新しい取組みになると思います。経済発展というのは、中世でも近代でも、それからいまの途上国でも、みんな都市を中心にして起こっている。たまたま大阪はその都市機能の一部がうまく動いてないということで、関西の地盤沈下とかいろいろ言われている。どうしたら知的にも経済的にも創造的な都市ができるか。そういう課題に取り組む中で途上国の人たちも重要な知識が得られるのではないか。そういう形の学問創造の方法というものをぜひ考えてみたい。それを今度の大学院の課題にしているのです。

桑田 さきほど塩沢先生が、大学の知の中心としての役割が大きく変貌した、とおっしゃいました。

塩沢　社会における知の独占体ではなくなったということですね。

桑田　例えば企業その他の研究所が予算の面から見ても大学をしのぐようになっている、というお話だったと思います。また、さきほど勝俣先生のお話にあったように、学生はコンビニ化した断片的な知をいくらでも、われわれよりずっと早く手に入れて、わがものにしていく。その時に大学は、その知の組み立て方を教えるところ、つまりその断片化した知をどういうふうにつぎはぎして認識に仕立てあげていくかを教えるところになるように思えます。いま、塩沢先生のお話をうかがっていて、とくに社会人を受け入れる時、こうした大学観をベースにしてあらためて大学の知のあり方を考え直そうというご提案、と思えました。社会人大学院には、かなり高度な実践的知をもった方たちが集まってくるので、実践的知という点では社会人学生の方が教員よりもずっとものを知っていて、教えることはほとんどない。教員は理論的な知で対応するしかない。そこで実践的な知と理論的な知とのぶつかり合いが起こる。「知の創造」とおっしゃるのは、知というものは、本来、そういう場から生れるものであり、少なくとも今後、社会人大学院をそのような場にしていくべきだ、というご提案ではないかと私は理解したのですが、それでよろしいでしょうか。

塩沢　そのとおりです。

桑田　いずれにしても実際、知というものは、高みに立った教員から、低いところにいる学生や社会人へ伝達していく、ないしは教えを垂れていくようなものではなくなってきた。

飯田　それはもう一ついえば、ひところ流行った脱構築ですけれども、要するに学生に対してもいわば自分崩しをしないと組み立てられないんだよと、教える方も自分崩しをやらなければいかんと。それでなければ自分づくりにならない、そういう構造だと思います。それで例えば社会人で特殊なところで経験を積んだ人とぶつかる中で、教師の方は自分崩しの材料に使えるし、そういう火花が散る中で相手に教えることもできるという、そういう構図だろうと思います。

塩沢　いま十八歳人口だけを相手にしていると、大学の先生はたぶん知の先端には立てない。そういう環境では、先生方は甘やかされてしまう。

桑田　なるほど。市川先生、いかがでしょうか。

「何がわかってないか」を教える

市川　そうですね。ところが理系の立場で言うと、理系の先生は、いまの十八歳人口の若い子の方がインターネットを簡単に使えるし、すぐ馴れて、なんでもやってるから、彼らの方が知識をもっているということに脅威を感じてる先生がおられます（笑）。昔のように先生に頼るのではなくて、なんでも知っている。ところが理系の教育で一番大事なのは、こういうことはわかっている、こういうこともわかってるということよりも、まだ何がわかってないのか、ということを教えることの方がずっと重要です。ところが講義する側は旧態依然として、これだけわかってるという講義だけしていたら、学生はそんなことははじめから知ってるという態度で、聞く耳をもたない。だから講義室で私語が多いなんてばかな話になる。それを見せびらかすためにいろんな人のデータをもってきて、いろんなプリントをつくって、プリントのうちのグラフや表だけをＯＨＰで見せて、そこだけで説明すればいいけれども、説明までもそのプリントには入ってる。そうするとだれも聞かないし、だれも見ない。そういう講義が多くなっています。

ところが実際には、本当に何がわかってないのかということを知らせることが重要なのです。それはこういうITの時代になって、ますます、先生の知らない知識を若い学生が知っていく。そういう中で何がわかってないか教えないと、それは単なる知識の集まりだけで、学生も考えようとしないし、どちらかというと、こんなにわかった、こんなにわかったという、それに惑わされて、ますます幻想をいだくだけになってきて、論理的な思考もしなくなるし、知識の詰めこみで止まってしまう。だからぼくは理系の教育というのは、少なくとも若い学生に対する知の伝授としては、何がわかってないかを中心にすべきだということをいつも言っています。

そういう点でいうと、さきほど校外実習とか、フィールド・スタディとか出ましたけれども、うちの生体制御学科でやっている、埼玉大学の理学部で唯一、外へ出る科目が二つあります。一つは野外実習で、これは植物中心ですけれども、もちろん植物だけでなくて昆虫や鳥も入りますけれども、もう一つ臨海実習というのがあります。山と海でやる。これは必修ではなくて選択ですけれども、ほとんどの学生が来ます。それで実際、二晩、三晩、学生と先生がいっしょに泊まってやる。場合によっては必要に応じて地元の人にいろいろ聞いたり、漁師さんに聞いたり、そういうことをやりながらやるというのは、学生は本当にエキサイトするのです。卒業の時に一番何が思い出かと、先生に対する色紙などで寄せ書きを書かせると、野外実習が一番面白かったとか、そういうことを書くのです。だから結局、講義室内での知の伝達というような形でやっているものは、本当に観念的になってしまう。それと彼ら自身が情報機器から得るものも、実際には本人にとってはどんどん知識は得ることはできるけれども、無味乾燥になっていて、そういう人間的なつながりがあるものが、非常に彼らにとってエキサイティングになっているし、興味ももつことになってきていると、そういうことになっていると私も思います。

そういう点でももう一つ大事なのは、やはり本来は、旧制の時代からいわれていたことですけれども、大学における教育は、高校までの教育と違って、自然系の場合にとくにいわれたのですけれども、教える側の自分の研究に根ざした教育こそが大学の教育だとよく言われました。そういう点で、近年ますます大学における教育がそうではなくて、さきほど言ったように、こんなにわかってる、こんなにわかってるという知識の伝授に終わってしまっています。それをやはりもう一度考えなおす必要があります。

そのためにはやはり、さきほど科研費の問題も出ましたけれども、自然系では科研費を取ろうと思ったら、本当に独創性のあるアイディアをもち、そして優れたテーマで出せば、審査員は複数性だけれど、一次、二次の審査で認められれば通る。昔のように、学閥とその順番制のようなもので決まる時代でなくなってきているし、とくに審査が文部省から学術振興会に移ってからは、かなりそういうのを確保できて、自分自身のことになるけれども、独創的な、多きにはつかない研究をやってることも幸いして、今年までふくめて八年連続で科研費が取れています。それによって謝金を出して、学生たち、とくに一年生、二年生を雇うんです。そして実験室内で実験の補助をさせて、実際経験させる。そうすると学生たちもものすごく興味をもつ。一生懸命働いてくれるし、こっちも仕事ははかどるし、昔のような徒弟制度のもとでただ働きさせているのではないから、こっちも気が楽だし。それでうちの学科の先生方も喜んでくれるのは、一年、二年の時にぼくのところでそういうアルバイトをした学生たちの大学院への進学率が高いと。四年になって他の先生について他の実験材料を使うようになろうが、要するに、そういうふうにして自分でやってみて、自分でやったらどういうことがわかるのかということを経験させることは、理系の場合、非常に大事だと思います。

地域共同研究センターとサテライト校

さきほどから言っている、社会人の問題でも、うちの理工学研究科の博士後期課程では社会人特別選抜というのを一九八九(平成元)年にできた時からやっていて、例えば会社に勤めている人、あるいは公的な研究機関についている人についても、その会社の人から、その機関の人から、本人に大学院での研究に専念させるという誓約書をもらうことになっています。ただし、毎日毎日、現職のまま来るわけですから、こちらも可能なかぎり便宜を図って、例えば研究の様態によっては週のうち三日来ればいいとか、二日来ればいいとか、一日半でいいとか、いろんな配慮はしますけれども、とにかく専念させるという承諾をもらった上で、本人の不利益にならないような方策をとりながらやっています。

実際、民間の研究機関でおやりになったまま論文博士を申請する人のほかに、課程博士で学位を取りたいという人もいる。前者の場合は、研究所でやっただけで論文を出すけれども、後者の場合はそれではこちらが指導した形にならないから、だからついた先生のもとで、その先生のテーマに合った研究をする。つまり会社の研究所でやった研究が土台になっていても、それにまた新たに何かをつけ加えてやらないと、課程博士は出せないということを、博士後期課程全体の一つの基準として、一応、約束事で定めているのです。

そうでないと、もうこれはいいからという形で、わりかた簡単に博士号を出してしまう。そうすると、本当に社会人を受け入れた価値があるのかどうか。その人の個人の都合によって、学位さえ与えればいいのかという話になってしまうということで、そうしたのです。いまのところ、十何年たって、そういう制度がわりかた定着してきて、社会人の方も博士後期課程に入る時には、そういうつもりで入ってくださるようになっています。それでも中にはそうでない人も時々出るので、ちょっともめることはあります。そういうことから見ても、やはり社会人の場合、大学がそういう研究レヴェルもふくめて、本当の知の伝達というのは、教官側と社会人の研究者の方との間にどういう形でできるのか、実際に指導しないでできるわけはないので、そういうことだと思います。

それとその際に有効に生かしているのは、大学として「地域共同研究センター」というのを創設して、大学側の専任の教官が、埼玉県を中心に、地元の企業や公的機関、市町村などから募って、共同で研究して、そういうところから大学にいったん研究に要する費用を寄付していただいた形で、それで大学側もそれもプラスして出すという形でやっています。社会人の博士後期課程の学生の「地域センター」の利用もふくめて、できるだけうまく運用できるように、いまのところやっています。いずれにしても、こういう実際の、いま問題になっている知の伝達というのは、とくに大学院の課程でも大事だと思います。
それから大学院のレヴェルで社会人を対象にもう一つやっているのは、経済科学研究科で、ここは社会人の枠の方が、定員としてはいわゆる学部卒の枠よりも四倍から五倍も多いのです。一番最初にお話しした、「サテライト校」というのを二つ、東京駅と大宮のソニックシティにつくったのも、社会人の方が大学院生として圧倒的に多いからです。その時もやはり教官が、例えば少人数のゼミであろうと講義であろうと、本当に細かな研究指導、それと学生と頻繁に接触できなければ実際にはできないだろうということから、そういうシステムをとっています。いままで形の上では、この研究科がスタートした当時、サテライトがなかった時には、あまり来ておられないのに、文書なり、何回か、来られた時に課題を与えたり、これを読んでおけとか、そういうので指導は十分してるという形で、すませていた時があった。それがサテライトをつくってからは、単に修士課程の単位を取るための講義だけではなくて、その指導が非常によくできるようになったということを聞いています。

六 二十一世紀の大学像

賢い市民の育成

桑田 どうもありがとうございました。ようやく話が佳境に入ってきたという感じですが、時間が残り少なくなりましたので、このあたりでまとめたいと思います。やはり最後はどうしても、二十一世紀の大学像でしょう。二十一世紀に大学はどうなるかというよりも、どうなるべきか。「どうなるか」についてはだいたい各人共通のイメージができているはずですが、「どうなるべきか」は、各人各様の処方箋で、そう簡単に解答は与えられないかもしれませんが、「このような方向でやりたい」というお話をいただければと思います。まずは塩沢先生からお願いいたします。

塩沢 市川先生の話にちょっと補足すると、例えば経済学でいうと、実験はない、実習の場もない。本当の経済の現場というのは社会全体ですから、われわれは社会の中にはいるけれども、なかなかそれを見ることも簡単でない。それからもう一つの問題は、モチベーションもないということです。というのは、経済学部に学んで自分たちの得た知識が、少なくとも職業人としてどのように役立っているか、きわめて疑問なのです。それを本当に専門に生かせる人というのは、日本の中でいえばごく少数です。例えば官庁とか、エコノミスト、アナリストと言われている人たちで、他にはあまり役に立たない。一般教養程度には役に立つということがあるでしょうけれど。大学の先生になるという道もありますが、これは経済学を教えるという再生産のためだけです。それにもかかわらず、さきほど市川先生のお話にもありましたように、あらゆる大学に経済学部があるというのは、これは安上がりの教育だったからです。私立大学では少数の教員で多数の人を教えるのに一番よかったのです。

市川 大教室ね。

桑田 確かに効率はいいですね。

飯田 大量の知的労働者を提供する、そういう意味の大衆社会化が進む時の現象だったのでしょうね。

塩沢 もうひとつの要因として、企業の側もまちがって採用しつづけてくれたということがあります（笑）。法学部や商学部、経営学部を出た人と同等に扱ってくれた。これが経済学部があらゆるところにできあがった理由で、本当は日本で五、六校もあればいいのではないかという気はします。一つだけ、そういう実務面でどう生かすかということを除いて言えば、経済学部の卒業生というのは、大衆操作をされない社会を築いていくためには意外に重要なのではないか。これは政治学部とかと同じ機能で、社会の中に下手な経済政策、下手な財政政策をやったら、後にひどい目にあうんだよということを知ってる人が、やはり一〇パーセント、一五パーセントいなければいけない。そうでないと、ポピュリズムという言葉がありますけれども、大衆迎合的な政治家に踊らされて、後にひどい目に合うのです。ラテン・アメリカ諸国の二桁インフレの多くはそうしたものですね。今後の大学の中で、こういう機能をどうやって維持していくか。これは、なかなかむずかしいと思いますが、それこそ学問の自由を保障された大学の一つの役割ではないかと思っています。

桑田 経済学部のこれからの役割は、経済政策に批判的になれるような賢い市民の育成であるということでしょうか。

塩沢 そうですね、よき市民の教養として経済学は役に立つのではないか。「批判的」というと反対意見を出すことのように誤解されかねませんが、重要なのは正しい判断ができることですね。そういう人たちが社会に一定比率以上いないと正しい世論形成ができない。その意味では経済学教育は民主的な社会に必要なものです。大阪市立大学の経済学部の中の議論で、私は大学院を中心にした学部にするよりも、むしろ教養としての経済学部というものを考えた方がいいのではないかと提案したんですけれども、これは私以外にお一人賛成してくれただけ。圧倒的少数で却下されてしまいました（笑）。

桑田 どうもありがとうございました。飯田先生、いかがでしょうか。

多様な社会的ニーズに応えるアカデミズム

飯田 同じように、それこそ政治学なんていうのは、政治の実務的知識を教える、政治家を養成するのではないし、革命政治を教えるのでもないということで、ある意味で批判科学としての存在理由しかなかった。それが市民としての教養だといえばそうなんですが、最初に言いましたように、私は法政大学の歴史をやっていて、やはり百二十年のあいだに本当に変わっているのです。つまり最初は小さい塾みたいなものとして出発して、これは単純に当時、代言人といった弁護士を養成し、そうでなくても司法官とか、いまでいえば法務官ですけれども、刑務所の刑吏になっていくとか、あるいは警察官、そういう人間を育てた。それが日露戦争後ぐらいになってきて、日本も少々産業革命に成功してというか、そういうなかで面白いのは、地方の、例えば豪農の子弟などで、左内輪で小作料の上がりで旦那さんとしてというのが、一度東京を経験させてきた方が地元でも名望家として君臨できる、そういうのが送り込まれてきています。それで慶応大学とかもそうですけれども、面白いことに、いまでは考えられないのですが、戦前、法政は法政ボーイということばがありまして、地元から仕送りがたくさんあって、神楽坂に芸者を囲っていたりする学生がいたりしたというのです。

そういうところから、戦後がらっと変わりまして、さきほどからいっていますように大内兵衛総長時代に大拡張するのですが、そこでマス・プロ授業をやりながら、結局、当時、高度経済成長がどんどん進んでいく中で、知識のある労働者を提供する、そういうものに変わっていったのです。しかし高度成長が安定成長に変わるという中で、何か質的に変わった形で、それと同時に妙に文化とかそういうものを求めるような状況ができていく。だから一方では、確かにさきほどの、いわばよき市民をつくるためのものは提供できると思うのですが、他方でアメリカの、さっきの、大学が生き残っていったのが、確かに社会人相手であると同時に、いわゆる生涯学習、要するに主婦とかで、ちゃんと勉強できなかったのを長いことかけて、十年も二十年もかけて単位を積み重ねれば学位が授与されるという、そういうふうな形での、いわばカルチャー・スクール的な要素もかかえこむ。だからニーズの方も多様になっていく中で考えなおさなくてはいけないのだろうと思います。そういう中で、なおかつアカデミズムの場としての役割——人類の知的遺産としての学問をどう継承発展させながら後世に伝えていくかという役割——を果たすということが求められているけれども、そのための体制をどうつくったらいいか、非常にむずかしい気がします。

法政はここのところむちゃくちゃなことをやってきていて、それこそいろんなところがアメーバー的に勝手に動いてしまうというふうになっている。できれば、これをもう少し生かしながらやっていけないかなということを漠然と考えています。ただ、最近は、〝改革疲れ〟も大分たまっている感じですが、しかし〝自転車操業型改革〟とでもいうか、改革というペダルをこぐのをやめてしまうと、即バタンと倒れてしまうんじゃないかという危惧もあって、「永久運動」とか「永久革命」というのは実際にはありえないんですが、行けるところまで行くしかないんだろうと思っています。

桑田 ありがとうございました。

新たな総合的知の創造の場

勝俣 まず私のいる学部の位置づけです。リベラルアーツを重視したのは、戦後、学問の専門化による欠陥を除いて、知識の調和を保ち、総合的かつ自主的な判断力を養うという出発点だったと思うのですけれども、九〇年代初頭から多くの大学からその精神が薄れていく。しかし、私はいま、IT革命の中でますますそれが要求されているのではないかと思います。ただ従来の各領域を並べただけの一般教養型ではもう魅力がないというところが最大の問題ですが。地球的な課題とか、人類的課題が噴出している時に、ましていまの学部教育の専門性を強調するだけでいいのかということを、今日、批判的に述べてみました。そうした専門化による欠陥を除くというところから出発すると、一つは知の獲得の方法が非常に多様化している点に注目することができます。従来の教授法ではいけないし、市川先生がおっしゃったように、フィールド・ワークや私の学部の校外実習のような試みがおそらくこれから非常に重要な一つの学部アイデンティティとなるでしょう。大学院においては一年ぐらいフィールドに院生を出す。

第二に、知の創造について。いわゆる従来の人文、社会、自然の各分野別考察に安住していてはもうだめだろうと思います。やはり新しいパラダイムなりを、分野を越えてつくりだしていく知的努力というのが、教員側のリサーチ能力として要求されるだろう。その時にやはり一つの切り口は、私のところでは地域研究という、地域に生きる人の総体、自然や社会、制度などを含めて、複数の見方を踏まえてあるテーマを追ってみることです。

三つ目は、知の生産と社会の関係です。学部レヴェルで見ると、学生のなかにはNGOやNPOで活躍したり、または日中に行政ないし企業にいて、週末ないし夕方は、市民として自分の得た知識を市民活動で実践してみたいという層が少しずつ増えているようです。そういうものにどう学部が応えられるか、また大学院がその専門性の中で応えられるかという課題があります。一言で言うと、社会科学だけで見ると、そもそも自分たちがつくりたい社会はどんな社会なのか。批判科学の眼で目前の社会を突き放してみて、もう少し人間的でまともな社会を構想する。その通路を考える分析道具を教え、学び合う。その場としての学部ないし大学院というのは、とてつもない使命を担っているというのが、私の教育者ないし研究者としての確信です。

桑田　ありがとうございました。最後に市川先生、お願いいたします。

多きにつくことに批判的な大学

市川　最後にこの問題について、ぼく自身が理学部にいるという点から述べたいと思います。そもそも理学というのは、もともと自然界もしくは自然現象の法則性を見つける学問としてありました。したがって、つねにそれまでの定説とか、あるいは仮説といったものが正しいかどうかを検証する学問であったはずです。ところが理学部の分野でも、近年になればなるほど、とくに情報伝達が速くなればなるほど、昔のようにその学術雑誌を学会員として定期的に送られて来なければ、リプリントを送ってもらわないと、なかなかその論文の内容を知ることができなかった時代と違って、いまは簡単にどこからでもその情報を得る時代になってしまっている。

そういう中で、いま理学の分野でぼくが一番問題にしているのは、すごく大きな流行りみたいな、うねりみたいなものがあって、例えば全ゲノム解析なんていいだしたら、遺伝学の分野の中の何割という大きな部分がそっちへ動いてしまっている。そういう状況の中で、本来の理学としての研究が今後うまくいくのかどうか。そういう中では、下手したら二十世紀に起こったことと同じまちがいをまた犯してしまうのではないかということを感じるのです。

というのは、流行りとか、一つの誤った定説に基づいて二十世紀では、過去いろんなまちがいを起こしてきた。一九二八年にフロンというものが発見された時、地上で見つかった、もっとも安定で、もっとも変化しない化学物質としてもてはやされた。だからこそ、スプレー缶でそのまま環境に出す媒体として使われたし、それができたから冷媒として電気冷蔵庫、ガス冷蔵庫、クーラーというのができて、しかもそれはその機械の使命が終わったらそのまま環境に棄てられた。やがて半導体の洗浄に使われる、発泡スチロール、発泡ウレタンの発泡剤として使われる。それが安定な化学物質ほど安全だと、つまり化学

Photo by Yamamoto Momoko

反応しないから安全と考えられて、すべて環境に出されていた。それと同じような考えでつくられたのが、DDTであり、BHCであり、PCBで、みんな科学的安定だからと。ところがそれが環境に出されるとまったく変化しない、そのまま残留する。しかもそれらはすべて結局は、安定といいながらフロンは成層圏では紫外線によって分解されてしまうし、それから有機塩素化合物は生物の体内に入ると、そのもの自身は安定なのに遺伝子DNAに傷をつけてしまう。そういうことがずっと後でわかった。それと同じあやまちをひょっとしたらまた二十一世紀でやってしまうのではないか。

だから少なくとも理学の分野では、特許だけを追う工学の分野とか、他の分野と違って、いわゆる流行りとか、さきほど多きにつく方向にいきやすいと言ったけれども、多きにつくという学問の姿勢をあらためないかぎり、二十一世紀の大学もあぶないのではないか。だから二十一世紀の大学においては、多きにつくということに批判的な大学であってほしいと、そう思っています。

桑田　いよいよこれから議論が白熱していくように思えるのですが、私の不手際もございまして、すでに時間になってしまいました。「大学革命」というタイトルになるそうですが、どこまで革命の日程が見定められたのか、それはまだ心もとないですけれども、私としては大変興味深い議論を展開していただいたと思います。また機会がありましたら、ぜひこういう場を設けていただきたいという気持ちもございます。不十分な司会でしたけれども、ご協力いただいたことに感謝したいと思います。どうもありがとうございました。

（二〇〇〇年一一月二五日／於・藤原書店会議室）

Photo by Ichige Minoru

漂流する「大学改革」論議

【九〇年代に急浮上した「大学改革」問題の背景を探る】

古藤 晃（古藤事務所主宰・教育評論）

ことう・こう　一九四五年生。七一年より代々木ゼミナール講師。八八年より河合塾講師。英語を中心に百点を越える著書・訳書・監修書あり。教育ソフト開発を行う古藤事務所代表。(http://www.kotoh.co.jp)

1 はじめに

高等教育のあり方は、関係者以外ではあまり論じられることのない地味なテーマでした。しかし最近では、大学改革をめぐる論争が、にわかにマスコミ上で取り上げられてきています。それは、政治・経済をはじめとし、日本社会のほとんどあらゆる側面が「制度疲労」をおこしている中、大学もまた大きな曲がり角にさしかかっているためと言えます。

また、情報化と「グローバル化」が進むにつれ、知識・情報と人間の関係に大きな変化がもたらされてきており、知を創出する制度が変容を迫られ、その大半を担ってきた大学もまた、そうした変化に対応しなければならなくなってきているからでもあります。

本稿では、この問題をこれから考えてみたいと思っている方を念頭において、大学改革に関する諸問題の基礎的な構図を概説したいと思います。まず大学教育の歴史を簡単に振り返り、続いて現在の大学教育がかかえるいくつかの問題を概観します。続いて、現在さまざまな形で行われている「大学改革」について、煩瑣を厭わずにいろいろの論調を幅広く取り上げて紹介します。さらに、今もっとも大きな問題となっている国立大学の独立行政法人化問題に的を絞り、その論議の性格を分析し、最後に、日本における高等教育に関する論議の問題点を検証します。

2 日本における大学の歴史

日本で最初に開校された西洋式の大学は、一八七七年の東京大学です。東京大学は、当初は西洋文化の移入を主とする啓蒙主義的教育を行っていましたが、富国強兵の方針のもとたちまちのうちに国家主義的色彩を帯び、東京帝国大学と名を変え、「国家の須要に応じる学術技芸」の教育・研究の場としての位置づけを与えられました。次いで京都、東北など各地に同様の帝国大学が生まれます。当時すでに、慶應義塾、同志社、東京専門学校（早稲田）など私立の教育機関はいくつか存在していましたが、明治政府はこれらを大学とは認定しませんでした。

大正デモクラシーの影響もあり、一九一八年にようやく私立や公立の大学が認可され、大学の数は一気に増加します。しかし、日中戦争の開始とともに軍部が統制を強化し、国家権力への協力が強制され、戦争の激化にともない総動員体制のうちに大学が「空洞化」していく中、四五年の敗戦を迎えます。

戦後は、アメリカの勧告をもとに、アメリカの州立大学をモデルとした大学改革が進められ、戦前の特権的エリート養成機関から多数者の教育機関へ姿を変えました。同時に、専門教育偏重を改め、一般教育の拡充を行うようになりました。こうした方針に沿って、一九四七年に新学制が実施され、それまでの大学、専門学校、師範学校、高等学校などが再編統合され、新制大学として新たに発足しました。これを機に、大学数は急激に増大し、いっきに登場した地方の大学を皮肉る「駅弁大学」などという言葉が流行しました。特にベビーブーマーが十八歳に達した六六年には、大学数ならびに定員が急激に増加しました。

このころから、新制大学発足時より積み残されたさまざまな問題がいっせいに噴出します。特に、教授会自治による大学管理と、産学協同に象徴される大学の資本制への服従、繰り返される学費値上げ、マスプロ教育に見られる教育条件の劣悪化などに対する学生からの異議申し立ては、おりからのベトナム戦争反対運動と絡み合い、全国各地の大学において爆発的な力を持つに至りました。これらの運動や闘争は、大学がよって立つ近代合理主義に対する鋭い批判を含んでいましたが、新たな代替案の提示には至らず、七〇年代に入ると終息します。しかしながら、大学側が金科玉条のごとく標榜していた「学問の自由」「大学の自治」が空虚なお題目に過ぎないことが露呈されていったことも事実でした。

この機会をとらえ政府は「大学運営に関する臨時措置法」を成立させ、大学問題審議会を発足させます。その後八八年には、バブル経済に沸く中で、臨時教育審議会がおかれ、その提言により文部大臣の諮問機関として大学審議会が設けられ、九一年には大学設置基準の改訂が行われましたが、これは、戦後のGHQ改革に次ぐ第二の教育改革と位置づけられました。この改訂により、文部省による規制が弾力的に運用されるようになり、大学は独自性を発揮しやすくなりましたが、結果としては新制大学の柱のひとつであった一般教育が解体される結果になりました。

進学率が高まり大学が大衆化するとともに、個人の人生設計が多様化し細分化され「自分探し」「自己達成」が生き方の指針になる現代にあって、大学は新しいあり方を本格的に模索するようになりましたが、そうした動きのなか、二〇〇〇年五月に、国立大学を国の行政組織から分離し法人化する方針が正式に発表されたのです。

3　現在の状況
——大学が抱える諸問題

それでは、大学改革論議が高まりを見せた直接の要因として、どのような点をあげることができるのでしょうか。以下具体的に概観してみることにします。

(1)止まらない少子化の流れ

第一にあげなくてはならないのは、今ではだれもが知っているように、少子化の流れが大きなうねりとなって押しよせてきていることです。**図表1**が示す通り、年齢ごとの人口は世代が下がるにつれて少なくなっており、大学に進む十八歳人口は、二〇〇九～一〇年にかけ全大学の定員と等しくなるものと予測されています。

六〇年代には、一年間に生まれてくる子どもの数はおよそ二〇〇万人前後でしたが、近年では一二〇万人を下回るまでに減少しています。九九年の合計特殊出生率（一人の女性が一生に産む子どもの数）は、現状を維持するに足る二・〇八を大きく割り込む一・三八に過ぎず、十八歳人口の減少はこれからも続くことになります。

少子化という現象自体が社会にとりマイナス要因として作用するのかどうかは、必ずしも即断できません。「成熟した社会」にとってはプラスに機能することもあるでしょう。しかし、決められた定員を前提に運営されている大学という組織全体にとって、少子化の進行が重大な問題であることは当然です。すでに二〇〇〇年度には約三分の一の大学、そして約半数の短期大学では定員割れをおこしており、「願書を出せば合格できる大学」が多数を占めるようになるのも時間の問題となってきたのです。

(2)学力低下の懸念

日本経済新聞社が二〇〇〇年一一月に行った全国の四年生大学六五〇校の学長を対象とした調査結果によると、解答した約五〇〇大学の学長のうち、八八・一％が自大学の学生に「学力低下がみられる」と回答しています。具体的には「大学の授業に必要な基礎的知識の不足」と「大学の授業に必要な思考力、理解力、表現力の不足」が著しいと指摘されています。学力低下の原因としては、「高校での選択制が拡大して受験に必要な科目しか学ばなくなった」こと、「受験対策に偏りすぎ、意欲や関心に基づく学習が希薄になった」こと、「少子化で受験競争が激しくなくなり、学力が低くても入学できるようになった」こと、などがあげられています。[*1]

また、京都大学経済研究所の西村和雄教授と慶應義塾大学経済学部の戸瀬信之教授が理系学部の学生を対象に行った調査では、トップクラスの国立大学学生であっても、三人に一人は中学程度の小数計算ができないことが報告されています。こうした学力低下の原因としては、「入試の多様化で、数学などの基礎教科を学んでいない学生が理系学部に入ってくるようになった」こと、「ゆとり教育の名のもと、中学の数学の授業時間を減らした結果、授業の内容がより暗記中心になってしまった」ことなどがあげられています。こうした現象に直面して、各大学は数学の授業レベルを下げる、補習授業（リメディアル教育）を行うなどの対策を講じていますが、「個別の対応には限界を指摘する声も多い」のが実情で、調査にあたった西村教授は「教育制度の改革など、国レベルでの早急な対策を期待したい」

図表1　進む少子化と大学進学人口の推移

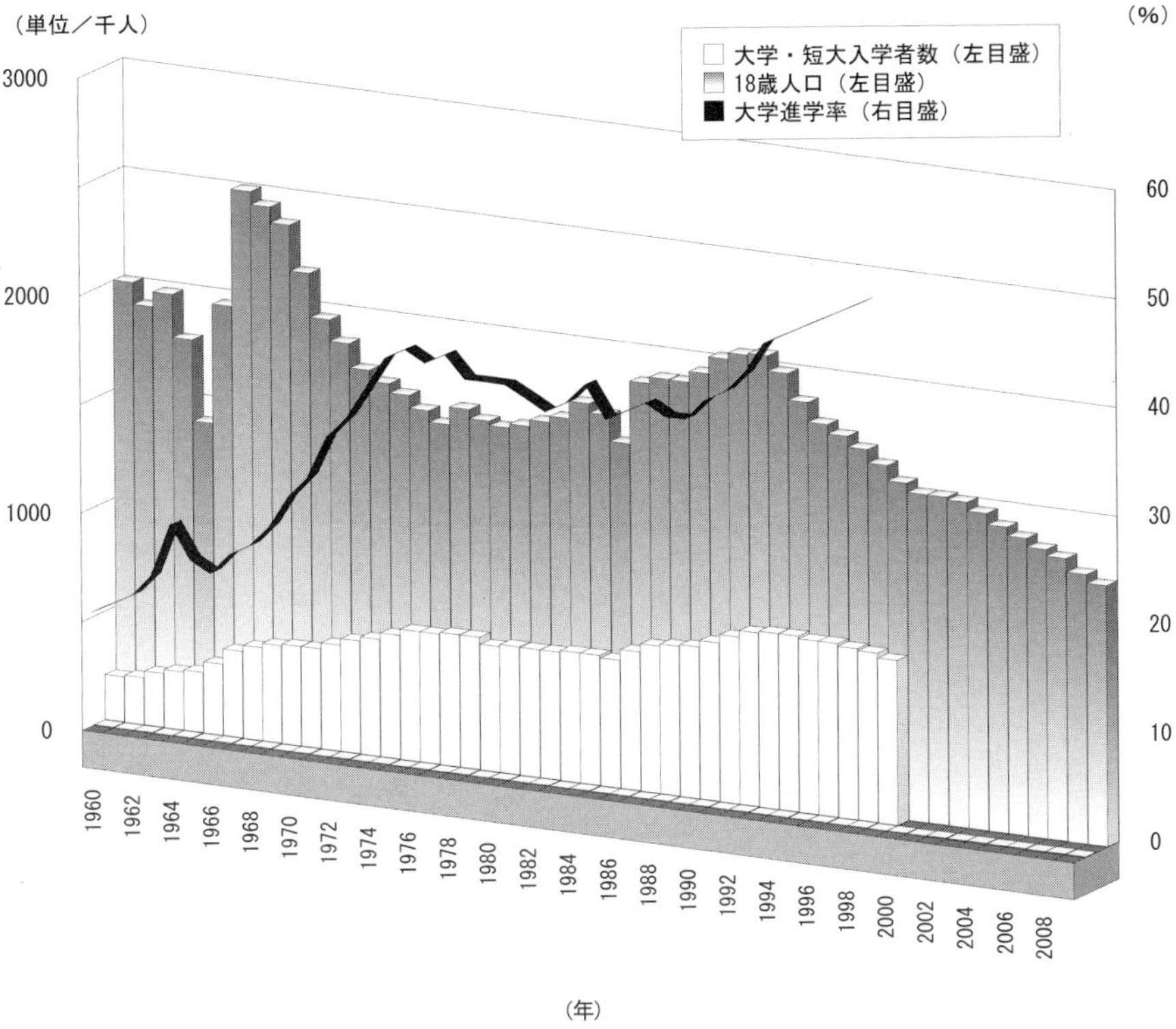

と述べています。[*2]

さらに、最難関学部として名高い東京大学医学部でも、近年学生の学習意欲と学力の低下が指摘され、それは国家試験の成績の低下傾向にも表れています。同学部ではこのような、学生が「野心あふれる学習者から並の努力と最小限の成功のみで満足する学生に変化し」学生と教官との間の距離が広がってしまう現象への対応策として、カリキュラム改革、教官の意識改革などの取り組みを積極的に進めています。[*3]

学力低下に対する懸念の声は、産業界からもよせられています。日本経済新聞社が有力企業に対して実施した「社長（頭取）百人アンケート」によれば、経営トップの半数が社員の能力低下に危機感を抱き、この傾向がこのまま続くと業務に支障が出ると考えていることが明らかになりました。[*4] 若手社員の能力低下の具体点として経営トップが指摘するのは、「問題発見・解決能力の不足」「常識・マナーの欠如」「コミュニケーション能力不足」などで、「決められた業務をこなすだけでなく、新しい発想を生み出す力を求めている」現在の企業は、将来に対する不安感を強めています。原因としては、「小中高（さらには大学）の教育内容」「家庭での親のしつけ」などがあげられ、社員教育を強化することで対策を立てる企業も増えています。

学力低下の原因が実際に何であるのか、軽々には論じられませんし、そもそも「学力」とはいかなるものなのかを明確に定義しなければなりません。しかし、ここでは仮に「大学課程の講義を理解するに必要な知識体系」と考えるなら、大学入試に「ＡＯ（アドミッション・オフィス）入試」「一芸入試」などのアラカルト方式が導入されて多様化が進み、その結果、受験科目が軽減されたことも大きく関係しているものと思われます。こうしたこともあり、国立大学協会は二〇〇〇年十一月に、国立大学受験者には原則としてセンター試験五教科七科目を課すことを決めています。入試科目を少なくすることで受験生を確保してきた従来の流れに逆行することになり、受験者数の減少を招きかねないにもかかわらずこのような決定を下すに至ったことに、国立大学の、とりわけ理系学部の、強い危機感が見てとれます。

＊1『日本経済新聞』二〇〇〇年一二月三〇日付。
＊2『日本経済新聞』二〇〇〇年八月一〇日付。
＊3『東京大学医学教育カリキュラムプロジェクト報告書』、および『第1回東京大学医学部医学教育ワークショップ報告書』東京大学医学教育国際協力研究センター、二〇〇〇年。
＊4『日本経済新聞』二〇〇〇年一月三〇日付。

(3)消えた一般教養

先に述べたように、一九九一年の大学設置基準大綱化にともない一般教育科目と教養部が解体されましたが、これについて文部省大学課長の合田隆史氏と国際基督教大学学長の絹川正吉氏は、異なる立場から興味深い指摘を行っています。

合田氏は、問題点を認めつつも、教養教育を再構築していかなければならない、という意識を大学人が持ち、大学人自身の改革によってほんとうの教養教育が生まれるきっかけとなったと論じ、「そのあり方は多様であってよく、結果は社会が評価する。設置基準の改正が本当に良かったかどうかは、その後になってみないと分からない」と述べています。

いっぽう絹川氏は、一般教育改革は失敗であったと結論づけます。「教養部の解体によって、一般教育担当の教員の階層化に対するおん念は吸収したが、半面、教養教育の存在意義は拡散し、責任主体は曖昧になってしまった。これにより教養教育の実質は空洞化し、状況はむしろ後退した」のであり、こうして、エリート教育から市民教育の視点に立った全人的教育としてのリベラル・アーツ（学術基礎・教養）の必要性の高まりに対して大学は対応することが困難になっているとしています。[＊5]

このような一般教育軽視、教養教育軽視の傾向は、とりわけ理工系教育において深刻であると言われています。「二十一世紀の自然科学系大学教育に向けて」編集委員会による大学改革論は、「一般教育・教養教育の存在は当然の前提」であるにもかかわらず、理工系大学教員の多くが「優れた物理学者になるには、人文・社会科学系の教養科目はいらない。専門基礎と専門で十分」と考えている現状に危機感を表明しています。[＊6]

＊5『朝日新聞』二〇〇〇年一二月八日付。
＊6『大学改革』朝倉書店、巻末「ブックガイド」を参照。

(4)教授力の衰退

上記新聞記事で絹川氏は、「日本の大学教員は専門重視で、目はいつも学会に向いている。一般教育を担当していた教員も、もともとは専門志向だ。そのため、一般教育科目を基礎とした教養教育の本質を理解できず、外部からの制度的な縛りがないと教養教育に対する意識すら持てない。教養教育を固有の領域として取り組まなければならないのに、それを担うプロフェッショナルな人材が養成されていないのが現実だ」と述べています。

日本の大学が研究主義に偏向してきたことは、これまでにもさまざまな形で指摘されてきました。一般に大学教員は研究者としての学問形成のために研鑽を積み、学位を得、業績をあげることによって職を得ますが、そうした修業期間において教育者としての能力開発を行う機会は皆無に等しいと言えます。その意味で大学教員は、研究のプロとしての訓練は受けていても、教育のプロとしての訓練のないまま教壇にたつ場合がほとんどで、「知っていれば教えられるはずである」という思い込みが通用してきました。

こうして少なからぬ数の大学教員が、教育活動を、業績主義的な観点から見て自分の利害と一致することが少ないものとみなし、その意義すら理解できなくなることによって、教授力の衰退傾向が進んでいます。これは多くの大学生・大学院生が大きくうなずく点でしょう。もちろん、優れた研究者が同時に優れた教育者である場合もあります。一部の良心的な教員たちはユニークなアイデアに基づいたオリジナルな教育を行っており、彼らの教育に対する貢献や努力には一定の評価を与えるべきです。しかし、教育者としての訓練が根本的に欠けている現在の大学教員再生産のシステム自体が是正されない限り、教養教育に対する認識不足はおろか、専門学部、大学院における教育の質が向上する可能性は低いといわなければなりません。

(5)授業評価の評価

学生による授業評価は、大学教育改革を論じる際に必ず示される処方箋の一つです。京都大学高等教育教授システム開発センター長を務めた梶田叡一氏は、授業評価の主要な機能を以下の三つに分けて述べています。[*7]

1　学生自身に対して持つ意義として、「講義などにおける自己の体験を反省的に検討することによって自覚が進化する」こと

2　教官に対して持つ意義として、「学生の全般的な理解・関心・満足度などの把握から指導計画の修正ができ」、「個別学生の反応把握から補充学習あるいは発展学習の計画を立案でき」、「自己の指導の弱さと強みを認識し自己研修の方向を確認できる」こと

3　授業評価のまとめを学生にフィードバックする意義として、「ほかの人たちの評価結果を知ることによる自己の授業参加の姿勢・態度の反省」ができること

従来の大学教育が一方向的で、教官から学生への一方的な知識の伝達と成績の評価であったのに対して、双方向的なやり取りによって学生とともに授業を創り上げ、学生の意見を取り入れながら授業の質や効率を高めていくための手段として、授業評価は今後必要不可欠なものとなっていくことは間違いありません。とはいえ梶田氏によれば、一九九八年度の時点で、どこかの学部で一部でも授業評価を実施した大学をすべてあわせても、全大学の五〇％の三三〇大学に過ぎないということです。

しかし、授業評価には利点ばかりがあるわけではありませんし、授業評価を行えば必ず授業の質が向上するとも限りません。梶田氏によると、「教官の人事とか処遇に、評価結果が直接かかわってくるのではないか」、つまり「その時その場の支配的な権威・権力にからめ

とられてしまう方向に、学生による授業評価が使われてしまうおそれ」がある点と、「学生に迎合する教員が出てくるのではないか」という点が懸念されるのです。最近の歯科医師国家試験の問題がもれた事例でも、主犯格とされる教授の「学生の人気を得たかったから」という自己弁護はまさにその好例と言えます。

結局のところ、授業評価は手段であって、どのような人がどのような目的でどのように利用していくかによって、それを有効に活用することもできれば、「角を矯めて牛を殺す」ような結果を招くこともあるということなのでしょう。

＊7　梶田叡一『新しい大学教育を創る』、巻末「ブックガイド」参照。

4 「大学改革」論議

では、日本では、こうした現状に直面した大学を、どのように改革していこうとしているのでしょうか。本節では、まず大学改革論議が生じてきた経緯とその背景を解説し、次に、大学改革に対する政界・財界・官界の認識をざっと紹介した上で、現在実施されようとしている「大学改革」の具体的な内容を検討します。そして、それに対する大学側の主張、マスコミ、特に新聞各紙の反応を整理してみることにします。

（1）「大学改革」論議の経緯とその背景

いわゆる「大学改革」論議の出発点は、**図表2**にあるように一九八七年に臨時教育審議会の答申をうけて大学審議会が設立されたことにあるといってさしつかえありません。同審議会が行った一九九一年答申は、大学設置基準などの規制緩和を重点としており、個々の大学に研究教育組織や教育課程（カリキュラム）の編成の自由を与えました。こうした「緩和」を要請した背景にどのような認識があったのかは、実現した「改革」案の内容から理解できます。たとえば、

1　「教養課程と教養部の廃止」は高度な専門教育を早期から行うようにとの要望から生まれたものであり、

2　「セメスタ制の導入（通年から半期制の講義への移行）」は、九月入学制をとる諸外国の大学への、あるいは諸外国の大学からの留学を容易にし、国際交流の促進を図るべきとの要望から生まれたものです。

図表2　「大学改革」論議の経緯

1971	中央教育審議会答申。国立大学を自主的運営に移行することを提言
1987	臨時教育審議会答申。国立大学に公的な法人格を与えることを提言。大学審議会の設置も提言
1991	大学設置基準の大綱化により、大学に対する姿勢が弾力化 →一般教育解体へ
1996	大学設置基準等の改正
1997	行政改革会議報告。国家公務員10%削減を提言。国立大学は対象とせず
1998	小渕内閣が公務員の20%削減を決定。国立大学も含めるものとする
1999	1月、自民、自由両党が公務員の25%削減で合意。7月、独立行政法人通則法成立　→国立大学側の反発を招く。9月、文部省、「独立行政法人の検討の方向」を発表し「大学の自主性に配慮した特例措置を設ける」べきと提言
2000	5月、文部省、独立行政法人化を正式表明

3 「昼夜開講制」には、社会人の再教育の便宜を図るという狙いがあります。

その他にも、「大学間の単位互換制度」などの「自由化」が認められ、九七年の中教審答申に基づいて九八年度からは「飛び入学」が始められています。

このような「改革」案が提示される背景として、財界・自民党はもちろん、野党の共産党にいたるまでが共有する一つの認識をみてとることができます。それは、高等教育に振り向ける予算を増額しなければならない、ということです。小渕首相のもとで発足した教育改革国民会議・「二十一世紀日本の構想」懇談会などの討議においても繰り返し述べられているのが、対国内総生産比で〇・五％ほどしかない日本の高等教育予算への不満です。これを、一％まで増やすことは、ある意味で国民的コンセンサスを得ているといえます。ちなみに、二〇〇一年度の予算原案では、国立学校特別会計が一兆五七〇〇億円強、私立大学への教育振興助成費が三〇〇〇億円強です。これとは別に科学技術振興費が一兆一〇〇〇億円強あります。

ところで、現今の大学改革論議でもっとも見えにくいのは、こうした予算措置をどう実現するのかが明確でないことです。六六六兆円もの債務を抱える国であるにしても、改革論者が言うところの「国家百年の計」を考えるならば、大胆な支出を行うべきでしょう。しかし、具体的な予算実現の方法がなかなか見えてこないうちに、国立博物館などの独立行政法人化決定を先触れとして「国立大学の独立行政法人化」問題が急浮上してきたのです。このことは、「大学改革」がかなりの程度まで大蔵官僚流の「削りやすいところから」「予算と人員を削る」という認識によって主導されていることを示しています。つまり官の側は、大学改革＝高等教育の経費削減を行っても、大学側を除けば、国民からの反発はないだろうと判断したのでしょう。

ではなぜ、予算増強という国民的なコンセンサスに逆行するような国立大学の独立行政法人化案が突如として浮上してきたのでしょうか。

九七年一二月の行政改革会議の最終報告では、改革の選択肢の一つとして国立大学の独立行政法人化が挙げられました。しかし、文部省は当初は反対の立場をとっていました。しかも、町村信孝文相自身が、衆議院文教委員会（九八年三月一八日）の答弁で、「いわゆる独立採算的な意味合いを色濃くした独立行政法人化という議論には私は反対であるということを申し上げましたし、結論も大体そういう方向におさまったのかな、こんなふうに受けとめております」と述べています。これでもって、独立行政法人化はいったんは否定されたかにみえました。

九七年一二月の行政改革会議は「最終報告」において、「国立大学の独立行政法人化は、大学改革方策の一つの選択肢となり得る可能性を有しているが、これについては、大学の自主性を尊重しつつ、研究・教育の質的向上を図るという長期的視野に立った検討を行うべきである。また、大学の機能に応じた改組・転換についても、併せて積極的に検討する必要がある。」と結論づけていました。そして、その「最終報告」に基づいて九八年六月に成立した「中央省庁等改革基本法」第四三条でも「国立学校」については「独立行政法人化」にはふれておらず、慎重な検討を促すものとされていました。独立行政法人化が積極的に推進される可能性はこの段階では小さかったとみてよいでしょう。

しかし、小渕内閣はまさに突如として、今後一〇年間で国家公務員を二〇％削るという新たな定員削減計画を実施するとし、その一環として「独立行政法人化」の対象を広げて「国立学校」もその計画対象の一つとしたのです。

現在、国立大学は九九校で、教職員数は一二万五〇〇〇人、国の予算総額にしておよそ一兆五〇〇〇億円を占めています。それらを「独立行政法人」とすることによって、数字的には行政のスリム化は実現するわけです。行政改革を旗印として掲げたい政府・自民党にとっては、きわめて安直に成果を獲得できることになります。反対の立場であった文部省は態度を変え、九九年九月二〇日の国立大学長の会議で独立行政法人化を「検討の方向」であると発表しました。もっとも、その内容は、大学側がもっとも憂慮する教職員の身分を「公務員型」とするという一種の妥協案でありました。

これを受けて二〇〇〇年三月二三日、自民党の教育改革実施本部高等教育研究グループは、「提言　これからの国立大学の在り方について」を策定し、大学側に配慮した特例措置の可能性を認めました。ところが、二〇〇〇年五月九日、自民党の文教部会・文教制度調査会は、非妥協的な行政改革推進本部と協議の上、「提言」を修正して決定し、あくまでも「独立行政法人制度の下で、通則法の基本的な枠組みを踏まえ」「大学の特性を踏まえた措置」を講じる「調整法」を採用するとし、二〇〇一年度中に具体的な法人像をまとめ、できるだけ「早期に」国立大学法人に移行させることを目指すとしたのです。

これらの経緯を経た二〇〇〇年五月二六日、文部省は国立大学長等会議を招集して国立大学の「法人化の具体的制度づくり」に着手しました。簡単に言ってしまえば、文部省・自民党の文教族が行革派に押され、大学改革問題は今や行政改革の文脈で語られようとしているということなのです。

「独立行政法人化」には国立大学などが反発していますが、妥協点はすでに見えているといえます。すなわち、文部省と自民党文教族が示している「教職員の身分は公務員」「経過措置を講じる」の線がそれで、大勢はもはや条件闘争のレベルにあるのです。

ここまでの経緯に対するさまざまな立場からの発言については後でふれますが、それらに共通する指摘は、決定過程が「拙速」である、ということです。それを象徴的に示すのが、日本科学者会議が九九年八月一〇日「国立大学の独立行政法人化に対する見解」で表明した反対論で、そこでは「二十一世紀の日本の高等教育研究の在り方を左右することにもなる重大な決定を一年にも満たない短い期間で下そうとする拙速に何よりも危惧の念を抱くものである。」と主張されています。

以上のように、大学審議会・教育改革国民会議・「二十一世紀日本の構想」懇談会といった政府・与党寄りの審議会などが予想せず、十分な議論すらしてこなかった「国立大学の独立行政法人化」の問題は、行政改革の一環として急浮上し、そのまま実現のレールにのってしまったのであり、こうした経緯が現在の大学改革論議に混迷を与えていることは確かです。

(2)「大学改革」を主張する政・財・官の認識

では、このような形で進行することになった「大学改革」に関して、政界・財界・官界はどのような認識にたっているのでしょうか。以下順次みていきます。

(a) 政界の認識　一連の大学改革を推進している自民党ですが、その内部は守旧派の文教族と急進派の行革族、そして中立派に大別できます。文教族は文教部会・文教委員会で、行革族は行政改革推進本部・行政改革委員会で、それぞれ論議を重ねてきました。なお、文教族は、大学は独立行政法人だが、教職員の身分は公務員とし、高等教育予算の拡充を目指し、行革派は、教職員の身分は非公務員とし、市場原理を導入して行政経費の削減を図ることを目指しているとみてよいでしょう。文教族は国立大学について、国立大学の枠の中での改革を考えており、その認識は教育改革国民会議さらには国立大学協議会とも共通するものがあります。これに対し、行革族は「初めに行財政改革あり」の認識であり、予算増も「独立行政法人」化の成果を見て判断するとしています。

　政権与党の公明党も第三回全国大会の「重点政策」で教育改革を論じていますが、その主張は従来の「教養教育の重視」で、国際化教育・教育の多様化などにしても教育改革国民会議での議論の延長線上にあると言えます。

　野党の中では、比較的明確な態度表明を行っているのが自由党で、二〇〇〇年の衆議院議員総選挙の公約として「国立大学の公立化・民営化」を示しています。その基本政策「日本と日本人の在り方を考える」の中で、大学改革について総論的にふれていますが、大学改革そのものへの詳細な政策は示していません。民主党は、「一五の挑戦、一一〇の提案」において、「科学技術・芸術文化」の項で、「国立大学や国立研究機関のあり方を見直すことを含め、根源的で長期的な基礎的研究開発や先端技術研究、複合的人文科学研究の推進を図る」と述べていますが、大学改革そのもののビジョンはまだ出していません。社会民主党と共産党は、「独立行政法人化」に対しては反対の立場をとっています。以上のように、野党も教育改革が必要だとの認識を持ってはいるものの、改革の具体的な内容は現状では不鮮明だと言えます。

（b）財界の認識——経団連を中心に　「日本株式会社」の総本山と称される経団連は、現在を日本経済の危機と捉えており、日本経済復活の起爆剤として科学技術教育の活性化を求めています。こうした見地から、高度な能力をもったマン・パワーの持続的な育成強化と産学協同による高度な科学技術の研究開発のシステム構築を追求しています。

　たとえば、九九年一一月二四日に発表した「科学・技術開発基盤の強化について」では、「大学等の施設・設備の老朽化・狭隘化」を指摘しており、さらに「大学・国立試験研究機関等の研究開発環境の計画的・加速的整備」などを最重点課題として挙げており、さらに、科学技術関係予算の大幅な増額——対国内総生産比で一％の実現——を要求しています。

　なお、高等教育関係の予算ですが、「二十一世紀日本の構想」懇談会や教育改革国民会議なども、ヨーロッパの先進国やアメリカ合衆国並みの対国内総生産比一％に倍増し、現在の国立大学予算一兆五〇〇〇億円プラス私立大学への補助金三〇〇〇億円を、およそ四兆円規模にすることを求めています。

（c）官界の認識——文部省　臨教審・中教審・大学審議会という流れの中で、文部省（現・文部科学省）は大学改革を教育改革の重要な柱として位置づけてきました。その狙いの根底には、大学の運営（経営）と教育・研究の分離への思惑がありそうです。六〇年代末から七〇年代初めの「学園の政治の時代」に大学管理法案が出されようとしましたが、そのとき以来の同省の宿願が大学に対する支配強化であることを忘れてはならないでしょう。いわゆる「大学の自治」「学部の自治」を崩し、同省が大学運営に影響力を行使する契機を今回の「改革」で獲得できるのです。

図表3　文部科学省の進める大学改革の基本理念

1. 課題探求能力の育成を目指した教育研究の質の向上
◎学部教育の再構築
・課題探求能力の育成
・責任ある授業運営と厳格な成績評価
◎大学院の教育研究の高度化・多様化
・専門大学院の設置促進
・卓越した教育研究拠点としての大学院の形成・支援

2. 教育研究システムの柔構造化による大学の自律性の確保
◎多様な学習需要に対応する柔軟化・弾力化
・四年未満の在学での学部卒業
・修士課程の一年制コース・長期在学コース
◎大学の主体的・機動的対応を可能とする措置
・国立大学の人事・会計等の柔軟化
・公私立大学の設置基準の簡素化

3. 責任ある意思決定と実行を目指した組織運営体制の整備
◎責任ある運営体制の確立
・学長のリーダーシップ発揮のため，学長補佐体制を整備
・評議会教授会の審議事項等の明確化による全学的な責任ある意思決定と実行
・学外有識者の助言等を大学運営に取り入れる運営諮問会議の全国立大学への設置
◎大学情報の積極的な提供
・各大学が教育研究に関する情報を広く国民に提供することを制度化

4. 多元的な評価システムの確立による大学の個性化と教育研究の不断の改善
◎自己点検・評価の実施と結果公表の義務化，自己点検・評価の学外者による検証の努力義務化
◎大学評価・学位授与機構による第三者評価システムの導入（対象は国立大学等）

（出所／大学審議会答申「21世紀の大学像と今後の改革方策について」より）

（3）「大学改革」の具体案

文部科学省が進める大学改革の基本理念は、**図表3**の通りですが、これをさらに発展させたのが大学審議会の二〇〇〇年一二月二二日答申「グローバル化時代に求められる高等教育の在り方について」で、そこでは、高等教育の国際的な通用性・共通性の向上と国際競争力の強化を目指す教育改革の方向性として、

1　グローバル化時代を担う人材の質の向上に向けた教育の充実
2　科学技術の革新と社会、経済の変化に対応した高度で多様な教育研究の展開
3　情報通信技術の活用
4　学生、教員等の国際的流動性の向上
5　最先端の教育研究の推進に向けた高等教育機関の組織運営体制の改善と財政基盤の確保

という五つの視点が挙げられています。

これらの基本理念から導き出された改革の方向性について、カリキュラム・教員評価・大学入試・産学協同の研究教育体制に絞ってその内容と問題点を具体的に紹介していきます。

(a) カリキュラム　大学審議会の答申や教育改革国民会議の「教育を変える一七の提案」などによれば、今回の改革の焦点の一つは、大学の多様化です。大枠としては、基幹大学、周辺大学、コミュニティー・カレッジの三つに分けることです。

「一七の提案」では、学部では教養教育と専門基礎教育を中心とし、大学院が高度な専門教育を担当すると位置づけられています。さらに、大学院は高度専門職業人養成型大学院と研究者養成型とに分けられます。なお、学部では教養教育の充実・ITの活用・語学教

図表4　新しい大学・大学院システム

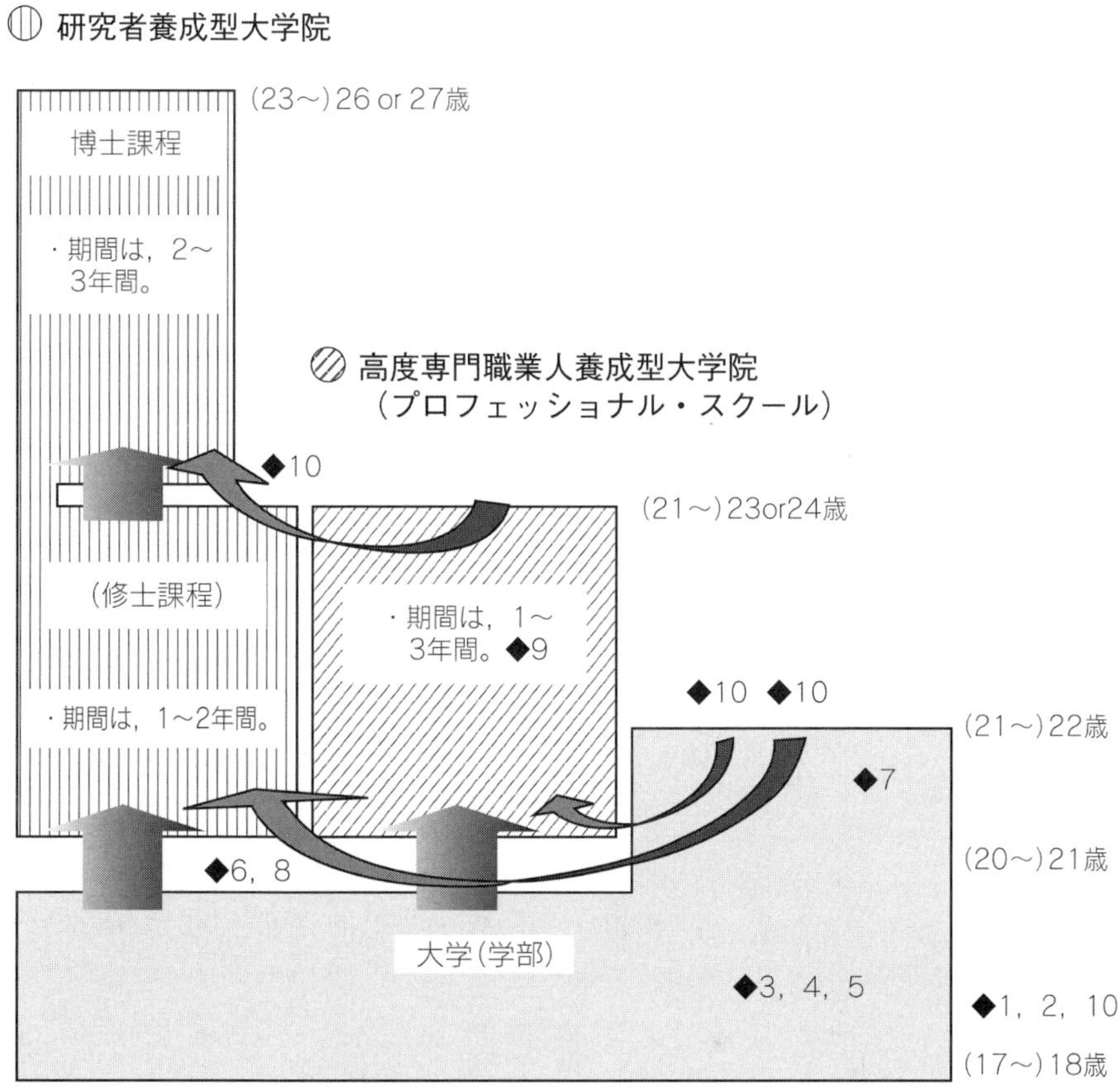

◆1　大学の18歳の入学年齢制限を撤廃する。
◆2　大学の９月入学を推進する。
◆3　大学の学部では、教養教育と専門基礎を中心に教育する。
◆4　ダブルメジャー（複数の分野を専攻する）制度を導入する。
◆5　成績評価の厳格化を図るための制度の導入など、学習を促す取組を進める。
◆6　大学院へは優秀な学生が学部の３年修了から進学することを大幅に促進し、このようなことがごく普通にみられるようにする。
◆7　学部で卒業する者は、４年でさらに専門的な教育を行う。
◆8　大学院の入学試験は完全に開かれたものにする。
◆9　プロフェッショナル・スクールでは、経営管理、法律実務、金融、教育、公共政策など多様な分野の専門家を養成する。
◆10　社会人が大学・大学院に入学して学ぶ機会を拡大する。

（注）必ずしも早く進学し、卒業することが良い訳ではない。一人ひとりの資質、希望、選択に対応できる柔軟なシステムであることが重要。

（出所／教育改革国民会議報告より）

育の充実・複数専攻を認めるダブルメジャー制度などの導入を図ります。

つまり、学部段階では、「広い視野を持った人材の育成を目指す教養教育を中心とした教育プログラムの提供」が主とされ、そこで就職組・大学院組に振り分けられ、さらに大学院組も高度専門職業人型と研究者型へと分化していくのです。（図表4）

こう見てくると、カリキュラム改革によって効率的な人材育成が実現すると見なすことも可能です。しかしこうした制度化は、旧ソ連・東欧諸国でかつてあった能力による人間選別ないし人生のコース分けが、大学での成績評価によって「与えられる」「強制される」ことにつながる危険性も同時に孕んでいることは否定できません。

しかし、大学院への進学誘導についていえば、学部学生に対する大学院生の比率を国際比較すると、人的資源の開発の観点からするときわめて正当なものです。つまり、日本が八・三％なのに対し、アメリカ一六・六％、イギリス三三・六％、フランス一八・三％というのが現状で、これでは「二十一世紀日本の将来」は明るくないという認識があるからです。

（b）教員評価　大学教員には第三者機関による評価が義務づけられることになります。従来の教員評価は「研究能力に偏する」傾向があったとして、教育能力や実践的能力の評価を重くして、それを教員採用にも導入することになります。また、第三者による評価は「透明性・客観性が高い」ものとされ、大学評価・学位授与機構に「産業界をはじめとする社会の多様な視点や国際的な視点」を入れると述べ、企業人の参加を積極的に推進しようとしています。こうした評価方法の問題点は多々ありますが、特に、目に見える評価が難しい理系の基礎分野や人文社会科学分野の教員の評価はどう行うかが課題となることでしょう。

また、「一七の提案」では、任期制による大学教員の流動性の確保が謳われていますが、任期制の採用によって、「優秀な教員」をめぐる争奪戦が起こることは容易に想像できます。

たしかに、現在の大学では国際的に通用する能力を持つ教員・教員志望者を的確に評価しているとは言えません。それはノーベル賞を受賞した白川英樹氏の例でも明らかですが、現行の教員評価をそのまま存続させることはいかにもまずいと言えます。その意味で、今回の改革の狙いには的を射ている側面があることは確かです。教員評価の最大の焦点となるのは、評価を行う第三者機関に参加する外部の人選ということになるでしょう。

（c）大学入試　改革の目標として大学入試の多様化が挙げられていますが、その眼目は記憶力偏重の入試の是正と言えます。改善のための具体的な指針は打ち出されていませんが、現状に代わる、あるいはそれを補うものとして、昨今企業が入社試験で採用しているＳＰＩ試験や、アメリカ合衆国で行われているＳＡＴ（Scholastic Aptitude Test 学力適性検査）に近いものだと考えてよいでしょう。

また、大学審議会の答申や教育改革国民会議の報告には出ていませんが、そこでの討論や衆院文教委員会の論議を仔細に検討すると、学生の質の低下に対する批判・非難に満ち溢れています。特に問題視されたのは「分数のできない経済系の学生」「生物のわからない医学部学生」など、本来必要とされる教養・知識の欠如した学生の存在です。これを憂慮した大学の中には、高校レベルの補習授業をすでに実施しているところも出ています。ここから導き出された結論は、「ゆとり教育」への懐疑であり、入試科目を増加させることが潜在的に要請されていることを認識しておく必要があります。さらに、センター試験の有効性への疑問も出されており、これを高校卒業レベルと判定する資格試験とし、特に国立大学では二次試験を充実させるべきとの議論もあります。また、先にふれたとおり、国立大学協会はセンター試験の五教科七科目必修化を打ち出しており、国立大学学長の多くが、全大学が足なみをそろえることを条件に、この方針に賛成しています。

なお、留学しやすく、諸外国からも留学生を受け入れやすくするために、九月入学を原則とする方針が示されています。その際、高校までの三月卒業制は変えずに、九月までの時期についてはボランティア活動の時期として、社会学習にあてるという意見もあります。

図表5　大学改革の先取りの実例

◎大学評価・学位授与機構による大学の評価の開始と資源配分の具体化
- ・2001年度から理学系・医学系での評価の開始
- ・2000年度から公費配分方式の改定
  - ⇒学長の裁量部分の増加
- ・評価委員会の設置
  - ⇒実施校：広島大学・豊橋技術科学大学・新潟大学

◎任期制の導入
- ⇒実施校：広島大学・弘前大学

◎大学統合・連合の検討
- 〈統合〉
  - 山梨大学と山梨医科大学・筑波大学と図書館情報大学
- 〈連合〉
  - 東京４大学連合（一橋大学、東京工業大学、東京外国語大学、東京医科歯科大学）
  - 全国８医科大学・東京商船大学と東京水産大学

◎新組織案
- 岡山大学・千葉大学・新潟大学

◎インターネットを利用した仮想大学構想
- 北陸科学技術大学・千葉大学・広島大学・九州工業大学

◎昼夜開講・サテライトキャンパス
- 中央大学・一橋大学・埼玉大学・名古屋経済大学・関西学院大学

◎教員養成系学部学科の再編統合

◎法科大学院（ロー・スクール）構想

(d) 研究体制　かつては産学協同を悪と考える時代がありましたが、今や大学・大学院の教育・研究機能の強化という観点から、たとえば企業との合同プロジェクトなどを通じて高度な技術力を有するエンジニアの育成を目指すことが常態化しつつあります。つまり、企業と共同して教育プログラムを開発促進して、専門職業人の養成にあたるわけです。教員と企業人との人的交換は積極的に肯定され、昼夜開講の推進は社会人の再教育・自己啓発を目指すものとして奨励されることになりました。そして、経団連が主張するように、特に科学技術の分野では産学協同プロジェクトの推進が公費支出に基づいて行われることになるでしょう。

さらに、大学における職業人教育の一環としてのインターンシップ制の導入もあいまって、産学協同プロジェクトを軸とする研究体制を推進することになりますが、こうした流れは、企業による新卒者の「青田狩り」を進め、一部の大学が企業の下請け化する傾向が助長されることにもなりかねないことには留意しておく必要があります。

(4)「大学改革」に対する大学側の主張

さまざまな変化を引き起こす「大学改革」

に対して、当事者である大学側はどのような主張を行っているのでしょうか。ここでは国立大学と私立大学に分けて、その主張をみてみます。

(a) 国立大学：反対論が中心→改革そのものには反対できない　国立大学側も大学改革の必要性は認識しており、**図表5**にあるようにすでに大学審議会の答申（「二十一世紀の大学像と今後の改革法策について」）に沿った改革に着手しているところも出ています。東京大学でも、九九年一一月一七日に、評議会の下、教育体制・研究体制・経営体制からなる「東京大学の経営に関する懇談会」を設置していることからもわかるように、自主性と自律性に基づいて行う大学改革は必然と考えているようです。要するに、「大学改革」に正面きった反対論はもはや出る幕がないのです。

ところで、「独立行政法人化」問題に限ると、国立大学の学長レベルでの賛成は二割強に過ぎず、「賛成を表明できない」のが半数近いのですが、教職員レベルに広げると、大学を運営する学長・評議会の権限が強化され、人事・予算決定を含めた従来型の「大学の自治」「学部の自治」が否定されると捉える反対論が多くみられます。そして、学長独裁化への危惧も多く語られており、理系の基礎部門や人文社会科学部門の縮小ないし廃止の圧力が強まるおそれが指摘されています。また、納税者の評議会や評価機関への参加を「外部からの介入」とみなす反対論も目立ちます。しかし、その議論には理念に対する反対なのか、政治家などの「参加」のおそれがありうるという現実に対する危惧なのかが明瞭に示されてはいません。

すでに大学職員レベルの人事に対する文部科学省の介入は始まっていますが、今回の改革の行き着く先は教員レベルの人事介入との指摘があります。これに対する反対論は根強いのですが、国民からの共感・支持は十分得られているとは言えません。私学系の教育環境研究所が発行している雑誌に掲載された、「〝ドッコウホウ大学〟への道は明るいか」と題する記事には、次のような指摘があります。

「住民が公害や薬害や自然破壊や差別や冤罪や校内暴力で苦しんだとき、住民と一緒に闘ったり、住民の苦しみを和らげるために研究を進めた大学人よりも、問題を矮小化したり、国や企業の無責任を擁護するために尽力した大学人の方が圧倒的に多かった（多い）と、私は言いたい。石油ショックやバブル経済崩壊のときに中小零細企業と苦しみを共にした研究者がどれほどいただろうか。産学協同が叫ばれる時代になったのに、いまだに中小零細企業は『国立大学は敷居が高い』と言い、国立大学教員は『地元企業や地場産業には研究を進める体力がない』と言い続けているのが実態なのだ。[*8]」

国立大学が独立行政法人化されていったとき、地域との結合や協働がどの程度実現可能なのかは、こうした指摘に国立大学がどう答えるかにかかっています。

＊8　『教育オムニバス』一九九九年一〇月号。

(b) 私立大学：反対論が中心→他人事ではない　少子化時代を迎えて、私立大学は「大学淘汰」を必然と考えてきており、みずからの生き残りに懸命です。したがって、大学改革の内容を先取りすることでアピールしようとする大学も出てきています。その一例が多摩大学です。

同大学のグレゴリー・クラーク学長によると、多摩大学ではすでに学生による授業評価と学生の成績の相対評価制度が実行されており、今後は

1　暫定入学制度の導入——成績下位者の暫

定入学で一年後の足切り試験で正規入学者を決定する

2　GPA（グレード・ポイント・アベレージ）制度の導入——学内平均以下の成績取得者へ退学を勧告する

3　ダブル専攻制度と飛び入学の拡大——大学審議会の答申に同じ

4　産学協同——三年生対象に夏休みにインターンシップの実施、夜間大学院を設置して職業人を受け入れる

といった方針を採用するそうです。[*9]

大学入試制度の多様化という側面から見ると、多くの私立大学がAO入試を採用しており、一芸入試・推薦入学制などその内容は多岐にわたっています。その反面、「入試問題をつくれない」大学も出てきており、一部はセンター試験に全面的に依拠したり、あるいは大手予備校の河合塾に問題作成を依頼するところも増えています。また、大学間交流や単位互換制度にしても、同一地域内ばかりか地域を越えたかたちでもすでに進められているのが現状です。

要するに、私立大学の中には大学改革の点では、少子化時代での「生き残り」をかけて、すでに答申を先取りしているところも数多く出ていると言えます。そして、私立大学を総体としてみると、大学改革論議におけるもっとも重大な関心事は助成費の増額の実現であって、大学生の七割以上を引き受けていることを根拠に、予算面での配慮を政府・文部科学省に要求しているのです。そして、国立大学の独立行政法人化により、強力なライバルの出現を危惧する声すら上がっています。

＊9　『経団連クリップ』九四号（一九九九年一月二八日）。

(5)マスコミの反応

「大学改革」に対するマスコミの論調は、概して総論賛成・各論反対です。マスコミ間に見られる見解の相違は、どのような方向性をとるのか、留意事項は何かという、いわば力点の置き方やこれまでの経緯への配慮の度合いなどに表れることになります。

まず朝日新聞ですが、社説（九九年九月一六日）で、独立行政法人化に疑問を呈しつつも、それが大学改革につながる契機となることを歓迎して、

「法人化が、大学に意識改革を促す契機となるなら、あながち無意味とはいえまい。より自由度の高い、特色の出しやすい組織に変わる努力を求めたい。開かれた大学をめざすべきことはいうまでもない。」

と述べながらも、

「国内総生産に対する高等教育予算の割合は、先進国の中で日本が一番低い。大学の建物の老朽化も進んでいる。必要な財政措置を惜しんではなるまい。文化には、効率や市場原理に縛られない環境ではぐくまれてこそ、豊かな実りをもたらすという特性がある」

と論じて、公費支出の拡大を主張しています。

読売新聞は、独立行政法人化を含めて政府が推進する大学改革に賛成の立場にあります。その社説では、仮に独立行政法人化を行っても、

「高等教育機会均等の面で、現在の国立大学が果たしている役割〔安い授業料で高等教育を提供する役割のこと——引用者注〕は維持されなければならない。」（九九年九月二一日）

と注文をつけています。また、地方の国立大学に関しても、

「現状では産業界などからの支援も少ない地方大学が、一気に中央の大学と対等の立場で競争することは無理があるとする主張にはそれなりの説得力がある。全国に均等

に配置された国立大学が、これまで地域の教育、文化、産業の基盤を育ててきたのは間違いない。地方分権の流れからも今後重要性を増す地方大学への一定の配慮は必要だ。授業料に国がある程度関与するのもやむを得ないだろう。」(二〇〇〇年五月二七日)

と高度な配慮を要請しています。

毎日新聞は、二〇〇〇年五月二八日の社説で、法人化やむなしと述べつつ、長期的視野に立ったとき、次のように述べて国立と私立との差別の解消を実現するよう求めています。

「日本の高等教育に対する公的投資水準は、欧米諸国に比べて極めて低い。抜本的な改善が必要だ。国立と私立の関係にもメスを入れる時期が来ている。大学も学生も、七〇%以上が私立だ。しかし国立大学に一兆五〇〇〇億円の税金が投入されているのに対し、私立大学には三〇〇〇億円の私学助成が出ているにすぎない。大学・短大進学率五〇%の時代に、これだけの格差を正当付ける理由は見出しにくい。」

こうした国私の格差や高等教育への公費支出の少なさなどへの批判は、大学改革推進の立場からも声高に主張されていますが、その典型が日本経済新聞のオピニオン解説欄(九九年一〇月二五日)で、公私格差是正については、

「現在全国で六百二十三ある大学のうち、国立大学は約十六%に過ぎない九十九校。五割に迫ろうという大学・短大進学率に象徴される戦後の高等教育の普及が主に私学に担われ、かなりの部分が国公立とそん色のない社会的評価を形成していることは認めても良い。それにもかかわらず、高等教育への公の財政支出が国立中心に配分され、設備や教員の研究費ばかりか、学生に投じる教育費なども大学の設置形態で大きな格差のあるのは不可解だ。」

と主張し、また予算増強についても、

「GDP(国内総生産)に占める割合で経済協力開発機構(OECD)加盟国中最低水準という高等教育への財政支出の底上げは、大学改革の前提である。」

と述べています。

とはいえ、同紙は今回の大学改革が大学淘汰につながることを肯定しており、

「大衆化した日本の大学は画一的な教育研究から脱皮、設置形態の違いを乗り超えてエリート育成型、高度な職業人育成型、生涯教育学習型など機能に応じた個性化へ向けて競争を迫られている。経営規模を含めて設計が個々の大学の自己責任にゆだねられることになれば、そのプロセスで体力的に劣る一部の大学が統廃合や学費の値上げを余儀なくされる場面も想定される。だが、それは大学の競争と進化に伴うやむを得ない現実だろう。」

と予測しており、ここには、護送船団方式の破綻を大学関係者も認識せよ、という主張が見られます。

東京新聞は社説(二〇〇〇年五月二九日)において、独立行政法人化問題とからめて、国立大学の改革の一つの道筋を、

「大学の自主、自律を尊重するなら、一歩進めて、自治体や企業からの委託研究費を寄付講座、寄付金、特定目的奨学基金の設定など、独自の財政基盤づくりを積極的に認めるべきだ。」

として自助努力を推奨しつつも、

「わが国の高等教育に対する国費支出の割合は欧州諸国に比べて著しく低い。施設、設備の充実を含め、むしろ大幅に増額することが望ましい。」

と述べてから、その結びで次のように国立大

学への辛口の意見も付け加えています。

「国立大学は国民の資産である。専門職や研究者の養成を含めて、知の発信拠点として広く支持されなければ、民営化や統廃合もあり得る。関係者はそのことを肝に銘じてもらいたい。」

産経新聞は独立行政法人化問題に対する社説「文部省案踏まえ前向きに」（九九年九月二一日）で大学改革の必要性を、

「現在、日本には九十九の国立大学がある。教育にも研究にも、これといった特色がなく、改革の意欲もみられない大学は存続できない時代が来ることを自覚すべきである。」

と力説しています。

では、国公立大学を抱える地方紙の論調はどうでしょうか。

福井新聞の社説（二〇〇〇年二月一七日）の見出し「国立大学の法人化・市場原理導入は地方にしわ寄せ」がそれを端的に示しています。そこでは、地方国立大学の果たしてきた役割について、

「国立大学の場合、地方に設置されている大学のほうが地域に対する貢献度は大きい。一概には比較できないが、教職員、学生合わせて四千人規模の福井大学は福井市において大きな存在だ。さまざまな形で地域の活性化の一助になってきた。少子化の時代、国立大学の改革は進めなければならない。県民に生涯教育の機会を与えることでその機能を増すこともできるはずだ。地域情報化の担い手として、人材育成機関として大学への期待は大きい。多くの教育者を育ててきた役割は今後も変わらない。小中学校が抱える問題をともに考える機関として、地域に国立大学は必要と考える。地域住民を含めた議論なしに制度を変えてしまうことには反対していきたい。」

と述べ、地域活性化の核としての国立大学の貢献を高く評価し、今後もその役割に対して期待しつづけており、大学改革が地方国立大学の弱体化につながるような方向性に進む可能性について懸念を表明しています。

独立行政法人化が地方にとって具体的にどのような問題を引き起こすのか、という点については、「理工系、医歯薬系の学部を持たない福島大の場合でさえ、入学金や授業料など学生の納付金が二十二億円なのに対し、大学の年間運営経費は約六十六億円に上る」という福島民報の論説（二〇〇〇年八月一七日）が雄弁に物語っています。こうした地方の国立大学の赤字をどこが支えることができるのか。景気低迷著しい現状では地方の自治体が支えることは不可能であることはあまりにも自明なことです。産経新聞の言うように「自然淘汰やむなし」では済まされないものが地方の国立大学にあるとすれば、やはり読売新聞が主張するようにそれなりの配慮が必要となるでしょう。

以上、これまでみてきたマスコミの論調を総括すると、

1 大学改革は必然
2 独立行政法人化による文部科学省の大学への介入の縮小・解消
3 高等教育予算の増加が改革の前提
4 国私の格差の是正
5 地方の国立大学への配慮

の五点が共通認識としてあると言ってよいでしょう。

5　今後の課題
社会的コンセンサスを求めて「理念なき社会」からの脱皮を

　大学改革に関する議論がこれまでにないほどの盛り上がりを見せていることは、ネット上で検索しても、じつに多くの発言があることからもわかります。総合雑誌に掲載される論文や対談などの数も増えています。きわめて大きなテーマですから当然のことと言えますが、今回紹介してきたものも含めすべてに共通したひとつの問題があるようです。それは、このテーマを論じる際の視点です。より具体的に言えば、授業方法の工夫などの技術論に傾斜した議論、「グローバリゼーション」を旗印にビジネスの視点から効率化・競争のメカニズムを安易に大学教育に導入しようとする議論、自覚的であるなしを問わず「日本が危ない」といったナイーブなナショナリズム感情に基づいた議論、などが多いのです。

　これからの社会における大学の役割とは、学問とはいかなるものでありどのように社会に奉仕すべきか、大学にかかわる人材には何が求められるのか、高等教育の使命とは、といった本質的かつ根幹にかかわる視座から論じる気骨ある議論が乏しいのはいささか残念と言えます。そのような悠長な議論に割く時間などないというのが個別大学にかかわる人々の切実な声でしょうが、やはり、確固たる人間観、歴史観、社会観、教育観に基づいた議論こそ、よりよい解決に至る唯一の方法なのではないでしょうか。

　また、発言を行っているのは主に大学関係者や政界、財界の一部であって、それ以外の分野からの発言は少ないのです。これは、大学がいかに社会から遊離しているか、あるいはその存在がいかに切実なものと見なされていないのかを示す証拠かもしれません。こうした事態そのものが、問い返されなくてはならないはずです。

　そして、特に、現在大学・大学院に在学している学生や、将来大学・大学院に入学を志している人々が積極的に議論に参加し、社会へ向けて発言していくことが望まれます。多くの大学で、規模は小さいながらも、大学のあるべき姿について論じ始めた学生のグループが生まれてきています。大学新聞でも、この問題を取り上げるところが増えてきているようです。マスコミはこうした声をもっと地道に拾って報道する努力をすべきです。彼らの声が欠けたままこの論議が進むとすれば、いささか大げさに言うなら、後世に禍根を残すことにもなりかねません。

　そうした意味では、大学をめぐる論議はいまだ全般的に低調と言えます。今後、より本質的な部分に関する議論が百出することを期待したいと思います。特に若い世代は、自分たちの自己形成のかなりの部分を委ねるという意味で、大学・大学院のありかたしだいによって、良い意味でも悪い意味でも、もっとも影響を受ける存在であるということを忘れてはなりません。若い世代が積極的に声をあげることで、はじめて大学改革論議がほんとうの意味での「改革」へと進んでいく道が切り開かれるのです。

Photo by Ichige Minoru

二十一世紀の大学像

——主要大学学長からの提言

改革の舵取り役を任されている各大学の学長たちは、
何を考え、この「危機」をどう乗り越えようとしているのか？
全国主要21大学学長から寄せられた「大学革命」のマニフェスト！

〈国立〉

埼玉大学 第三世代の大学 学長 兵藤釗

お茶の水女子大学 小さな大学を大きく使おう——国立女子大学での改革の試み 学長 佐藤保

東京外国語大学 知的国際貢献の拠点として 学長 中嶋嶺雄

東京芸術大学 感性教育 学長 澄川喜一

一橋大学 護送船団方式からの決別を 学長 石弘光

京都大学 大学の原点へもどる 総長 長尾眞

琉球大学 「地域特性と国際性を併せ持つ大学」を目指して 学長 森田孟進

〈公立〉

岩手県立大学 求められる大学の多様化と要点 学長 西澤潤一

東京都立大学 高等教育リフォーム構想 総長 荻上紘一

大阪女子大学 画一論ではいけない 学長 中西進

大阪市立大学 人間教育重視と社会への発言 学長 児玉隆夫

島根県立大学 ダイナミックな知の結集点として 学長 宇野重昭

〈私立〉

神田外語大学 真の教養教育を目指して 学長 石井米雄

共立女子大学 大学の可能性 学長 阿部謹也

国際基督教大学 ITの非物質性を超克する 学長 絹川正吉

法政大学 本学における改革の推移 総長 清成忠男

武蔵野美術大学 世界の中の美術大学をめざして 学長 長尾重武

早稲田大学 二十一世紀の私立大学像——早稲田大学の改革 総長 奥島孝康

京都精華大学 一九六八年からの宿題 学長 中尾ハジメ

京都造形芸術大学 「芸術の世紀」を開く 学長 芳賀徹

九州産業大学 二十一世紀の大学は教養教育を重視せよ 学長 山﨑良也

●埼玉大学（国立）

第三世代の大学

学長　兵藤　釗

大学をとりまく環境の変化
――大学の大衆化・冷戦終結・文明史的課題

日本の大学、とりわけ国立大学は、いま、第二次大戦直後の教育改革にも比すべき改革の季節を迎えている。それは、直接的には、独立行政法人化問題に象徴されるごとく、バブル経済崩壊後における行財政改革の推進が呼び起こしたという面が大きい。

だが、ひるがえって考えてみれば、大学人自らが大学のあり方を見つめ直してみなければならないような社会の深部からのインパクトがはたらいている。何よりもまず、大学そのものをめぐる状況の変化がある。いま、日本では、同世代の若者の二人に一人が大学に行く時代を迎えているが、もう一〇年も経てば大学進学率は六〇％に達するのではないかと推計されている。アメリカの社会学者マーチン・トロウのいうユニバーサル・アクセスの段階、大学の大衆化時代の到来である。教育の機会均等を旗印に進められた戦後教育改革の時代には、大学進学率は一〇％に満たず、事実上、大学はエリート教育機関であったことを想えば隔世の感がある。

新制国立大学が誕生した頃には、アメリカ占領軍が自国のカレッジに模して市民的教養（リベラル・アーツ）の教育を重視する改革を指示した上に、戦前の旧制高校文化を体現する教師が存在していたこともあって、一時期、旧制高校的教養主義が蘇ったかに見えた。だが、技術革新に主導された高度成長のもとで、リベラル・アーツの教育を担うべきものとされた文理学部の専門学部への分化が推進されるに及んで、ミニ東大をめざす地方国立大学の総合大学化が進むとともに、大学は戦後ベビーブームのなかで育った若者を吸収しつつマーチン・トロウのいうマス段階に突入していった。文理学部改組という動きには、ドイツの研究型大学をモデルとしてきた戦前来の日本の伝統もはたらいていたと見るべきであろう。

六〇年代末に起こったかの大学紛争は、今にして想えば、大衆化しつつある学生と、教養知、専門知のなかに生きてきた教師との間に生まれたギャップの反映ともいうべき面もあった。紛争の渦のなかで個々の大学が模索した大学改革案が実を結ばないままに経過するなかで、本格的な大学の大衆化時代を迎え、いまや、手を拱いては居られないほどにギャップは広がってきた。近年、リベラル・アーツの再構築の必要を説く声が高まったのは、こうした状況の反映といってよい。

だが、リベラル・アーツの再構築といっても、復元をめざせばいいというほど、事は容易ではない。じっさい、ユニバーサル・アクセスの段階を迎えて、学生の学力の幅が広がってきたばかりでなく、価値関心も多様化しつつある。このような時代におけるリベラル・アーツは、大学が高級官僚や幹部社員など一握りのエリートの養成機関であった頃の身分的文化の復元で足りるはずはない。

　大学のあり方の再考を促す社会の深部からのインパクトは、大学の大衆化という問題に尽きるわけではない。社会のなかにおける大学の位置に変化をもたらすような要因もある。なかでも、一〇年ほど前に生じたソ連圏の解体と東西冷戦体制の終焉という事態は、大学人の社会に対するスタンスの取り方に大きな変化をもたらした。

　第二次大戦前、大学は「国家に須要なる学術」を攻究するところという位置を与えられたが、それでもなお、大正期から芽生えた教養主義は、〈栄華の巷低くみて……〉と謡われたごとく、大学を真理探究の場として〈象牙の塔〉たらしめた。そしてまた、教養主義と雁行するがごとくに浸透したマルキシズムのイデオロギー的影響などもあって、真理探究の場としての大学は体制批判の学問をも許容する姿勢を保持することとなった。だが、自壊ともいうべきソ連圏の解体は大学を社会のなかに押し戻す契機となり、学問というものは批判的精神を持っていなければならないとしても、大学は実務世界の人びとの悩みをわがものとし、その解決の途を探る場でもなければならないという了解が大学人のなかに広がりつつあるように見える。

　それればかりではない。七〇年代前半のオイルショックを契機とする高度経済成長の終焉とそれに伴う福祉国家体制の揺らぎ、高度経済成長を支えた二〇世紀的生産システムがもたらした自然破壊や地球資源の枯渇の危機、あるいはまた、そういう状況のなかで進展した情報技術革命を背景とするグローバリゼーションの波は、二一世紀の社会も市場メカニズムをベースにしなければならないにしても、自然と人間の共生、地球規模での人間の連帯を可能とするような文明の創出という課題をわれわれに突きつけている。こういう課題を抱える二一世紀社会を担う資質を備えた若者を育てるという責務が大学に課されているだけでなく、二一世紀的課題に連なる問題に直面している実務世界の人びとの間に、大学院で学び直しリフレッシュしたいというニーズが高まりつつある。

　二一世紀の大学構想は、〈第二世代〉の大学としての近代の大学を超えた〈第三世代〉の大学をめざすという歴史的視点に立たなければならないという声があるが（たとえば蓮實重彦『知性のために』岩波書店）、まさに、われわれは文明史的課題を担いうる大学を構築しうるか否かという大きな責任を課されているというべきであろう。

リベラル・アーツの再構築

　埼玉大学は、このところ、リベラル・アーツの再構築という視点に立って学

批判的精神を持っていなければならないにしても、実務世界の人びとの悩みをわがものとしなければならない。

部段階の教育を見直し、一般教育のあり方の再検討をめざす教養教育改革推進室の設置、東京ステーションカレッジにおけるビジネスマンを対象とした経済系大学院（修士課程）や、大宮ソニックシティカレッジにおける現職教員のリフレッシュをはかるための教育系大学院（修士課程）などサテライト教室の開設、あるいは、英語による教育を施す理工学研究科の留学生特別コースの拡充、さらには、大宮ソニックシティカレッジにおけるいじめ・不登校・学級崩壊など子どもたちをめぐる問題に対応する教育相談窓口や、産業界・地域社会のニーズに応え連携を深めるための技術相談窓口の開設など、いくつかの新しい試みに着手してきた。こうした企てに参画している教員の思いはそれぞれに独自のニュアンスを帯びているにしても、私なりの了解の仕方でいえば、第三世代の大学、それも埼玉大学らしいあり方を模索する試みの一環である。

それにしても、教育改革が国政の最重要課題の一つにすえられようとしているいま、大学教育に対する公的支出のGDPに占める比率が欧米先進諸国の半分程度に止まっているだけでなく、本年から始まる公務員削減の一環として国立大学教職員の大幅な定員削減が進められようとしている日本の現実は、お寒い限りといわなければならない。

●（ひょうどう・つとむ）一九三三年生。経済学（労使関係論・社会政策論）。著書『日本における労資関係の展開』『労働の戦後史（上・下）』（東京大学出版会）。

●お茶の水女子大学（国立）

小さな大学を大きく使おう
――国立女子大学での改革の試み――

学長　佐藤　保

小さな大学の利点

お茶の水女子大学の合言葉の一つに、「小さな大学を大きく使おう」という言葉がある。お茶大が文字どおり「小さな大学」であることは自他ともに認めるところで、国立の総合大学としては最も小規模な大学の部類に入るだろう。なにしろ大塚にある一一万二千平方メートルのキャンパスの中に、附属幼稚園から大学院博士課程まで、つまり幼児教育から初等・中等教育、高等教育の組織と施設がすっぽり収まっていて、言わば日本の教育のワンセットがひとつの場所にそろっているのである。学内には他にも共同教育研究施設として、他の国立大学にはないジェンダー研究センターと生活環境研究センターが存在し、学内措置の情報処理センターと共通機器センターも、同じキャンパス内に同居する。校地と施設の狭隘さはいまさら言うまでもない。さりとて、都心にあって周囲を住宅街にとり囲まれている大学キャンパスのこれ以上の拡張は、いまや全く絶望的である。

さらに言えば、他の多くの国立大学と同様に、施設・設備の不足と老朽化は著しい状態にあるが、「小さな大学」はすべての規模が小さいだけに、万事やり繰りがむずかしい。

しかしながら、それでもなお、お茶大の教育・研究環境は比較的良好に保たれている方ではないかと思う。附属学校と大学の児童・生徒・学生の五千四百人余り（その内、大学の学生は留学生を含めて三千七百人余）が、ここ二〇年ほどの間に随分少なくなったとは言え、いまだに都心にはめずらしく緑の木々を多く残すキャンパスで学んでいる。人数の割りには、屋内も屋外も人があふれて狭苦しいという感じはあまりしない。

実のところ、我々はいま以上の大学の規模拡大を必ずしも望んでいない。むしろ、都心にある「小さな大学」の数々の利点を生かしつつ教育・研究の質を高める工夫をするのがお茶大の生きる道であると考えている。それがとりもなおさず、「小さな大学を大きく使おう」という意味である。

共学大学よりも女子大のほうが社会の各界に活躍する女性を生み出す比率がはるかに高いという事実がある。

「国立女子大学」としての存在意義

だが、小さなお茶大を大きく使おうとする際に、我々は他の大学にないひとつ大きなハードルを越えなければならない。そのハードルは、国立女子大学の存在をめぐる問題である。我々の耳には「お茶大はいつまで女子大でいるのか」「国立の女子大学は必要か」という問いかけが、たえず聞こえてくる。その都度我々は国立女子大学としてのお茶大の役割を説明しているのであるが、執拗な問いかけはかえって我々の大学改革にエネルギーを与え、改革の方向を定めるのに貴重な作用を及ぼしている。

いまさら言うまでもないが、お茶大の前身の東京女子師範学校・東京女子高等師範学校は、明治八（一八七五）年の開校以来、初等中等教育に従事する優れた女性教員の養成のほかに、社会の各界に活躍するパイオニア的女性の人材を生み出し、長いあいだ我が国の女子高等教育機関としての重要な役割を担ってきた。戦後の昭和二十四（一九四九）年、新制大学の発足とともに総合大学に変わったお茶大は、かつての長い伝統と実績にもとづく女子高等教育機関の役割を継承し、優れた教育環境を維持することが、大学の社会的貢献につながると考えたために女子大という設置形態を選択した。教育目標も単に教育界のみにとどまらず、社会の各分野でリーダーシップの取れる幅広い教養と高度の専門知識をもつ女性人材の養成にシフトしたのである。

男女共学を原則とする大学教育が進展し、国公私立の大学に在学する学生二七四万人（平成十二年度）中、女子学生が三二・六％、約九万人に達した現在もなお、お茶大が女子大であり続けるのは、伝統に裏付けされた女子高等教育機関としての役割と優れた教育環境を維持することが社会に対するお茶大の義務であると考えるからである。現に、女性の人材養成に女子大という教育環境が極めて有効に働き得ることは、かつて男女同権論やさまざまな差別撤廃論がさかんに唱えられた欧米先進国、とりわけアメリカにおいて一時急激に減少したかつての名門女子大学が最近になって復活、再建の動きを見せていることからも明らかであろう。優れた女子大の存在は、女性のためというよりは、女性の活躍を必要とする社会が求めているものであって、その背景には、共学大学よりも女子大のほうが社会の各界に活躍する女性を生み出す比率がはるかに高いという事実がある。

我々はこのことを確実なデータで実証する目的で、最近「卒業生のライフコースと国立女子大学の将来像」の調査を実施した。学部卒業生と大学院修了生の両者について行ったサンプル調査の結果はまだ学部卒業生のデータがそろった段階であるが、総数一万七八九二人の新制大学卒業生の二五・二％に相当する四五〇〇人を卒業年次別に調査したところ、七一・九％の有効回答があり、この種の調査としては異例の回収率であった。詳しい調査結果はいずれ公表の予定だが、例えば「受験理由と本学のイメージ」のデータでは、伝統・希望分野・教育環境がお茶大を選んだ理由のベストスリーにあげられている。

以上のことから、お茶大の改革の基本方針は女子大としての存在の徹底化以外にあり得ない。教育・研究の質を高める方策もこの方針に沿って進めており、例えば、教育・研究の重点化をはかって予算の重点配分を始め、高度の女性研究者養成のための研究施設の検討に着手し、教育環境の整備の一つとして学生・教職員のための保育施設の設置に動き出した。

また、大学の教育と運営体制の見直しと組織再編はいますべての大学で行われているが、そのためには講座・学科・専攻・部局にとらわれない全学的視野のもとでの人事管理が欠かせない。学長を中心とする大学執行部の人事管理の一元化は、お茶大のような大学教員二四二名、事務職員一〇二名という「小さな大学」だからこそ必要であり、また実施可能の条件を備えている。

「小さな大学」は限られた少数の教員で限られた分野の教育・研究を行わざるを得ないが、大学を「大きく使う」ポイントは国内外の大学・研究機関との交流にあると考えている。二十一世紀の大学は、個性化と同時に国際化を必須のものとすることは論を俟たない。

我々の将来計画もまた、お茶大を国内はもとより国外にも開かれた大学として、世界の女子高等教育機関の中核的存在に位置付けたいということである。

●（さとう・たもつ）一九三四年生。中国文学。著書『中国の詩情』（日本放送出版協会）『漢詩のイメージ』（大修館書店）。

●東京外国語大学（国立）

知的国際貢献の拠点として

学長　中嶋嶺雄

二十一世紀の大学像をめぐる議論

国際化、情報化、グローバル化という二十一世紀の不可避の歴史的潮流のなかで、日本の大学は果たして国際競争力をもち得ているのか、私自身が現在責任を負っている大学（東京外国語大学）は国際社会への貢献にそなえて、どのように変わらなければならないのか。学長として日夜考え、かつ改革しようとしてきたのは、これらの点であった。この間、わが国における大学関連の論議も活発になり、二十一世紀の大学像についても、理念と政策の両面から、かなり突っ込んだ本格的な論議が交わされていて、すでに具体的な提言もおこなわれている。

まず文部省の大学審議会は一九九八年十月に『二十一世紀の大学像と今後の改革方策について』と題する答申を発表している。この答申は、「競争的環境の中で個性が輝く大学」というやや文学的な副題もさることながら、従来の審議会文書の枠を大きく超えた内容をもつものであり、たとえ答申の基本方策を批判する場合にあっても、決して無視することのできない意味をもっていた。具体的には、従来の高等教育で十分に位置づけられていなかった大学院の教育・研究体制を明確にし、とくに高度職業人養成の問題を政策化したことなどが特徴的であった。大学審議会は引き続き国際化、グローバル化の問題や情報革命の問題に取組み、二〇〇〇年十一月には『グローバル化の時代に求められる高等教育の在り方について』と題する答申をおこなっている。まさに二十一世紀の最終段階でまとめられた大学審議会の最後の答申であったが、二十一世紀の大学が当面する新しい課題に挑戦しようとするものであり、日本の大学の国際化や留学生政策にも具体的に言及している。この間、一九九九年からは国立大学の設置形態に関する問題、とくに独立行政法人化の問題が大きくクローズアップされるとともに、評議会と教授会の関係など大学運営の改善をはかる目的で、学校教育法や国立学校設置法などの大学関連の法律が改正され、二〇〇〇年四月から施行された。

なかなか進まない改革

こうして二十一世紀の大学像をめぐる論議と政策はかなり広範に提起されているのであるが、これらの改革方策が個々の大学において実行に移されるテンポは全般的に依然として遅々としている。私

二十一世紀のわが国の大学像や大学地図も、国際比較の視点から大きく塗り替えられるだろう。

自身、アメリカの大学――カルフォルニア大学サンディエゴ校国際関係・太平洋研究大学院（ＩＲ／ＰＳ）――で一年間教鞭をとった経験から日本の大学の現状を批判したことが契機で一九九三年秋から大学審議会特別委員を三期にわたってつとめ、一九九五年九月からは学長にも就任したので、折りに触れて大学審議会の答申などを学内に紹介し、二十一世紀の大学像に沿った大学改革の方向を示しているつもりではあるが、学内は永い歴史と伝統に安住してしまっているのか、小さな既得権の固持に執着してせめぎあっているからなのか、改革がなかなか進まない。大学改革と国際競争力の強化をめざして、学長同士が夢を語り合ったことから始まった東京工業大学、一橋大学、東京医科歯科大学との「四大学連合」構想に関しても、去る十二月の評議会でようやく満場一致の機関決定を見たものの、様々な曲折や抵抗が学内的にはあった。要は、文部省が主導したり、大学審議会が提言したり、学長がリーダーシップを発揮して改革を進めようとしたりすると、必ず抵抗やサボタージュがあるという特殊日本的な大学の体質が、とくに人文・社会科学系には多いのではなかろうか。

これから重要となる国際比較の視点

そうしたなかで、留学生政策などは比較的に改革を進めやすいといえよう。東京外国語大学においても、一年間の英語による短期留学プログラムとしてのＩＳＥＰＴＵＦＳ（International Student Exchange Program Tokyo University of Foreign Studies）やＵＭＡＰ（University Mobility in Asia and the Pacific＝アジア太平洋大学交流機構）のリーダーズ・プログラムが実行されつつあることもあって、このところ世界各国・各地域からの留学生が急増しており、現在は約六五〇名と学生総数の一五％に迫っていて、国立大学のなかでは最高の留学生比率になっている。留学生が増えるということは、それだけ国際競争力を備えていることでもあるので、さらに改革を進め、大学の国際化、グローバル化をより一層推進することによって、キャンパスが居ながらにして異文化交流の拠点となり、知的国際貢献の一環を担う場にならなければならないと、学長としては考えている。

いずれにせよ、今日のような歴史的な移行期においては、日本の大学を国際的な座標軸と次元において位置づけ、いわゆるグローバル・スタンダードで日本の大学を計ってみるという国際的次元での大学評価がいまや是非必要だといえよう。なぜなら、国際化、情報化、グローバル化が進展すればするほど、大学間の壁は低くなるのであり、そもそも大学には国家や民族・エスニシティーなどによる障壁があってはならないはずであるだけに、「日本人が日本語で日本人に教える」という「知の鎖国」(intellectualy closed shop) の状況が一般的な日本の大学を、単に国内的な競争環境においてのみならず、世界のなかで見てみるという国際比較の視点が不可欠だからである。同時に、日本の大学をめぐっても二十一世紀においては国際競争が研究、教育、人事、学生確保、施設整備などのあらゆる分野でいよいよ本格化するであろうし、二十一世紀のわが国の大学像や大学地図も、国際競争力を十分に備えた大学という観点から大きく塗り替えられ、あるいは再編されてゆくに違いない。

●（なかじま・みねお）一九三六年生。国際政治学。著書『国際関係論』（中公新書）『中国に呪縛される日本』（文藝春秋）『北京烈烈』（筑摩書房）『現代中国論』（青木書店）。

Photo by Ichige Minoru

●東京芸術大学（国立）

感性教育

学長　澄川喜一

感性教育のはじまり

明治維新の五年前（一八六三）、伊藤博文ら五人の長州藩士が、ロンドン大学に留学した。その内の一人、山尾庸三は、グラスゴーに行き、昼間は造船所で働き、当時の進んだ西欧文明に衝撃を受けつゝ、新しい日本は技術立国を目指すべきだと、夜はアンダーソン・カレッジ（現在のストラスクライド大学）で学んでいる。

帰国後、先づ人材養成が第一と、人づくりは、ものづくり、国づくりに通じると、工部大学校（現東京大学工学部の前身）の設立に尽力した。同時に、柔軟な発想と、常に創意工夫のできるバランスのとれた感性豊かな人材を、と、明治九（一八七六）年工部美術学校が開設された。我国最初の感性教育がスタートした。

精巧な機能を持ち、故障しない車でも、細部から全体に至るまで総てのデザインが優れていなければ、名車とは云えない。合理を追求する工業製品にも、美的センスが必要であり、工と美は二本のレールの如くバランスがとれていないと、ものにならない。国を興すためには、感性教育が必要不可欠であると建議されたのである。

工部大学校には、グラスゴーから、ヘンリー・ダイアを、工部美術学校には、イタリアからフォンタネージ（画家）、ラグーザ（彫刻家）、カペレッティ（建築家）らを招いた。浅井忠ら優れた洋画家を輩出したが、明治十六年、廃止された。改めて明治二十年、岡倉天心やフェノロサたちにより東京美術学校が設立された。時を同じくして東京音楽学校も設立されている。

両校共に、芸術とは何か、を教えた。「芸術」の藝は、草や木を育てる形を表わす。「芸術」とは、植物が萌出る術であり、花を咲かせ、稔らせる術であると云う。広く世界に学び、日本文化に誇りを持ち、創意工夫のできる人材を育てると云う理念で開講された。

それから

一期生として横山大観らが卒業し、以来、優れた芸術家を輩出している。昭和二十四年、東京美術学校と東京音楽学校が併合し、現在の東京芸術大学（美術学部と音楽学部の二学部からなる）となった。

創立当初から、実技を主とし、教師なし、先輩あるのみ、と云う伝統がある。教師である前に、現役で活躍している芸術家であること、芸術家の先輩として学生たちに絵を描いて見せ、また、演奏して見せなければならない。本物に接し、手元を見て学べることは、百の教義を聞くより遙かに優るわけである。先輩（教官）と学生が、同じ目線で、お互いの才能を磨き合う緊張の場が、東京芸術大学である。真なる芸術家は、真なる教育者なのである。

学生は芸大で、何を学ぶか、強い意志を持っていなければならない。在学中、四年間の短い期間では自分の進む道を見極めることは難しいことだが、切磋琢磨する中で、自分の才能を確認し、生涯、芸術の道を歩み続けられる生きる力を得て、自力で巣立てるよう、研究環境を整え、次の時代の文化を創り出す人材を養成することが芸大の使命である。

この創立以来の教育理念は今も変らず継承されている。従って、就職のためだけの大学ではない。芸術を通して、自分はいかに生きるか、自己の生き様を探し続ける生涯学習のための大学と云える。

これから

山の頂きの雪が解け、伏流水となり、時を経て、思わぬ所で銘水となり湧き出るように、生まれ出る人材を忍耐強く待たねばならない。大学改革が、単なる経済的効率化のみの追求であったら、文化の泉は枯渇するだろう。

一昨年、芸大奏楽堂と芸大美術館が開館した。昨年は奏楽堂で二〇〇〇年を記念し、ショパン全曲演奏会を十二回に渡って開催し好評を博した。また美術館の企画展も、続々と開催され、多くのお客様をお迎えしている。大学の施設を広く一般市民に開放し、自由に絵や音楽を楽しんでいたゞく公共の場となった。

教職員の自主努力のお陰で、社会に大きな反響を呼び、芸大の存在を改めて世間に示すことになったが、企画・運営など、はじめてのことが多く、芸大らしい奏楽堂・美術館の運営は如何にあるべきかが宿題となり、試行錯誤しているのが現状である。限られた予算とスタッフを考えると、教職員の自主努力だけでは、限界がある。優れた美術展や音楽会などの文化事業は、経済的効率化優先だけでは、成立しない。展覧会や音楽会で感動し、こゝろのときめきを体験することは感性の根源をなすものであり、事業収支の結果だけでは計れない大きな価値がある。

また、美術や音楽に特定されたことではなく、市井の生活の中で養わなければならない大切な感性教育でもある。この芸術活動を押し進める任務が東京芸術大学に課されており、社会に貢献する東京芸術大学の存在理由でもある。

その為に機能する組織の充実が急務である。これからは、大学の日常の研究・教育と、企画・運営部門を分担すべきであると考えられる。と同時に、各部署の責任体制の仕組みが必要と痛感している。大学が社会貢献するためには、本格的なマネージメントの出来る人材も必要である。一方、学長を含め、部局長は、名誉職であってはならない。正論吐けど、実行力が伴わなければ大学の運営はおぼつかない。具体的且つ建設的な意見のもとで、力を合わせ、教職員全員が汗をかゝねばならない。今、ちょっと、視点を変えて自己点検し努力さえすれば、総てのことがスピードアップするだろう。

本物に接し、手元を見て学べることは、百の教養を聞くより遙かに優る。

美術学部では一昨年、先端芸術表現科を新設した。ひとことで云えば、色と形、音と光の総合芸術を思考し、創作研究する科である。最新のテクノロジーをふまえた美術・音楽を包括する今までに無かった新学部の構想も検討に入っている。芸術家として一芸に秀でることは勿論のことであるが、百芸を見て、一芸に秀でることも必要なのである。

社会や、教育のニーズの五歩も十歩も先を読める企画力と運営力を常に作り出さねばならない。そして大学が自ら発信しなければ、受信もできず世界に通じる大学にはなれない。新世紀を迎え、世界に向って文化立国を目指す日本のためにも、東京芸術大学が成さねばならないことは沢山ある。

おわりに

教育改革のために、意識改革を、とよく云われる。意識が突然改革されるとは思えないが、肝心なことは、外圧によっての改革ではなく、常に内圧による自律こそ、これからの大学改革だろう。

大学改革は、大学だけの問題ではない。人は生れたときから豊かな感性を培う必要がある。小・中・高校と連続した感性教育を大切にした「人づくり」を考えるべきである。

大学は学長のものではない。教授のものでもない。職員のものでもない。社会から支持される国民共有のものでなくてはならない。大学に魅力があれば、魅力的な若者が集う。集えば、自然に優れた人材が育つ。それが本来の学舎（まなびや）ではないだろうか。

●（すみかわ・きいち）一九四一年生。彫刻家。作品・東京湾横断道路アクアライン・モニュメント「風の塔」「カッターフェイス」など多数。著書『そりのあるかたち』（平凡社）『高津川と錦川』（形文社）。

Photo by Ichige Minoru

●一橋大学（国立）
護送船団方式からの決別を

学長　石　弘光

独立行政法人化は自己改革のチャンス

過去十数年、大学を取り巻く環境は大きく変化した。官民あげてのリストラが進捗する中で、大学のみが聖域ではありえない。それと同時に、一九八〇年代以降、急速な展開をみせる日本社会のグローバル化の流れの中で、大学も国際間の競争の波に大きくさらされている。ひるがえって、二十一世紀を展望すると人口の少子高齢化が間近に迫っており、今後の大学運営・経営に大きな影響を与えることは必至である。この結果、生き残りをかけた大学間の競争が激化することは避けられないであろう。確かに一九九一年の大学設置基準の大綱化以降、各大学は各々それなりに努力して内部改革を進めているが、そのテンポ、規模ともにまだまだ不十分である。新しい世紀を迎え、本格的な大学改革が避けて通れない状況にある。

数年後には、国立大学に独立行政法人化の波が押し寄せるものと思われる。これは国立大学のみならず、公立・私立大学をも巻き込んだ大規模な大学改革に発展することは必定である。この独法化はこれまでの護送船団方式による文部行政と決別させ、大学に独自の法人格を与え、その自主・自立性の下で、大学改革を推進するよい機会となる。二十一世紀の大学像として、この独法化の下で大学がどのように自己改革できるかが焦点となろう。

一橋大学は昨年、創立一二五周年を迎えた。社会科学の総合大学として、研究・教育においては、それなりの評価をこれまでは得てきたと思われるが、二十一世紀の一橋大学像はこの延長上にあるとは考えていない。環境が激変する中で、更なる発展のために本格的な改革を必要としている。

学内的には、二〇〇〇年度、四学部（商・経・法・社）の大学院重点化が完了した。これにより研究大学院として今後の進むべき方向が、公に認められたわけである。と同時に、昨年四月、神田に新しい独立研究科である国際企業戦略研究科がスタートし、五年前にスタートした言語社会研究科と合わせて、六研究科プラス経済研究所の七部局体制が確立した。今後は、各々の部局でその研究・教育内容をいかに高めるかが問われている。とりわけ、学生数が急増した大学院の教育体制をどうするか、学部と大学院の教育の関係をどう調整するか、教官の講義負担をどのようにするかなど、深刻な問題が山積しているといえよう。


タブー視されてきた大学の種別化は不可避である。

国際社会でも通用する競争力を

さて、二十一世紀の大学像をいかにとらえるのか、またその中で一橋大学の将来像をいかに考えるのか。いうまでもなく大学の使命は、「知の創造」と「知の継承」にある。旧態依然たる文部省依存型の体制では、このような大学の使命を到底果たせるとは思えない。競争原理による大きな研究・教育体制の変革をいくつも必要としている。以下、二つのことを強調したい。

まず第一に、戦後、日本の大学は少なくとも建て前上は、どの大学も研究・教育の充実の双方を目標に揚げ、その運営にあたってきた。しかしこれは、もはや現実的ではあるまい。現在、六〇〇を越える国公私立の大学は、その規模、専門分野、生い立ち、学生の質などで各種・各様である。今後、これまでのタブー視されてきた大学の種別化は不可避であると思われる。つまり大学院教育をより重視する大学、学部教育に特化する大学、そして専門教育を施す大学などに、大学は自ら特性を生かし分化する必要がある。少子化の過程で生じる大学間の競争の中で、市場原理によりこの方向に自然と移行すると考えられる。そして必要な学生数を確保できなかった大学は、他の大学と統廃合される運命になる。

第二に、日本において大学はその形態を問わず、今後その特性を発揮すべく相互に生き残りをかけ競争を余儀なくされるだろう。グローバル化された今日、この競争は国際間に広がってきている。より質の高い学生の確保、そして優れた研究者の確保のため、競争相手は単に国内のみでなく広く海外の諸大学に及んでいる。最近では、優秀な高校生が日本ではなくアメリカを始めとする外国の大学へ進学するという話をよく耳にする。また日本に来る留学生が、本当に日本を第一志望で選んでいるかとなると疑問である。優秀な学者の海外移住といった頭脳流出の現象が指摘され、すでに長い歳月が経過している。このような現象から、国際的にみると日本の大学が研究・教育の双方で非常に競争力を失っていることが分かる。一流と目される大学の目標は、研究・教育双方で、この国際競争力を身につけることであろう。

一橋大学も真に国際競争力のある大学を目指したいと思う。このためには、質の高い教育を施し国際社会で通用する人材を育成せねばならない。現在、東京医科歯科大学、東京外国語大学、東京工業大学との間で、四大学連合構想を企画している。たんに従来型の単位互換だけを目指す大学連合でなく、その内容は、四大学の特性を生かした学際的な領域で複合領域コースの設定、編入学および複数学位制度などの創設からなっている。この構想は、学生の勉学・進路の選択の幅をひろげ、また研究者の学際的な研究活動を刺激することを意図している。そして学生・スタッフ共に、国際的な場で貢献できる人材の育成をこれからの大きな課題としたい。

●（いし・ひろみつ）一九三七年生。財政学。著書『財政構造の安定効果』（勁草書房）『租税政策の効果』（東洋経済新報社）『財政改革の論理』（日本経済新聞社）など多数。

●京都大学（国立）
大学の原点へもどる

総長　長尾　眞

大学の地位の低下

大学は社会にとっての知の源泉、創造の源である。また文化・文明の伝承・発展の中心的存在である。

大学は学問を発展させ、新しい知を創造し、また新しい技を創出し、これを実践してきた。こうして大学が各国、各地域の文化・文明の中心となるとともに、汎世界的な文明と科学技術を積極的に押し進め、社会を豊かにして来た。また教育活動を通じて社会の発展に貢献して来た。その結果、大学は社会から、また国家から重要な存在として尊敬され、特別な地位を与えられて来た。二十世紀前半までは、このような古典的な概念での大学が存在し、大学はそれを自覚し、その権威を保っていた。

しかし二十世紀後半になって、国や企業の研究所、シンクタンクなどが活躍するようになって、大学がかならずしも学問や知の唯一の源泉ではなくなって来た。大学が優れた人材を多数社会に送り出して来たことは事実であるが、そうすればするほど、そういった大学以外のところでの知的活動が高まり、大学の地位が相対的に低下してゆくという現象は避けることができない。大学の権威という観点からは皮肉としか言いようのない矛盾であろう。

教育においても皮肉な現象が認められる。日本の社会や企業は、狭い共同体的な環境の中でお互いに妥協しながら活動して来たためか、特別に高度な専門性をもった人材を歓迎せず、むしろ企業や社会に妥協する人材を欲して来た結果、学生のインセンティブが殺がれ、教育する側も真剣さを徐々に失って来てしまった。

しかし最近になってグローバル化が進展し、企業は国際社会の中で外国企業と厳しい競争を強いられるようになって来た結果、急に大学に対して優秀な人材を供給するよう強く要請し始めている。しかし大学や学生はこれに直ちに応ずることができず、その結果、実践的な知への要求は、司法試験のための予備校、実用英語のための各種学校といったものをどんどんと生み出しているし、外国の大学が遠隔講義の提供などを通じて日本の教育市場に入り込んで来ようとしている。高校時代からの外国留学もふえており、日本の高等教育は空洞化してゆく危険性さえある。

このように研究においても教育においても大学の独占は崩れて来ており、大学の地位がますます低下しつつある。この現実をまず我々大学人がよく認識し、日本の大学を建てなおすにはどうすればよいかを真剣に考えねばならない。

大学でなければ出来ないことを

こういった中で、これからの大学はどのような方向を目ざすべきだろうか。私は大学は今日あまりにも大衆化しすぎたと考える。大学は、先に述べたような、以前の大学が持っていた力と権威をとりもどすことが必要である。これは今日では大学院でしか実現できないかもしれないが。

大学の原点に帰ること、それは復古的・後ろ向きの姿勢と批判する人もいるだろうが、古典はいつの時代にも真実であり、力の源泉であるというのと同じく、大学が本来のあるべき姿にもどることはむしろ歓迎すべきことであると信ずる。

それは次のようなことを実現することであろう。

（1）学問的立場、真にあるべき立場から、現代社会のもつ問題点を鋭く指摘し、批判し、社会のあるべき姿、社会の進むべき方向を示唆できる学識と洞察力を持ち、政治・経済・社会を積極的にリードしてゆく力をもち、社会から信頼され、尊敬される存在となること。

大学は学問的立場から現代社会の問題点を鋭く指摘すべきである。ひたすら真理を追求する人の存在も大切にすべきである。

（２）大学でなければ出来ない創造的な研究を行い、学問を創造・発展させ、その成果を積極的に社会に還元することによって、社会の尊敬をかちえて、社会をリードしてゆくこと。
（３）全人格的教育とともに、専門性の高い教育を行い、社会をリードしてゆける人材を社会に送り出すこと。
（４）これからの社会と人間の持つべき人間的、文化的価値観のあるべき姿を積極的に提示し、教育を通じて実践的にこれを社会に浸透させてゆくこと。
（５）生存競争のうずまく厳しい社会における唯一のオアシスとして、大学は知的文化的雰囲気を持つ空間を形成し、これを広く社会の人々に開放すること。

こういったことは大学自身の努力だけでなく、社会自体が大学をそのようなものとして作り、自分達のために活用するという視点が欠かせない。そういった大学においては、教師と学生はお互いに切磋琢磨をする関係として存在し、教室はその実践の場とならねばならないだろう。また、図書館、美術館、博物館、音楽ホールなどが文化的な社会には欠かせないのと同じく、人々が心の古里として訪ねてみたくなる魅力のある大学が不可欠であることを、社会自体が認識し、その建設に努力すべきであろう。大学自身もそういった観点から社会に開かれたものとなる努力をすることが必要なのは当然である。

ここに述べたような機能を発揮するために、大学をどのように変えてゆくべきかは大きな問題である。改革は単なる制度いじりであってはならず、実質内容における改善と充実が最も大切である。すなわち、大学人が新しい知識を創造し、社会をリードしてゆくためには、大学人それぞれが、まず大学の使命、教育者・研究者としての使命を改めて自覚し、真剣に努力することが先決である。学問の自由、余裕と遊びの精神の必要性は、上に述べたような大学の目的を達成するための必要条件なのであって、これ自体が目的なのではないことを十分に認識すべきであろう。

大学はその目的を達成するために、自分の興味に対してのみ、ひたすらに集中する変人、奇人的な研究者の存在を容認し、およそ組織といった観点をもたず、効率・非効率といったことや他との競争といった次元のことに全く関心をもたずに、真理を追求する人達の存在も大切にすべきであり、社会から隔絶することもしばしば必要である。

こういった、大学の持つべき側面をよく理解し、これを容認することのできる余裕をもった、おおらかな社会でなければ、真によい大学は育たない。

こういったことをよく認識し、理想の大学を復活させるには時間が必要である。慌てて大学の制度、教育の制度をいじくっても、悪くなってゆく危険性の方が大きいだろう。今日、大学人は大学のあるべき姿を認識しなおし、その方向への努力をやり始めたのであるから、社会の方も大学のその努力に信頼をおき、忍耐強く待つのが最善の方策であると信ずる。最も大切なのは社会と大学の間の信頼性の回復であり、効率性や評価といったことは、真の学問の健全な発展にとっては逆効果となる危険性があることを知らねばならないだろう。

●（ながお・まこと）一九三六年生。情報学。著書『人工知能と人間』『電子図書館』『わかるとは何か』（岩波書店）。

●琉球大学（国立）

「地域特性と国際性を併せ持つ大学」を目指して

学長　森田孟進

特異な経緯が生んだ良き伝統

琉球大学はその成り立ち、歴史においてわが国の他の国立大学とは大いに異なる特性を有している。

琉球大学は太平洋戦争によって灰燼に帰した首里城の跡地に米国琉球軍政本部によって一九五〇年五月二二日創設された。学生数は一年次・二年次あわせて五六二人、職員数四四人のきわめて小さな組織であった。机・腰掛けも足りず、学生たちはあぐらをかいて授業を聴いた。講堂というようなものもなかったので開学式典も単位登録も炎天下で行われた。

沖縄県に高等教育機関を設置することは明治以来の県民の切なる願いであったが、高等商業学校・高等農林学校の設立も実現されなかった。したがって琉球大学はその前身として国立の高等教育機関を持たずに、廃墟の中に姿を現したのであったが、首里城跡に大学ができたとのニュースを聞きつけた若者たちが沖縄全島から馳せ参じた。戦火をくぐり抜けて生き残った沖縄の人々にとって琉球大学は希望の星であった。キャンパスが首里城跡にあったことも沖縄の人々のアイデンティティーの象徴的拠り所となったと思われる。

一九五九年沖縄を訪れた毒舌家の大宅壮一は「ひめゆりの塔」等の南部戦跡を見て「動物的忠誠心」のあらわれと評して遺族の方々に衝撃を与えたが、琉球大学を視察した際には「8ミリ大学」という代名詞を造語した。大宅壮一は新制大学を「駅弁大学」と揶揄した人であるが、琉球大学を見て絶句し、「8ミリ大学」と形容したのである。8ミリとは、当時家庭用の小型映画のフィルムの幅が8ミリだったことにちなんだものである。

8ミリ大学ではあったが、ミシガン州立大学から派遣されてきた教授陣の指導のもとに琉球大学は個性的な大学として成長しつつあった。ミシガン州立大学のミッション団の協力と指導は一九五一年から一九六八年までの約一七年間にわたるものであった。ミシガン・ミッションの教授陣は大学の地域社会への貢献を当時すでに重視していたので「普及講座」に力を入れた。この「普及講座」はまさしく今日の生涯学習・継続教育に相当するものであり、英語・農業・家政学等の講座で実績をあげ、普及講座の修了生は一九七一年までに約一〇万人に達したという記録が残されている。

なぜ、一九七一年までの記録かといえば、一九七二年には沖縄の施政権が日本政府に返還され、いわゆる〝日本復帰〟が実現し、琉球大学は国立大学となったからである。沖縄と本土の格差是正が大きな目標になり、何につけても〝本土並み〟が合言葉となる流れの中で、琉球大学も国立大学の基準に合わせるための努力をすることになる。普及講座は廃止されるが、いくつかの良き制度は〝本土並み〟の流れの中でも押し流されずに今日まで残っている。例をあげると、前期後期あわせて一六単位未満の学生は除籍する、という米国の大学に見られるドロップ・アウトの制度もその一例である。単位登録の上限を設けていること（一セメスター二〇単位）、指導教官制、単位登録における選択の自由度の確保等々も開学以来の制度である。さらに国立移管前の琉球大学の優れた特性のひとつは米国のスカラーシップによって米国で教育を受けた教授陣の充実ぶりであった。これらの教員の多くはここ数年のうちに停年を迎えられたが、この良き伝統は本学の卒業生たちによって受け継がれている、といえる。

一九八五年には、十年がかりで新キャンパスへの移転が完了し、文部省をはじめとする諸機関の支援を得て、文字通り〝本土並み〟の国立大学となった。その頃、沖縄が復帰して良くなったのは琉球大学と道路と言われたこともあった。

地域特性と国際性

グローバリゼーションの中で新千年紀を迎え、わが国では国立大学の法人化問題等をはじめ、大学改革の嵐がいよいよ吹き荒れるだろうという。いや、嵐どころか、土石流が降ってくる、と予測する人もいる。

琉球大学も他の国立大学と同様にここ十年来改革に努めてきたが、激動の時代が迫ってくることを明らかに予測しつつ、将来構想を練りつつある。その一端を次に素描してみよう。

わが大学の将来構想は、（1）地域特性に根差した研究によって特化すること、（2）国際性豊かな大学となること、この二点を最も重要な基本方針としている。この二大方針は別々のものではなく、互いに密接な関係にあり、いわば、未来へ向かって走るわが大学の両輪の役割を果たすものであり、この両輪を結ぶ太い軸が「教育」であるとイメージすることができるであろう。

地域特性に根差した研究とは、たとえば、海洋生物学、海洋天然物化学等の海洋科学であり、亜熱帯沖縄の生物・植物の多様性に支えられた研究、また熱帯医学・農学等の研究である。実際、この分野でわが大学は世界的水準の業績をあげつつある。

日本文化の原点としての「古琉球」、特異な歴史・民俗・宗教、そして琉球語、国際政治に翻弄された戦後体験等々の研究を推進すること、すなわち地域特性は科学というフィルターを通すことによって鮮烈な国際性を帯びてくるのである。

私たちは教養教育の授業科目においても「琉大特色科目」を設けている。例をあげると、「沖縄研究入門」・「ウチナーグチ（沖縄口《ウチナーグチ》＝沖縄語）入門」・「沖縄の美術・工芸」・「古琉球の文字と交易」・「台風――自然と風土」・「琉球弧の自然誌」・「沖縄のサンゴ礁」等である。これらの授業科目は、学生たちが争って選択し登録する科目となっていて、わが大学の卒業生固有の教養を培い、アイデンティティーの形成要素のひとつとなっていると私は確信している。

異文化交流の接点としての琉球

国際交流、異文化接触は琉球の古き良き伝統である。

琉球王国は十五世紀のはじめには中国（明・清）へ朝貢し、逆に中国は琉球へ冊封使を送った。冊封使は中国の皇帝が琉球王を冊封するために送った数百人からなる使節団で、様々の分野の専門家が参加していて、滞在は四ヶ月から六ヶ月に及んだという。使節団の中国人たちは琉球の人々と交わり、琉球の自然、風俗等を調査し、記録した。これらの記録は冊封使録と呼ばれ、琉球に関する貴重な文献として残されている。冊封使は一八六六年、即ち明治維新の二年前をもって最後となる。冊封使録の中でも一七一九年（尚敬王の治世）に冊封副使として琉球に来た徐葆光《ジョホコウ》の『中山伝信録』（全六巻、一七二一年刊）は十八世紀初頭の琉球に関する記録として高い評価を得ているが、当時北京にいたパリ外国宣教会の宣教師アントワーヌ・ゴービルはこの『中山伝信録』を読んで琉球に関する覚書をパリの外国宣教会へ北京から送り、その覚書は一七五八年、外国に関する情報誌として当時のベストセラーであった『教化的にして興味深い書簡集』に掲載される。琉球を東洋のユートピアとして紹介した英国人ベジィル・ホールとマックレオードはその航海記においてゴービルの琉球覚書を重要な情報源としている。日本に開国を迫ったペリーは浦賀へ向う前に琉球に来ているが、ペリーはゴービルとホールによる記録によって琉球への特別な関心を持っていたと言って良いだろう。

さらに一八四四年以降、フランスの宣教師たち八人が日本の開国を待ちつつ、一八六二年まで断続的に琉球に滞在し、琉球に関する記録を残していることも忘れてはならない。また、一八四六年から約八年余にわたって那覇に滞在し、「波上の眼鏡《ナンミンヌガンチョウ》」と庶民から呼ばれた英国人ベッテルハイムの琉球研究も極めて重要な異文化接触の成果である。

第二次大戦後の沖縄はアメリカという異文化と直接的にかかわることから始まる。約一〇〇〇人ともいわれる沖縄の若者たちが米国政府のスカラーシップで米国へ留学し、沖縄の人々は日常生活のレベルでは、アメリカ的食文化、ライフスタイルを模倣し受け入れている。戦後沖縄の優れた文学作品のいくつかはアメリカ人、アメリカ兵との接触から生まれ

琉球の自然が与えてくれる恩恵と、苦難を強いられたこともある異文化接触の経験とを貴重な財産として。

ている。例をあげれば、大城立裕氏の『カクテル・パーティ』、東峰夫氏の『オキナワの少年』、又吉栄喜氏の『ジョージが射殺した猪』等である。

戦後沖縄の異文化接触の研究としては、琉球大学アメリカ研究会のメンバー二一人による共同研究『戦後沖縄とアメリカ』（全五六三頁、一九九五年刊）をあげておこう。

さらに、沖縄は貧乏県であったがゆえに、多くの移民を南米、ハワイ、太平洋諸島へ送ってきた。その子孫の方々は今日私たちの国際交流の宝となりつつある。

琉球の自然が与えてくれる恩恵としばしば苦難を強いられたこともある異文化接触の経験とを貴重な財産として琉球大学は力強い成長を遂げるであろう。十年後、二十年後、琉球大学が地域特性と国際性を併せ持つ個性的な大学として光り輝いている姿を私はすでに瞼に描いているのである。

●（もりた・もうしん）一九三七年生。フランス文学・比較文学。著書『南島の憂鬱』（沖縄あき書房）『フランスにおける琉球関係資料の発掘とその基礎的研究』（共著、琉球大学）。

Photo by Ichige Minoru

●岩手県立大学（公立）

求められる大学の多様化と要点

学長　西澤潤一

はじめに

終戦と共に日本は軍国主義から開放されて新しい教育体制に入ることとなった。当時の日本が本当に全体主義だったかというと、むしろ権力主義的だったという方が適切ではなかったかと思うが、戦後、近代倫理としては個人主義を標榜すべきところが、被害者意識もあったために、個人の権利の庇護が強調された結果、利己主義的な考えが芽生える危険を孕んでいた。

また、人間が平等に待遇されなければならないとする考えかたから、画一化が強調される結果となり、個性の尊重が行なわれ難くなって来ていた。

ところが、今日では、国際交通や輸送が進歩し、また大量生産技術が進歩したために流通が世界規模となってきた。世界で最も優れた製品が世界に売れるようになり、その結果、第二位以降の製品の売行きは思わしくなくなるようになってきた。正に世界的製品を確実に現実のものとしてゆかなければ、日本の経済の殆んどを支えている工業製品の輸出にこと欠くことになる。世界に傑出した工業製品の発明開発のために、ＤＮＡの優れた人材を発見、これを育成して、日本の出しうるすべての力を結集しなければならなくなる。日本には資源がないから、創造的工業製品の展開こそが日本経済の生命線であることはとくに重要である。

工業製品の原料は太平洋を乗り越えて持ち込まれ、出来上った製品は遙か地球の裏側にまで売りにゆかなければならないのが高付加価値製品を製造している日本の宿命というべきものであり、その原因は、人件費が高くなって豊かな生活が行なえるようになったことにある。豊かな生活をしてゆくことは大変結構なのだが、これを維持するためには、この日本の宿命ともいうべき工業の負い目に負けずに、耐えてゆかねばならぬ。これが即ち他にはない新製品を次々と切れ目なく出してゆく事なのである。

そして、国内から、それが出来る人材を選び育て上げてゆくことが絶対に必要になる。国内からＤＮＡも、その教育も、世界トップの能力を持った人を生みつづけてゆかなければ、日本の経済は成り立たない。そして、その人を援助する集団を作って国際競争に臨まなければならない。此処に教育が格段に重要な地位を占めることが理解されると思う。

日本の大学と高等教育

木村尚三郎先生がいわれるごとく、江戸時代の日本の教育がなかなか進んでいたことがベースになって明治期に入って直接欧米から導入された学術が極めて効果的に成果を挙げ研究についても教育についても急速な進歩を遂げた。

当時の教育は、主に欧州に範をとった、多様化教育で、大学自体も高等学校から入るものだけでなく、予科を経るもの、高専から入るものなどいろいろあった。

しかし、今日、民主化の浪に乗って新制教育といわれた教育は、平等から画一となり、駆けっこさえ順位をつけないようになる反面、マルチプルチョイス式の試験問題は、殆ど暗記対応型となって、その点数を激烈に争うという風潮になってしまった。これが暗記知識量の増加に対応して思考能力の発達に停滞を生ずる結果となり、暗記が理解に熟成しておらず、当然創造に発展することも、事故予測に効果を発揮することも期待し難くなってしまって、海外からも、最近の日本人の創造力の低下が注目される程になっている。

それにも増して大きな問題は、残酷な事件の連続発生である。大学に入る前の十六、十七歳に集中して人身事件がおこり、自己中心的で、他人に関しては、生命すら尊重する気がなくなっていることは由々しき問題である。大体人間が人として生長するのは、異性を意識する頃といわれる。とはいうものの最近は随分と早くから意識しているようであるが、要するに十六、七歳の人間教育が極めて重要であることはあまり変わっていないだろう。この人間として成長するときに必要な環境を与えて、思索させて、しっかりした自我の育成に努めることが重要である。以前は、そのようにして労働に対する正しい考え方も身に備わり、自己の理想に向けて、専門学術の修得に踏み出すことになって大学には専門を選んでから入学することとなっていた。今は暗記の能力によって決まるといわれている偏差値によって入学志願大学を決めるが、人間成長の一番大事な時期に思索するという人間本来の欲求を抑制しながらより効率的な暗記による知識量の増大に狂奔して、大切な人間生長の時期を潰してしまっている。

斯くして大学は、理想なき若者のレジャーランドと化し、世の中が資格主義となって実力主義になっていないことに感応して、資格をとるために嫌々勉強することになった。バートランド・ラッセルがいう「英国には専門家は一人も居ない。皆素人だ」に象徴されるように、大学までに学んだことは皆人間教育ともいうもので、専門についての知識は皆自分で勉強したものなのである。これこそ偉大なる実力主義である。だから英国人はいう。「時間をかけることを許してくれれば、英国人は大抵のことを恐らく最もよくやるのではないか」と。

これからの日本の大学

つまり、日本の大学は、大きな変革を迫られている。先ず、最初にのべたように、世界に通用する、いやむしろ、世界でも突出した才能を持った学生を育てなければならないということで、これまでの画一学生を育てるというゆき方だけでは成り立たない。つまり教育方向の変革と共に、多様化を迫られている。

大体、人間を一つの枠に嵌め込もうというのは、本来、人間性を無視することで、家庭教育や初等教育の範囲では、型に嵌めるということも大切であるが、次第に枠をゆるめて個性を発揮させてゆくのが、何万年かけて実験したことになる優者生存の結果得られた現在の人間社会の結論といってよかろう。

以前は、最も極端な場合の旧制高等学校を右翼に、いろいろな教育機関が染色体に合った人間教育を実施していた。これが概ね十六歳、十七歳であった。しかも、どのような教育機関でも暗記漬けということは無く、自主性を以て各人が任意にグループを作ったりしながら、人格形成・理想の構築を行った。

現在、教養部教育が人間形成を担うこととされている。講座も教授室・研究室も持たない教養部教授が、学部教授と同居する無理が紛争の底辺にあるといわれ、この差別の撤去を行ったものの、学部教授が新入学生の人間教育をやることを好まないなどで、仲々効果を発揮し得ていないのは予想通りである。

一部に教養大学を作って、現在の大学を大学院大学にしようという案も提案されており仲々効果的な案であるが、前述の如く、十六、十七歳で人間教育をする重要な点が満足されていないので、中高を一貫教育として、五年とすれば十七歳、飛び級をやって四年修了で大学に入れれば辛うじて十六歳になる。戦後画一主義に馴れた日本社会では、このような漸進主義が案外現実的かも知れない。

思索するという人間本来の欲求を抑制し、より効率的な暗記に狂奔して、大切な人間生長の時期を潰してしまっている。

戦前の高校につながる制度のもう一つよかった点は、大学に入るときに選択ができ、しかも、殆ど無試験に近い状態で大学に入れたことである。前者は資格主義を抑え、多様化に結びつく点で大いに効果があったが、後者は、今でも、「遊ばせる」ことが人間形成に大きな効果があるとして、採用されている方法であるから効果については疑う余地もなく、自主性も、こういう生活を通して形成されるものであると考えられて来た。従って考え方としては、誤っているとは思えないが、これを具体化するのは甚だ難しい。大学院入学者の決定をくじびきにせよとか、志望者をプールして成績順に各大学に廻してゆくとか、いろいろ考えられているが、本来は、各大学が特徴のある教官を維持して、学生が指導してくれる教官を選んで進路を決めるようにすることであろう。

大学は研究などしなくてもよいから、就職したらすぐ使えるように教育をするようにとの要望が企業から出たこともある。極端ではあるが、このような大学があってもよい。しかし、本来大学を卒業して来た社員は、急には間に合わないが、二、三年経つと、かえって能力が高くなり、また教えたこと以外のこともやってくれる、つまり、創造的な仕事もやってくれるといわれていた。大学を出ていた私などから考えると、大学出は基礎・基本に重点をおいて教育されていたから、現実の科学技術に到達するには若干の時間を要するが、考え方は個別のことを考えているのではなく、一般性のあることを考えていたということである。もっとも、当初は工専出などと同じ程勉強していないが、やれば出来るという自信が裏返えって、やり遂げねばならぬというよい意味のプライドがあっただけではないかと考えていた。今後、この両種の大学が存在することが日本社会にとって甚だ重要である。

すぐに社会に役立つ、立たせようと思っていることは、ロード・ケルビン流の現場主義につながるもので、ロード・ケルビンに見るごとく、現場に立脚することによって従来の学理研究の対象としていなかったことを解明することによって新学問分野を構築して哲学的ともいえる、抽象的であるとさえいえる学術までを創造しなければならない。単なる応用重視も重要であるが、本来は、それによってより高いより新しい学理を生んでゆくことが重視されることを望むものである。

従って実験も重視し、日本民族の得意とするものづくりをも大いに水準を上げるような大学教育が望まれる。本多光太郎先生に私淑して電気工学分野でロード・ケルビン流を創始された八木秀次先生は、「教育するものは研究者としても自ら第一線に立て。研究者は、若者と触れ合うことが大切で、教育もやれ」と仰言っておられた。ドイツでは何故条件の悪い大学の研究成果が多いかという追跡調査も行われ、若者初心者との触れ合いを原因と結論した。大学は多面的に格段とレベルアップを迫られていると言わなければならない。

●（にしざわ・じゅんいち）一九二六年生。工学。『教育の目的再考』（岩波書店）『教育亡国を救う』（本の森）。

●東京都立大学（公立）

高等教育リフォーム構想

総長　荻上紘一

はじめに

その多くが「レジャーランド」と化した日本の大学の現状は、既に批判し尽くされた感がある。「入試の難易度」による大学の格付け、その格付けを人材採用の基準にする企業、格付けの高い大学に殺到する受験生、入学後は勉強しなくても卒業させてくれる大学……。しかし、日本の大学の退廃は、大学を「卒業証書自動販売所」と考える学生や、人材選別の目安を「入試の難易度」に求めた企業だけに責任があったのではなく、むしろ真の原因は現在の大学制度の発足当初から、制度自身並びに大学人の意識に内包されていたのではないだろうか。

「選ばれた少数者のための最高学府」であった旧制大学に対して、

「多数者に開かれた高等教育機関」という理念のもとに作られたのが新制大学であった。新制度による大学は戦後の復興や高度経済成長に貢献してきたが、大学進学率の上昇や少子化によって大衆化が進み、多くの問題が顕在化してきた。大学自身が自らを「教育機関」としてよりは「研究機関」として位置づけてきたことにより、大衆化と共に「勉強しない大学生」と「学生を教育しない大学」が一般化するという状況を生み出すこととなった。一方、今後ますます重要性を増す大学院についても、現行の体制では二十一世紀の社会的要請に十分に応えていくことができない。

大学は「学問の府」すなわち「知」の最大の創造拠点・集積地であり、「知」を後世に伝え、かつ新たな「知」を創造できる優れた見識を備えた人材を育成していく責務を負っている。大学がその責務を十分に果たしていくために、様々な変化が求められている。制度改革と意識改革の両方が必要であることは言うまでもないが、ここでは、主として二十一世紀に相応しい高等教育制度のリフォーム構想について考えてみたい。

尚、東京都は二月九日に「東京都大学改革基本方針」(http://www.metro-u.ac.jp/参照)を発表した。これは東京都が設置する四つの大学が構想する改革を前提にして東京都が策定したものであり、東京都立大学は当面そこに示されている方向で改革を進めることになる。

高等教育を二段階に

現在、我が国の教育は初等教育、中等教育、高等教育に三区分されて考えられており、大学は高等教育を担当しているが、この区分が設定された当時とは国民の修学状況が大きく変わってきている。戦前は、(旧制)高等学校において高度な教養教育を行い、大学は文字通り最高学府であり専門を究めるところであった。しかし、戦後の制度改革によって大学の数が飛躍的に増加し、加えて近年大学への進学率が五〇%に近付きつつあるに及んで所謂「大衆化」が進み、「今や大学は普通教育の場である」というべき状況になった。大学の大衆化は大学進学率の上昇によるものであるが、一方において、長寿化や社会の高度化、生涯学習意欲の向上への対応など、大学教育をより多くの人々に開放する必要性が高まっていることも事実である。即ち、大学の教育機関としての役割が大幅に拡大しており、全ての大学が「研究」と「教育」の〝二兎を追う〟ことは〝一兎をも得ず〟となる危険性がある。

このような現状に鑑みて、二十一世紀には高等教育を「一般高等教育」と「専門高等教育」の二段階に機能分離し別組織とすることによって、前者を「大学」が担当し後者を「大学院」が担当することを提案したい。

新しい時代に希望を託すためには、「高等教育の再生」が最も必要であり、今がまさに正念場である。

大学は全て三年制の教養学部に

現在の大学教育には教養教育と専門教育の二つの面がある。戦後、我が国ではアメリカの教育制度を取り入れたが、お手本となったアメリカの大学では、学部の四年間を主としてリベラル・アーツ即ち教養教育に費やし、大学院へ行って初めて本格的に専門教育を受けるのが一般的である。専門教育を受けてスペシャリストになる前提として、先ず幅広く豊かな教養を身につけてジェネラリストになることが求められているのである。それは、専門知識を身につけても、豊かな教養がなければ的確な判断ができず、社会の第一線で活躍することはできないと考えられているからである。ところが、我が国では従来大学は最高学府とされ「専門を究めるところ」との考えが強かったせいか、これまで教養教育は軽視されがちであった。

また現状では、中等教育が大学受験を目標にしており、早い段階から文系・理系と決めてしまう者が多く、入試に必要な科目以外は勉強しない。首尾良く大学に入学できても、殆どの大学において教養教育は崩壊状態というのが実態であるから、このままでは日本中に「教養無き学士」が溢れることになる。更には、本来高校で学んでいる筈の事柄を大学入学後に「補習」しなければ専門の教育に入れないという現実をどう考えるべきか。

そこで、「大学の基本的な機能は教育である」を前提として大学は全て三年制の教養学部にして、幅広く豊かな教養を身につける人間教育を行い、専門教育は大学院で行うことを提唱したい。教養学部においては、幅広く豊かな教養を身につける人間教育を目標にするけれども、漫然と学ぶのではなく主専攻・副専攻を明確にすることによって自己を確立するとともに、大学院に進む者のためには必要な基礎が身につくようにする。

かつては「大学生は自分で勉強するもの」という暗黙の前提があったが、昨今これは完全な「神話」になり、「大学生は勉強させるもの」である。教育機関である大学は、入学から卒業までの間にどれだけの付加価値を付けることができたかによって評価されるべきであり、教員は教育能力によって評価され、手間暇をかけて教育に力を注ぐことが期待される。

大学院を独立した組織に

大学院の修士・博士課程の在籍者は一九九九年度で約一九万一一二五人と一九八五年当時に比べ約二・七倍以上に拡大した。これは主として理工系を中心とする量的拡大によるが、留学生が増加しているためでもある。

大学院が質的・量的に拡大しているにも拘わらず、ごく一部を除いて大学院は実質的に独立した組織にはなっていない。そのために、大多数の教員は学部教育・大学院教育・研究の三種類の「本務」を抱え、何れも中途半端になり、国際競争に勝てないという結果を招いている。この状況を打破するために、制度上、大学（学部）を「教育機関」と位置付けると共に、大学院を「研究・教育機関」と位置付け大学とは全く独立した組織にすることを提案したい。

大学院には主として研究者養成を目的とするコースと、主として高度専門職業人養成を目的とするコース（プロフェッショナルスクール）とを設置する。入学者の選抜にあたっては、どの大学からでも、どの分野を主専攻・副専攻に選んだ者でも、社会人でも外国人でも、能力に基づいて公平に受け入れるようにすることが重要である。このことにより、例えば、法科大学院（ロースクール）や医科大学院（メディカルスクール）などに、学部段階では様々な分野を主専攻・副専攻にした者達が集まることの意義を積極的に見出すことができよう。

大学院、特に主として研究者養成を目的とするコースは研究・教育機関として、国際的に高く評価される水準を維持しなければならない。そのためには「研究」に対する評価を厳格に行う必要がある。

大学入学希望者に資格試験を実施せよ

昨今「分数ができない大学生」など「大学生の学力低下」が問題にされているが、分数の計算ができないまま高校生になり、大学生にもなり得るような状況は改めなければならない。少なくとも大学入学希望者には資格試験を課すことを提案したい。分野の如何を問わず大学である以上「基礎学力のない者は入学させない」ことを前提にしたいということである。

具体的には、現在実施されている英語検定試験の方式を、国語、数学、物理、化学、生物……等の科目に拡大し、その成績を資格試験に利用する方式である。これは、年に数回の受験機会が設定できる、科目毎に受験できる等の長所があり、また失敗してもやり直しがきく方法である。社会人を含め広く大学教育の機会を提供するという意味からも、積極的に検討すべき方式であろう。「現代国語一級」「数学二級」などという認定試験の結果は大学入学希望者に対する資格としてのみならず、就職試験などにも有効に活用することができると思われる。大学入試センターの機能をこの方向に転換することを検討すべきではないだろうか。

資格試験に合格した者を対象に、各大学がそれぞれの教育目標・理念に基づいて入学者を選抜すればよい。

おわりに

二十世紀の日本の大学は研究機関であり教育機関であると同時に、人材選別装置として機能してきた。いろいろ批判はあろうが、要するに大学は日本の社会の在り方を反映してきたということではないだろうか。「学生は未来からの留学生」という言葉がある。二十一世紀の入口に立って、これから始まる新しい時代に希望を託すためには、「高等教育の再生」に全力を尽くすことが最も必要なことではないだろうか。今がまさに正念場である。

●（おぎうえ・こういち）一九四一年生。数学。著書『多様体』（共立出版）。

●大阪女子大学（公立）

画一論ではいけない

学長　中西　進

理想と現実のギャップ

日本の大学制度が大幅に占領軍によって改められてから半世紀、今や大学革命がさまざまな面に求められているのは、むしろ当然であろう。あえて言えば、大学が無用の長物として忘れられていなかっただけ、よかったかもしれない。

ただ、具体的な点になると、理想と現実との間には隔りが大きく、困惑は拭いがたい。

たとえば自然科学の進歩は著しい。その成果は、より高度な機械や設備、器具によって得られるばあいが多く、しかもそれらは忽ち古くなる。要するに莫大な予算の裏付けがつねに必要である。

それに対応できる大学は、限られている。とくに私どものような公立大学の理学部は、軒並みの地方自治体の税収減によって、まったく絶望的である。

一方の文科系の研究における最大の問題は、とくに人文学と社会との距離を、どう学問として測るか、という点であろう。

今や、世の中の合唱は、社会に有効な研究にある。それでいて、有効の中身は、あまり論議されない。まるで、ペニシリンの発見や宇宙衛星の成功だけが「有効」性をもつかのようにいわれる。

しかし即効性を誇るガンの治療薬もあるかわりに、人体の生理に沿った漢方薬もある。文化への貢献という巨大な社会的有効性を抗癌剤と同じにしか考えないのでは困る。

ただ、こんな解り切ったことが問題になるのは、自然科学の発達同様、社会自体の発達が目まぐるしいからである。それとの対応も大学に当然求められるであろう。私どもの人文系学部でも、この大きな問題を抱えている。

さらに、これら内発的な問題は外がわからも提起されている。すなわち独立行政法人化、外部評価制などである。私は、これらを内発的問題とまったく根拠のひとしいものと考えるが、「形」は否応なく迫ってくる。その力は往々にして、正当性をゆがめかねない。

韓国に古くから伝わる民俗舞踊に「カンカンソオレ」というものがある。怖い物が他所からやって来る、という意味だ。昨今、どこの大学もカンカンソオレを踊らされているようである。

大学の機能分化による活性化

それでは、こうした現状に、どう対応したらよいのか。一年ほど前、大教審の入学試験制度の検討部会で大学の方針にそった入試をすべきだという答申を出した。それはほぼ三つ、研究大学、専門大学、教養大学といいかえることができるが、もちろん入試は二の次であって、根本の大学そのもののあり方が問題である。

こうした大学の種別は、すでに一九九一年に天野郁夫氏が、将来、機能の違いを基軸にした分化が進展するだろうと言っている（『大学―変革の時代』二三五ページ）。氏の分類でいえば、研究大学、教育大学（学部教育を中心とする大学）、その中で専門大学、教養大学、地域大学、社会人大学、国際化大学などがあげられる。

今後大学が進むべき道は、こうした機能分化の途であろう。すでに世にいう「大学の個性」も同じ意味合いにちがいない。

誰しも考えているはずだが、この狭い島国の中に、一県一国立大学を置く戦後の制度は、誤りであった。しかも当初は山形大学には特色ある音楽学部を置く、静岡大学ではフランス文学を特色とするといった配慮があったのに、やがて地方国立大学はほとんどが県民大学となり、同じような大学となって、機能分化がほとんどなくなってしまった。

人間一人ひとりが多様であるだけ多様な大学がある方がよいのである。

その上に各県に県立大学があり、国・公立大学は、必ずしも区別がはっきりしなくなった。

それに比べると、戦前の日本の学校制度はじつに多様だった。とくに多くの大学が女子を拒否したことなど、もちろん問題はあったが、何よりも大学と高等専門学校が別に存在し、意義と内容を区別して自立していた。教員養成機関も別で、それなりに人生の選択が画一的にならない利点があった。

ところが戦後はすべてが小・中・高・大というステップに揃えられ、学校はまったく個性のないものになった。しいていえば今でも高等専門学校があって、中学校卒業以後五年間の一貫教育ができるのは、画一化の例外として、すぐれた制度だと思われる。

いや、今は教育全般を論ずる場でもないのに、こうした物言いをしているのは、他でもない、この画一化は現場から遠い、一部行政者の抽象的な「デスクワーク」から出るものだと思うからである。

すべての学校が小・中・高・大と並ぶのを喜ぶのは、学校制度を紙の上に描いて眺めている人間であろう。実際に現場にいて、一人ひとり別々の、ほんとに千差万別の人間を相手として、この人がよりよい人生を過ごすためには、どういう教育機関を選び、どう学習すればよいかを真剣に考える人が、まるで建物の設計図を描くように、きれいな図を作って悦に入るといったことは、ありえない。

日本人が日本や世界の文化に寄与する人生の基礎を作るためには、どんな必要性があり、どんな教育機関を用意すればよいか、一人ひとりの日本人の顔を思い浮かべながら学校制度を考える人が、形だけ美しい設計図を描いてよろこぶはずもない。人間一人ひとりが多様であるだけ多様な大学がある方がよいのである。

デスクワークから大学論は生まれない。このことは大学にかかわるものの牢記すべきことである。にもかかわらず、つい最近までデスクワークは続いた。たとえば蛸の足大学問題。新制大学は幾つかの大学や専門学校を集めたから、キャンパスはばらばらだった。だから統一キャンパスをもつことが至上命令のように思われた時期があった。これも学長室の壁に構内図でも貼って眺めていれば気持いいかもしれないが、一つにまとまり、垣を高くして人界から遠ざかり、ひたすら高邁な理想に走ると、とかく人間感覚を忘れがちになる。現実味のない空理空論に偏りがちになる。

それよりは、市街に拡がったキャンパスがあって、現実との融和の中に学術が行なわれるのがよいのである。アメリカの大学町のように、学生が市民から愛されるのは望ましい。

大阪女子大学は同じ府立の共学の大学とキャンパスを別にしている。共学の方は農・工・経・社会福祉・総合科学の学部をもつ。双方の緊密な連携をもちつつ、それぞれ独自であることが望ましいと私は考えている。

女子というとリベラルアーツという図式は捨てるべきだ

とくに私どもの大学の使命は、女子教育にある。多くの大学で共学が行なわれ、男女はまったく区別がないかというと、文学部は圧倒的に女子が多く、医学部、工学部は圧倒的に男子が多い。つまり進学時に自ら性差がある現状では、まず女子になじまないとされる分野、たとえば理科教育に女子を導き入れる必要がある。私どもの数学科は最近情報数学専攻を設けた。環境理学科の教育ともども人文系の学生にも、それらを修得させて、自然科学系に強い女性を育てたいと願っている。

文科系の学生には「基礎学」が大きな問題と思われる。ふしぎなことに、日本の自然科学においては、応用に偏り欧米への「基礎タダ乗り」が非難される一方、人文学では基礎学になずみすぎて社会性がないといわれる。その根の深さを今問題にする余白はないが、こうした現状から文・理ともども私どもの基礎学への反省が必要であろう。人文学が求められている社会性も、その点から自覚すべきことだと考えている。

私どもの大学は今は人文社会学部として一学部だが、これは早晩二つに別れるべきで、社会科学の教育が、今女性にはとくに求められている。法学部の女子はまだまだ少ないし、たとえば司法修習生で検事志望の女性は二パーセントだと聞いた。

とくに女性リーダーとして社会で働くための教育をほどこすことが、いま求められている大学への社会からの要請に応えることだと考える。すでに天野氏の「地域大学」にふれたが、府立大学の役割の一つはそこにあろう。女子というとリベラルアーツという図式は捨てるべきだというのが私の考えである。

自国に根ざした大学論

もとより事を推進するには財源が必要であり、冒頭に述べた高度な設備などは、もはや共同利用の総合的施設によるべきだと思われるが、個々の大学にあっては、それぞれの自主的形態を最優先して、わが国大学の全体における自画像を描くべきだと考える。

ただ、この描き方には二つの留意点がある。一つは(これまた古いが)、湯川秀樹博士が、物は論のうちはおもしろいが学になるとつまらなくなるといっている(『現代学問論』一九七〇年、九四ページ)。大学改革も、この「論」の非定型、融通性をもって考えつづけなければならない、ということだ。先にデスクワークはなじまないといったのも似ている。

次に同じ書物で湯川氏は「自国に根を下ろした科学」を説く(一五三ページ)。同じことを建築家の黒川紀章氏は、日本における日本式家屋のよさとして説く(『二一世紀への提言』一九七八、一四九ページ)。

借り物でない、日本の大学論が大切だということが、第二の大きな留意点である。

●(なかにし・すすむ)一九二九年生。比較文学。日本精神史。『万葉集の比較文学的研究』(桜楓社)『源氏物語と白楽天』(岩波書店)『日本人の愛の歴史』(角川書店)。

●大阪市立大学(公立)

人間教育重視と社会への発言

学長 児玉隆夫

本来の役割を果たしてこなかったことが問題

近年は高等教育への期待が世界的に高まっているように感じられる。経済がグローバル化し、情報革命とも相俟って国際競争が激化したことで人的資源の重要性が一層強く認識されるようになったことによるのであろうか。教育が戦略的な意味あいを持って語られるのが目立つようになった。有能な人材を育て、世界的な競争に勝ち抜くことが、国の将来を大きく支配するようである。このような動向に加えて、我が国では少子化と長びく不況が大学改革を一層さし迫ったものにしている。

大学は長い間「大学の自治」を標榜し、外部からの干渉を排除してきた。この間に日本は大きな経済成長を遂げ、それに連動して大学も膨張を続けたが、画一的で閉鎖的な体質を引きずってきたことが意識や活動面で社会との間にさまざまな面で不整合を生じさせ、大改革を余儀なくさせる結果となった。この十年ほどの間、少し大げさにいえば日本中の大学が改革に明け暮れたといっていいのではないだろうか。大学が自治の名のもとに守ってきたものは何であったのか、これからの大学はどうあるべきか、いま多方面から問われている。

私は大学の使命、果たすべき役割は今後も大きくは変わらないのではないかと考えている。無論、改めるべき点はたくさんある。その意味では、本来の役割を十分果たしてこなかったことが問われているのであり、これからの課題と考える。それらを大学自身が明らかにし、社会に説明し、理解と合意を得ていくことが求められているのではないだろうか。

大学がこれまで「人格の陶冶」を本気で考えたことはあるか?

さて、今日の我が国における人的資源面で最大の問題は何か。私は「尊敬される人間」が少なくなったことではないかと思う。説明に多言は要しないと思うが、国を代表する機関・組織や各分野の指導的立場にある人たちの不祥事や不用意な言動が、国内外に及ぼす悪影響には計り知れないものがあるのではないだろうか。志や見識のなさがモラルの低下を招き、今やそれが国全体に蔓延しているように思われる。

大学はその使命の中に常に「人格の陶冶」を掲げてきた。大学が大衆化した今日でもなおこれを掲げ続けているのは高等教育を受ける者の必須条件と考えている筈だからであろう。教養教育重視は設置基準が大綱化された現在も繰り返し強調されている。

しかし、多くの大学はこれまで本気でこれを実行してきたのだろうか。カリキュラム上は教養教育と専門教育とのバランスは配慮されているし、教養教育担当者の努力はあったかも知れない。しかし、「人格の陶冶」が教育方針の中に位置付けられ、それがすべての教員の共通認識となって、学内環境がそのように整えられなければ効果はあまり期待できない。教養、専門を問わず大学教育全体を通じて「人はいかにあるべきか」という視点で貫かれているのでなければ、お題目に終わりかねないのではないか。専門知識・技能や研究推進能力ももちろん必要であるが、次々に生み出される科学技術の成果やグローバル化しつつある市場原理に振り回されないためにも、健全な常識を育てる人間教育はますます重要である。また、人間教育と研究能力を含む高度な専門教育とは互いに相容れないものでもない。大学・学部の心構えの問題であるように思う。

たとえ国際的な競争に勝ち抜くことができても、尊敬される人間でなければ真のリーダーになることはできないだろう。私の知る限りでは人間教育重視の方針を貫いているのは少数の私学を中心にごく僅かに過ぎない。私たちの大学でも総合教育科目の充実ははかられているが、専門教育も含めた全教育課程を考えたとき人間教育に向けた共通認識はまだまだ不十分である。今後のあり方として心がけていきたいと思う。

社会への提言

もう一つこれからの大学が果たすべき役割として「社会への発言」をあげたい。大学は多くの分野の専門家を擁しており、独自の立場から社会の問題に対して発言し、先導的役割を果たすことが求められているのではないか。「大学の自治」の中には、自立した立場からの発言の必要性と重要性が含まれていた筈である。

もちろん個々の教員レベルではこれまでも、いろいろな媒体を通じて発言はなされてきた。しかし、教員個人のレベルを越えて大学が社会の問題に対して組織的に取り組んだことはほとんどなかったのではないか。単に専門家の立場から意見を述べるだけでなく、大学として組織的な調査・研究に基づく意見の発信はほとんどなかったように思う。我々にとって最も身近な教育問題を例にとってみれば学級崩壊などの社会問題について、大学が率先して取り組むべきではなかったのだろうかと思う。問題によっては大学人だけでは不十分な場合もあるだろうが、必要なメンバーを組織して機動的な対応ができるかどうか指導性が問われるところである。いずれにしても、社会に対してもっと積極的に発言していくべきではないかと思う。

社会の現実の問題に対して発言や提言を行うには、学問上の論争とは違って多くの困難が伴うであろう。社会の現実を踏まえた意見が述べられるためには大学と社会との間に不断の交流を通じて太い結びつきが必要である。近年は産学連携など一部の分野で社会に開かれ始めたが、このような企業を対象としたものだけでなく、より広い領域での交流と協力が欠かせないだろう。

本学の前身である市立大阪商科大学は、その設立時に大学の果たす役割として、設置都市大阪の文化や経済、社会事情などについて独自の研究を行い、市民生活の指導機関となることが望まれた。大阪市立大学となった後もその精神は引き継がれた筈であるが、長い間それが省みられなかった。都市の諸問題は、地域固有の問題というよりも都市に共通した問題の方が多い。都市の現実を直視し、都市を学問創造の場とする都市型の大学を今後の大学像として目指しているところである。

「大学の自治」の中には、自立した立場からの発言の必要性と重要性が含まれていた筈である。

●(こだま・たかお) 一九四〇年生。低温物理学。著書『超低温』(共著、共立出版)『低温の物性物理』(共著、講談社)『超伝導・低温工学ハンドブック』(共著、オーム社)。

●島根県立大学（公立）

ダイナミックな知の結集点として

学長　宇野重昭

大学に求められるもの

かつて、二十世紀の一〇年代のころ、中国の蔡元培《さいげんばい》は北京大学の入学式において、〃諸君は実利のためではなく、真理のために学べ〃と総長式辞を読み上げ、新入生に衝撃を与えたと伝えられる。当時中国では、科挙廃止後、近代的学校の創設期の常として入学生は、外国留学と同様、自分と一族の利益のため、出世のため、儲けのため、大学に入学しようとした。したがってすぐに役に立たない真理のため、それもカント哲学のような迂遠な価値のために学べといわれても、ピンとこなかったのかも知れない。

それが二十一世紀初頭の現在では、一見、逆になった。大学人は〃象牙の塔〃から出て、普遍的価値なるものを振りかざすことを止め、学生の理解できる講義を行えというわけである。実利性は、大学生き残り競争時代の現在、自明のこととなった。大学は、もはや社会の特別な存在ではなく、小学校・中学校・高等学校の延長線上に位置づけられ、義務教育で基礎的読み書き、算盤と公民のルールを修得し、高等学校で受験の圧力のもと総花的知識を身につけ、そのうえで大学においてこれらの知識の集積を生かす実践的な技術を体得せよというわけである。ある意味ではビジネス・スクール的発想に近いともいえる。

もちろん大学は、組織として生き残るため、まずこの〃現在〃の時代の要求に応えざるを得ない。とくに島根県立大学のように昨年四月に呱々《ここ》の声をあげた新生大学では、この社会的要請に従うことは第一の義務でもある。したがって、どこの新生大学でも力を入れているように、島根県立大学でも、まず初年度と次年度に語学力とコンピュータリテラシイーを身につけることに力を注いでいる。そして国際化と情報化と地方自治の時代にあわせ、国際協力系・組織経営系・地域社会系と、就職の道に向かって効率的に授業科目を整えている。このような現実的努力をしない大学は、大学を支える社会にたいして、当然の義務をつくしていないと非難されることになるであろう。

しかし〃現在〃の時代の要請は、明日の時代の要請であろうか。そもそも大学というものは、社会の要請に対応して、時代迎合的に内容を改良していくだけでよいものであろうか。大学の本来的な存在理由はなんであろうか。

まずはっきりさせておかなければならないことは、これからの知のありかたが激変するということである。単純な例をあげても、生命科学の発展は、人間にたいする従来の人権論的見方から法的見方にいたるまで、重大な衝撃を与えている。また情報技術革命は、情報の即時性、便宜性とともに、労働や経済や社会の仕組みを変え、国内的にも国際的にも新しい格差と不安感を生み出している。さらに環境破壊の進行は、人間社会の生活環境に限りない不確定要素を与えている。たしかなことは、いま確かと考えている知のありかたが、不断に変化していることである。

ここで求められるものはなんであろうか。それは知のありかたの変化に振り回されない総合的判断力であり、創造的な科学的方法である。

島根県立大学の現状

そこで島根県立大学では、大学としてあるべき方向を絶えず模索し、是正していくことのできるよう、ビジョン形成科目を大切にしている。それはよく語られる〝教養科目〟の修正版ではない。総合的・俯瞰的視野に立って、哲学・倫理学・科学の原点を探究していく心を保持することである。

大学を地域に開き、社会に開くことは、地域の活性化のためにも大学の活性化のためにも必要である。

また、公立大学の優位を生かして、少数教育の象徴であるゼミナールの人数を文字どおり一五名以下とすることを実行している。学生が積極的に参加できる方法こそ、大学活性化、創造性の原点と考えるからである。

そして、島根県立大学の独自性に配慮しつつ、一般的な社会の要請に応えるべく、いろいろと具体的な工夫をこらした。

たとえば語学教育にしても、現実に社会に役に立つ生きたものに重点をおいた。もちろん本来外国語というものは、役に立つ道具としての側面をもちながら、より本質的には異文化を理解し、人間と社会の本質を把握する〝心の小路〟としての性格ももっている。したがって語学は、一年と二年のときなんとなく基礎を修得すればおしまいというものであってはならない。それは学年進行に合わせて深められるべきものである。本学ではとくに英語を四年次まで配置し、二〇名前後の少数クラスで政治コミュニケーションから国際交渉入門に至るまで広い意味における時事英語をみっちり教えるとともに、語学を通して社会科学を理解させることにしている。

また大学の個性化が叫ばれている現在、島根県としては、島根と新羅・渤海の交流の歴史を思い起こし、北東アジア地域研究に独自性を発揮することを志向している。将来いずれ大学院の設立を目指すが、その場合にも北東アジア地域研究中心に経営学や情報科学を結びつけることを計画中で（北東アジア地域研究センターは五名の主任研究員を中心にすでに活動中）、その新しい北東アジア研究のための基礎として、中国語を四年次まで、韓国語とロシア語を三年次まで、そして情報科目を四年次までに配置している。

さらに一番知恵をしぼったのは、総合政策学を教育と研究の中心に据えたことである。総合政策学部というと、一般的には、経済・経営学や環境諸科学や文化諸科学を中心にしたものが多く見受けられる。島根県立大学では、先行して国際短期大学が存在した遺産をフルに継承し、これに社会科学の各分野の学問、そして総合政策学を加えた。国際関係学も総合政策学も本来的に諸科学総合であり、公共政策論的であることを生かしたつもりである。

このように島根県立大学の特徴を列挙してくると、何か島根県立大学が、「大学革命」の序の口にとどまっている印象を与えるかも知れない。そこで二十一世紀のあるべき大学の姿を筆者なりに大胆に論じてみることにしたい。

二十一世紀の大学の可能性

先にもふれたように二十一世紀の大学の存在理由は、大きな社会のなかの知の結集点、創造の原点を維持することにある。したがって、現在、空間的に特定の地域・国に立脚し、時間的に十八歳から二十二歳（大学院では二十七歳まで）の一定年代の青年を集めているのは、歴史的・社会的な偶然に過ぎない。これから研究・学問はいっそう多様に発展し、変化していく。また人間の側においても、およそ自覚的に生きようとする人であれば、今後の長い人生のなかで、絶えずより高度の知識と生きがいを求めていくことが考えられる。いわゆる生涯学習、社会人の大学・大学院入学は自明の理となっていくことであろう。

その場合、人々が具体的に求めるものはなんであろうか。もちろん新しい技術的・実践的能力を求めることは第一歩である。しかしやがて人々は、時代を追って、教授・専門家から一方的に受動的に学ぶだけでは満足しないときが来るであろう。さらに〝素人的段階〟を乗り越えて、新しい科学的新分野を開拓し、時代の先端あるいは来るべき明日の社会のありうべき学問を志向する人々も増加するかも知れない。そうなると学問のありかたそのものが問い直されていくことになろう。当然研究者も不断の自己革新と学問のし直しが求められよう。

また、この場合、一般に人々が着目する世界は、まず身近な世界、職場の問題、運動の現場からであろう。そして専門家にたいして自信をもって発言しうるのは、地域からの発展、内発的発展の成果であろう。現代では、それぞれの地域の内発的発展は国境を越えて直接グローバルな問題に結びつきつつある。当然そこでは新しい比較の観点が生じ、新しい発想が生まれる。それは既成の学問に対する不断の挑戦となりうるであろう。

では、大学の果たしうる役割はなんであろうか。少なくとも従来のように、たとえば西欧に発展した方法論を絶対化し、他の地域に生まれた新しい接近方法を一方的に切り捨てることではない。もちろん、従来の専門家の蓄積した知識、科学的切り口から問題を明確に提示する論理的方法、国際的に勃興しつつある新しい方法論的アイディアの紹介などは、依然として価値が高い。しかしそれと同時に、それぞれの地域・領域において育ってきた可能性を大切にする精神も、いっそう重要になる。むしろこれからの大学の役割は、新しく提起されてきた内外のアイディア、方法の結集の中心となり、その可能性を絶えず現実化し、レベル・アップすることにあるのではなかろうか。

となると大学を地域に開き、社会に開くことは、地域の活性化のためにも大学の活性化のためにも必要である。島根県立大学が、ことのほか、地域に開いた大学になることを強調しているのも、そのためである。また大学人の国際的人脈、語学理解力、討論能力を生かして、国際的学術交流を積極的に推進し、できるかぎり市民一般に公開しようとしているのも、この地域の独創性を我がものとして取り込んでいきたいと願うからにほかならない。現在島根県立大学がおかれている浜田市が地域をあげて「大学を核とする町づくり」に乗り出しているのも絶好のチャンスである。この相互触発関係のなかから、私は、二十一世紀のあるべき大学の原型を創造していきたいと願っている。

●（うの・しげあき）一九三〇年生。社会学。著書『中国共産党史序説』（ＮＨＫ出版会）『中国と国際関係』（晃洋書房）。

Photo by Ichige Minoru

●神田外語大学（私立）

真の教養教育を目指して

学長　石井米雄

わたくしの所属する神田外語大学では、本年四月より、開学以来の英語、中国語、スペイン語、韓国語の四専攻に加えて、あらたに国際語という視点に立った発信型英語教育と情報教育を中核とする「国際コミュニケーション学科」と、ブラジル・ポルトガル語、インドネシア語、タイ語、ベトナム語を、英語とのダブルメジャーとして履修させる「国際言語文化学科」を発足させる。いずれも、英語が事実上「エスペラント語」すなわち「国際補助語」としての役割を果たしているとの認識にもとづく新方針である。

「道具」を使って、なにを伝えるか

語学教育は外国語大学にとって必要条件ではあるが、外国語があくまでも「道具」であることを考えるとき、その習得をもって最終目的とすることはできない。大学教育において問われなければならないのは、その「道具」をつかって、なにを伝えるかであろう。日本人である以上、日本についての正確な知識と認識を身につけることは、国際舞台で活躍するための最低条件であろう。自国の文化についての教養を欠いては、世界の人々から尊敬をかちうることは望めない。まず日本の歴史について、文化について、日本が世界において占めるべき位置について、英語をもって世界の人々に語る能力をそなえた人材の育成をめざしている。

教養の意味の見直し

これとあわせて、自ら問題を発見し、自らその解を導きだせる豊かな教養と知性をもった人材の育成を心がけている。「新制大学教養科目」は、whole man の育成を目標とした当初の高邁な理想とは裏腹に、硬直化し、魅力のない存在と化してしまった。そのため教養部は相次いで廃止され、早期に専門教育を開始する傾向が相次いでいる。その結果、学生は自ら思索することを放棄し、「マニュアル」のみをその行動の指針とする憂慮すべき状況が広く見られるようになったのは遺憾の極みである。二一世紀を迎えた今、初心に返って教養の意味を見直し、真の意味での liberal arts 教育の実現とその充実をめざすべきであろう。具体的には、高校教育から真の意味における大学教育への移行を効果的に行わせるため、全新入生に、必修として少人数教室での「基礎演習」を課し、初期の段階において、大学における勉強の方法を習得させることが有効であると考える。

外国語大学は単なる語学教育だけではなく、異文化間のコミュニケーションの場に現れるさまざまな問題点の存在を自覚させ、これを克服する具体的方法を習得させる必要がある。まず世界が、異なった理念、異なった価値観をもつ人間によって構成されているという事実を受け止め、たとえば異なった「思考の文法」を謙虚に学ばせるなど、「他者」との間に相互理解を成立させるための具体的方策を身につけさせることが必要である。

「よき教師」とともに「よき教科書」を生む土壌を

これまで大学は教員の研究を重視し教育を軽視しすぎてきたうらみがある。一般に、教員の評価はもっぱらその研究業績のみによってくだされることが多く、教育者としての資質をとわれることはすくなかった。学部教育に関するかぎり、こうした研究の偏重は再検討されなければならず、よき教師に相応の評価をあたえることによって教育内容の水準向上をはかるべきであろう。わが国においては、教科書の執筆者は、学術書や、学術論文ほどの高い評価をあたえられることがすくないのが現状である。しかし学部教育の質の向上は、教育の方法にたえざる工夫をこらす「よき教師」と、これをささえる「よき教科書」の存在によってはじめて実現が可能であることを考えるとき、「教科書」、「概説書」に対する従来の偏見をあらため、これを業績として正当に評価し、すぐれた教科書、概説書が生み出される土壌をそだてることこそ二一世紀の大学にとっての重要な課題といわなければなるまい。

●（いしい・よねお）一九二九年生。タイ地域研究。著書『上座部仏教の政治社会学——国教の構造』（創文社）『タイ近世史研究序説』（岩波書店）。

教科書の執筆者は、学術書や学術論文ほどの高い評価をあたえられることがすくない。

●共立女子大学（私立）

大学の可能性

学長　阿部謹也

共立女子大学の現状について

共立女子大学と短期大学にはいくつかの基本的問題があり、それは共立女子大学だけの問題ではなく、女子大学の全体に共通の問題である。一つは家政学部の問題である。家政学部は欧米において資本主義が展開する中で、経営から分離した家計を専業主婦の場として維持し、専業主婦の教育機関とするために生まれたものである。アメリカにおいてはすでにMITのエレン・スワローなどが今世紀始めに食品の管理などを通して環境問題とエコロジーを主体とする家政学を樹立していたが、わが国では今に至るまで、調理と被服を主体とする家政学の枠を出ていない。家を中心とする社会学的な考察も家政学の中ではこれまで行われていない。それと同時に家計を女性の場として位置づけてきたこれまでの行き方を改め、男性にも開くという視点での共学化が課題となっている。しかしそれには大きな抵抗があり、困難が予想される。しかし家政学は今後の日本のあり方を考える上で極めて大きな意味をもっている。血縁関係に限定されない家の問題は今後の日本のあり方を考える上で大きな示唆を与えるものだからである。

短期大学が現在の状況の下では維持できなくなっている点も各大学に共通の問題点である。二年制の大学は可能なのかが課題となっている。それは教養教育の問題と重なっている。現在すべての大学において教養教育は大きな岐路にたっている。教養とは何かが問われないまま、大綱化にしたがって教養部を改組したために、混迷の度が深まっているのである。二年制の大学は可能なのかという問題を考える中で、教養教育の問題をも考えて行かなければならない。その意味で短期大学の問題はすべての大学に共通の問題なのである。

現在国公私立大学の全体に共通の問題として小子化の問題が指摘されている。この問題は大学の経営の問題として矮小化されてはならない。現在のままでの大学における教育が果たして今後も若い世代に必要なのかという視点での検討がなされなければならないのである。

日本の大学のあり方について

高等教育の全体に関わる問題として、学問のあり方の問題がある。

これまで大学問題はともすると大学改革として位置づけられてきた。しかし大学改革はこれまでのところ制度の改革に終始してきたにすぎない。最も重要な学問のあり方についてほとんど論じられていないのである。自然科学から人文社会科学に至るまで、現在のわが国の学問は今のままでよいのかという基本的な問題が提起されなければならない。国立大学の独立行政法人化に関して多くの大学でさまざまな形で議論が行われている。私も関係者として十数校の議論に関わってきたが、国民が国立大学の学問のあり方に何の関心ももっていないという厳しい問題状況があることに気づいていない大学人が多いのである。

政府が国立大学の独立行政法人化という本来無理な提案をここまで強行できたのもこのような国民の無関心という底流の上に乗ってのことなのである。たとえ制度としての大学の改革がある程度できたとしても、学問のあり方に関して決定的な反省がなされなければ、国立大学に限らずすべての大学は無用の存在になる可能性もある。自然科学から人文社会科学に至るまでわが国の学問に国民の視点が欠如していることを銘記すべきである。わが国の学問のあり方の問題点についてはここで詳しく論ずることは出来ないが、別著で近い内に展開する予定である。

大学がこれまでのように若い世代の教育に専念していれば良いという状況は終わるであろう。各世代の人々が生涯学習の中で常に学ぶ体制が生まれていなければならない。各地の国立大学はこの面で大きな役割を果たす可能性がある。そしてそこで学問のあり方について新たな問題点の指摘がなされることも可能である。何故ならこれまでのわが国の学問は少なくとも人文社会科学においてはインテリ志向の若者の個人的志向から始まって生涯その枠の中で営まれてきたからである。自分の個人的関心以外の目標をもたない学問は普遍的目標をたてることが出来ない。それは言い替えれば学者が自分の生活世界に目を向けていないということを意味している。研究が自らの身体と思想に及んでいないのである。

しかし生活者は常に周囲の環境の中で問題を突きつけられている。その問題に答えようとする中で現代社会が要請している諸問題に答える必要が出てくるのである。その意味で生涯学習の中から新たな学問形成のきっかけが得られるといえよう。

●（あべ・きんや）一九三五年生。西洋社会史。『阿部謹也著作集』（全一〇巻、筑摩書房）

大学改革はこれまでのところ制度の改革に終始してきた。最も重要な学問のあり方についてほとんど論じられていない。

●国際基督教大学（私立）

ＩＴの非物質性を超克する

学長　絹川正吉

教育功績評価の重要性

もう十数年も前のことであっただろうか、大学セミナー・ハウスで「大学教員懇談会」が行われた。そのテーマは「大学の魅力開発」であった。私にも発題の機会が与えられたので、「教員評価の視点」というタイトルで発表をした。その趣旨は、大学の教員評価が、専ら専門業績評価を中心としていることを批判し、教育功績の評価を取り入れることを主張したことであった。「大学の魅力」とは、大学が本来の機能を十全に発揮することにつきる、そのためには「教員評価の視点」を修正しなければならない、というのが私の主張であった。すると、参会者の一人であった著名な私立大学の中心的存在であった教員が、「大学の魅力開発」ということと、絹川の話は全く関係がない、と厳しく批判された。「大学の魅力開発」ということは、大学の施設を充実し、世人の耳目を引くに足るだけの魅力的な名前をつけた新学部を創設し、大学を社会にアッピールすることである、ということであった。このような潮流の中で、実に様々な学部名、大学名が登場し、いわゆる三文字学部（文学部、法学部、理学部、工学部）から、四文字学部、六文字学部への流行が日本の大学界を席巻した。そして、そういう流行を大学の現代化として、文部省・大学設置審査審議会等は歓迎するようであった。

ところが、最近になって、私が主張した「教育功績評価」を重視せよという主張が、大学審議会の答申にまで登場するようになってきた。しかし、それで私の主張が正当に日本の大学世界に受け入れられたとは思っていない。すなわち、「教育功績評価」の主張の意味するところと、六文字学部流行が象徴する事態との間には、本質的乖離があるように私には思えるからである。確かに学問領域は現代において爆発的に拡大し、古典的学部名では包摂できない状況が生じている。それに対応して学際的な学部名を六文字で表現することは必要であろう。しかし、その中身は旧套的ディシプリンの寄せ集めにとどまっている場合が多い。そもそも、学部段階の教育において、学際性を直接に学生に学習させることが、学生にとって意味のあることなのであろうか。それでなくても、「分数ができない大学生」とまでいわれている現実を考えると、いま大学教育に求められていることは、高度な学際性を中心とする学習課程ではないはずである。そもそも教育ということは、およそ流行とは無縁なはずである。学問を学ぶということは、おもしろおかしくできることではない。学習が楽しく行われるためには、その前提として基礎的訓練がしっかり行われていなければならない。基礎的訓練を行うことは、地道な営みで、およそ流行を追うようなことではない。そういう地道な教員の営みを正当に評価することがなければ、大学の営みは、その根本において崩れる。そうなってはならないから、形骸化した大学の営みの蘇生術として、私は大学教員の「教育功績評価」を主張しているのである。したがって、「六文字学部」に象徴されるような営みと、私の論旨とは整合しないのである。

IT化とグローバル化との格闘

そのような不整合は、最近はやりのグローバル化やIT化現象にも現われている。世はこぞって大学のグローバル化を評価する。そして、大学の営みがいまやITを抜きにしては語ることができなくなってきた。もちろん、IT化によって、情報空間が無限に拡大されていることを無視することはできない。また学問をする者の視野が、グローバルでなければならないことは言うまでもない。しかし、だから大学生の学習がITを核心とし、グローバル化させなければならないとしたら、彼らの想念は無限の宇宙の中に放り出されて、永遠に自己回帰できない宇宙の放浪者になりはしないか。ここで私たちはIT化がもたらす思想的問題に、細心の留意を払わなければ、取り返しのつかないことになる。

黒崎政男氏は重要な発言をしている（別冊『環』①「IT革命——光か闇か」、藤原書店、二〇〇〇年）。それを私流に言い直すと、こういうことになる。ITの本質は情報を０／１情報にすべて落とすことである。その意味するところは、情報が物質性を失うということである。従来の大学文化は、文字情報を基盤とする。文字情報は物質に刻まれたものである。したがって、IT化によって、文字文化が崩壊する。しかし、人間は物質性を失っては生存できない。バーチャルな世界では生存不可能である。

加えて、桜井直文氏は次のように述べている（前出書）。コミュニケーションの手段が、音声によるしかない時代には、記憶ということが人間の精神的営みの大部分を占めていた。文字文化は、記憶の負荷を取り去り、精神の深化を促進した。したがって、文字文化が衰退すれば、精神的文化も必然的に衰退する。いうまでもなく、リベラル・アーツは文字文化の所産である。したがって、IT化によってリベラル・アーツもまた衰退し、人類の知的遺産は消滅する。これは人類にとって不幸なことである。

ITは人間の精神世界に対して、本質的に限界をはらんでいると言わざるを得ない。それゆえに、IT化が爆発的に膨張する間に、人間としての本質の喪失が起きないか、大いに危惧される。現代人はIT化を必然的に受け入れざるを得ない。そうであるがゆえに、人間の本質を保持する営み

二十一世紀の大学は、超現代と古典的世界の有意味性の相克を積極的に引き受けるところでなければならない。

の重要性が際立ってくるのである。二十一世紀の大学像は、ITとの壮絶な格闘である。IT文化に屈服して人類は古典という知的遺産を失うのか、それともITを道具化して人間性の祝福を復活させられるのか、そこには究極の英知の働きの場が登場する。二十一世紀の大学は、超現代と古典的世界の有意味性の相克を、肯定的に引き受けるところでなければならない。

原点はリベラル・アーツに

二十一世紀の大学がますます流動化することは避けがたい。その流動化にIT化も深く関わる。情報の非物質化によって、情報の伝達速度は飛躍的に高速化する。それによって、伝統的大学の存在様式は崩壊する。「大学という制度は、教授と学生の間の情報伝達のタイム・ラグによって成立していた。」（黒崎、前出）IT化によって、そのタイム・ラグが解消したとき、伝統的・学問の権威は消失し（現に消失しているのだが）、伝統的大学の存在様式は崩壊する（現に崩壊しているのである）。現在の日本の大学の混乱は、そういう現実を受け入れない大学教員の存在にも起因している。そういう潮流のなかで、大学の個性的あり方がますます重要になる。ICU（国際基督教大学）はあくまでもそのあり方を「リベラル・アーツ」におく。「リベラル・アーツ」こそは、文字情報文化の原点である。それゆえに、人間世界がバーチャルな虚無空間に飲み込まれることを防御する起点になる。そういっても、ICUのリベラル・アーツは、旧套を墨守する保守の権化ではない。ICUのリベラル・アーツは現代化されたリベラル・アーツである。それは、人間の本質を擁護しながら、IT化を積極的に受け入れ、道具化する。超越と被造物の世界を峻別する英知を、魂に焼き付ける営みを、学生と教員の共同の営みとする。ICUは「行動するリベラル・アーツ」を追求する。それによってリベラル・アーツが骨董品でないことを証明する。現代化されたリベラル・アーツは、前述の「大学の不整合」を解くのである。

●（きぬかわ・まさきち）一九二九年生。数学（解析学）・大学教育論。著書『大学教育の本質』（ユーリーグ、一九九五年）『ヘブライズムとヘレニズム』（共著、新地書房、一九八五年）。

●法政大学（私立）

本学における改革の推移

総長　清成忠男

大学の多様化

いま大学の本質をあらためて問う必要があるにしても、抽象論は不毛である。大学の本質的な機能が教育と研究であることはいうまでもないが、すでに大学は著しく多様化している。多様性こそ、現代の大学の特徴といえる。

わが国においても、大学への進学率は傾向的に高まっている。二〇〇〇年には四年制大学への進学率は四〇％に達している。いわゆるユニバーサル化が進んでいるのである。

しかも、生涯学習社会あるいは高度学習社会が到来している。もはや人生において一定の期間に限定して大学で学習する時代ではない。生涯にわたって高度の学習が必要な社会に移行しつつある。このことは、非伝統的な学生が増加しつつあることを意味している。また、環境や福祉などの社会的な問題を解決するために、大学の研究に大きな期待が寄せられている。研究成果の社会への還元が要請されているのである。

いずれにしても、大学に対する教育・研究のニーズは、ここにきて一段と多様化している。そして、一八歳人口の減少にもかかわらず大学の数が増加してきたため、大学間の競争も激化している。しかも、競争は、地域のレベルでも、国民国家のレベルでも激しくなっている。のみならず、ＩＴ革命の進展によって、遠隔教育が容易になり、グローバルな競争が始まっている。

したがって、個別の大学にとっては、競争の過程で個性化を志向せざるをえない、改革が不可避なのである。しかも、選択の方向はきわめて多様である。

大学の類型化

現実に大学の多様化が進んでいるから、改革を論ずるにあたっては、類型化を試みておく必要がある。さしあたり、大学は、研究型と教育型に大別することができよう。どの国でも、数のうえでは、後者が圧倒的に多い。

研究型大学とは、基礎研究を組織的・系統的に行い、固有の研究領域を確立している大学をいう。教育面でも、研究者の養成を重視している。これに対して、教育型大学は、研究よりも教育を重視している。教育内容によって、教養教育型、専門教育型、実務教育型などに分けられる。実務教育型といっても、基礎的なものから高度のレベルまできわめて多様である。また、最近では、産業社会の転換とともに経営資源が高度化しつつあり、新しい学習ニーズが拡大しつつある。さらに、環境、福祉などの学際的な分野で新しいタイプの専門家を養成するニーズが強まっている。

もっとも、以上の類型は理念型であり、現実には中間形態が存在するし、各類型の複合的な大学も存在する。そもそも、アメリカにおいては、研究型大学は二〇〇校近くに達しているといわれている。だが、わが国の大学は、ほとんどが教育型大学であるといえよう。これまで、政府の基礎研究への支出が僅かであったため、研究型大学が成り立ち難ったのである。

法政大学の改革

法政大学では、一九九〇年代に入ってから急速に教学改革を進めてきた。その状況は、別表の通りである。いかに急テンポ、かつ、大幅な改革であったかが明らかであろう。

一九九二年四月には、他大学に先がけて二つの専攻の修士課程を社会人に対して夜間開講している。とりわけ経営学専攻の企業家養成コースは、わが国第一号である。

法政大学における教学改革の推移

一九九二年四月　経済学専攻及び経営学専攻の修士過程を社会人に対して夜間開講
九二年八月　全学自己点検・評価委員会の発足
九四年六月　「二十一世紀の法政大学」審議会発足
九六年一月　教学改革本部発足
九六年七月　「二十一世紀の法政大学」審議会答申
九八年四月　政治学専攻の修士課程を社会人に対して夜間開講
九八年四月　法律学専攻の修士課程に法曹コース開設
九八年一一月　エクステンション・カレッジ発足
九九年四月　国際文化学部及び人間環境学部発足
二〇〇〇年四月　現代福祉学部及び情報科学部発足
〃　一年制修士課程ＩＴプロフェッショナル・コース発足
二〇〇一年一月　シリコンバレーに法政大学アメリカ研究所発足
二〇〇一年四月　政策科学専攻（修、博）発足
〃　経済学部に国際経済学科発足

次いで、一九九二年六月に「全学自己点検・評価委員会」を発足させ、九六年三月に報告書を発表し、改革に乗り出した。

また、一九九四年六月には教職員一三四人から成る全学的組織である「二十一世紀の法政大学」審議会を発足させ、二十一世紀ヴィジョンを検討した。九六年三月に出された結論において、「開かれた大学、開かれた精神」という方向が提示された。そして、「開かれた法政二十一」をヴィジョンとした。ヴィジョンを実現するための

キー・コンセプトとして、(一)グローバル化への対応、(二)社会との交流、(三)生涯教育の推進、の三つを掲げた。

さらに九六年一月には全学的な教員組織である「教学改革本部」を設け、新しい学部の設置を中心とする教学改革の具体的検討を開始した。九七年三月には四学部の設置が提案された。その結果、九九年四月に二学部、二〇〇〇年四月に二学部が設置され、一〇学部体制となった。新設四学部は、国際文化学部、人間環境学部、現代福祉学部及び情報科学部であり、いずれも独自な特徴をもつ学際的な分野である。

大学院においては、九八年四月に政治学専攻の修士課程の社会人対象夜間開講が発足、同時に法律学専攻の修士課程に法曹コースを設けた。

二〇〇〇年四月からは、社会人対象の一年制修士課程である「ITプロフェッショナル・コース」を発足させた。わが国第一号である。次いで、二〇〇一年四月からは、政策科学専攻の修士課程の社会人対象夜間開講と経済学部に国際経済学科が発足する。

なお、学部や大学院において直ちに対応できない先端的な教育は、九八年十一月にスタートしたエクステンション・カレッジが対応している。

さらに、グローバルな大学間競争に対抗するため、二〇〇一年一月にシリコンバレーにアメリカ研究所を設けた。

ところで、「開かれた法政二十一」というヴィジョンのもとで、どのような人材を教育するかが問題であろう。法政大学では、的確な勤労観と職業観をもち、自ら考え判断する自立型人材、かつ、社会的関係性に配慮しパブリック・マインドをもつ人材を社会に送り出すことを志向している。今後、教育対象の多様化が予想されるが、「パブリック・マインドをもった自立型人材」の育成を全学に共通した目標とすべく努力している。

●(きよなり・ただお)一九三三年生。経済学。著書『地域産業政策』(東京大学出版会)『ベンチャー・中小企業優位の時代』(東洋経済新報社)。

大学は、競争の過程で個性化を志向せざるをえない。改革は不可避である。しかも、選択の方向はきわめて多様である。

●武蔵野美術大学（私立）

世界の中の美術大学をめざして

学長　長尾重武

はじめに　武蔵野美術大学は、今、まさに改革のただ中にある

一九九九年四月、武蔵野美術短期大学部は学生募集を停止し、造形学部に、芸術文化学科とデザイン情報学科を設け、短大関連学科の定員増を行うことによって、短大を造形学部に改組した。こうして、ますます総合化が進んだ造形学部一一学科体制ができあがった。一一学科とは、日本画、油、彫刻、視覚伝達デザイン、空間演出デザイン、基礎デザイン、建築、映像の九学科に、上の新設二学科を加えたものである。

新設二学科は、これまでの武蔵野美術大学の学科とは、ひと味も、ふた味も異なるものである。芸術文化学科は欧文の方が、その内容を適格に表しているように思われる。"Department of Arts Policy and Manegement"が語るように、従来の学科のように、美術デザインの制作が目的ではない。そのため、美術デザイン関連ではあるが、より広く人文系の志望者に門戸を開くことになった。一方の、デザイン情報学科は、デジタルテクノロジーによる情報環境の中で、コミュニケーションの新たな可能性を切り開き、テクノロジーと造形表現を結び付け、豊かな文化的環境を生み出していくことを目的にしている。それは、文字どおりデザイン関連学科であることは言うまでもないが、理系への門戸をも同時に開いたことになった。

時を同じくして出発した私たち執行部は、改組転換を受けて、本格的な改革に着手した。それは次の三つの基本理念に基づくものである。

第一は、教育研究の質的向上、第二は、世界に開かれた美術大学の構築である。第三は、効率的で活力ある運営体制づくり、である。

四年生通信教育課程を造形学部に設置

一九九九年四月現在、短大は学生募集は停止したものの、在学生は二年生以上が在籍しており、彼らの卒業まで短期大学部は存続させるのは当然であり、さらにはどのように収束させていくかが問われている。また、武蔵美が先鞭をつけ、五〇年の歴史を誇る美術の通信教育を短大で行ってきた。先述の改組転換で積み残されたのが、短大通信教育部であった。

私たちはこの問題を四年制通信教育を立ち上げることで解決し、

再出発することを決定した。まる一年間、将来構想委員会内に設けられた小委員会で徹底的な議論の末、昨年二〇〇〇年四月に発足するための準備体制をつくりあげ、学内の議論を継続しつつ、二〇〇一年四月の申請を準備中である。この間、様々な調査が行われ、着実に準備が進んでいる。

造形を志向するあらゆる人々の生涯学習のニーズに応え、造形の専門教育としてリカレント教育（再教育）、継続教育のニーズにも応えるのが目的である。総合課程と専門課程を貫く新しいシステムをそなえるなど、魅力的な枠組みが創り出されている。IT時代にふさわしい教育システムであることは言うまでもないが、なんと言っても、武蔵野美術大学造形学部の総合力を生かした通信教育課程であることを強調しておきたい。

まさに、二〇〇二年四月の出発が期待されている。

武蔵野美術大学出版局の確立

通信教育のためには教科書が必要である。それをどのような体制で出版するのか。すでに株式会社ムサシノ出版が十分なチェック機能もなく存在していた。これを疑問視する者が少なくなかった。もとより、それは大学の収益事業を担うはずであったが、その役割を果たしてはいなかった。

そこで、この会社を本格的に活動させる必要を感じ、通信教育の教科書出版を核として再構築することを決定した。このたびの四年制通信教育のための教科書は、すでに約九〇種が準備されている。それらが完成する二〇〇一年から二〇〇二年四月にかけて、自前の執筆陣と編集・出版体制によって、武蔵野美術大学の力量の一面が試されることになるはずである。

大学の質的向上　オープン化と垂直的多層構造化

魅力的な大学づくりはまず第一に、優れた教員と優秀な学生を集めるところから始まるが、それだけでは充分ではない。大学の教育研究のためのシステムが魅力的でなければならないし、絶えず外に向けて情報発信できる活力を持続する必要がある。

旧九学科を、たとえば新学科のように革新していくこと、学科を統廃合することなどを視野に入れた再編も含め、造形学部の教育課程再編の動きが模索されている。そのためには、新規に出発する通信教育課程で先行していることが、いい参考にになる局面もあろう。

そのためには硬直した閉鎖性を絶え間なく打破していかなければならない。教育システムをオープン化し、研究の連携を促し、教育研究の質的向上を計るべきである。共通する表現ツールのための各種センターの設置や横断的な教科の共有、学内の単位互換も必要となろう。

このようなオープン化が、いわば水平的に作用す

これまでの大学運営体制にみられたトップダウンの手法は、本学では馴染みにくいと考えた。

るものであるとすれば、もう一方で教育研究システムが垂直的多層構造をそなえる必要がある。入試なしに入学できる通信教育課程の幅広いニーズへの対応から、入試を経た通学による学部、さらには大学院、研究所といった垂直的な多層構造をそなえることこそ、私たちには急務だと思われる。大学院の拡充が課せられている。

一方、重要なことは、教育空間の整備が着々と進められることであろう。美術大学らしい、たとえば「ギャラリー・キャンパス」の創出を目下念頭に置きたいと思う。

開かれた大学　エクスチェンジとエクステンション

「世界に評価され、開かれた社会貢献をする美術大学」の構築が期待されている。幸いにも、海外の美術デザイン関係大学から交流の申し込みが実に多い。その一方で、国内交流も盛んに行われはじめた。

武蔵野美術大学は、多摩地区の四つの特徴ある大学、国際基督教大学、東京経済大学、津田塾大学、国立音楽大学との間に結ばれているTACという協定に加わえていただき、早稲田大学とも提携関係をむすび、さらに「大学サミット多摩二〇〇〇」にも加わった。単位互換、図書館相互利用から、産・官・学共同に至るまで幅広い交流活動を開始した。地元、小平氏との長く深い交流をはじめ、あらたに徳島県、岐阜県、富山県との地域交流など矢継ぎ早な展開が試みられている。

一方、国際交流もまた、留学生との交流、パリのエコール・デ・ボザール、ヘルシンキの美術デザイン大学との正式な交換留学生制度をはじめ、訪問教授を迎える仕組みなど多彩な国際交流を進めており、今後さらに大きく進展していくであろう。

国内・国際交流は、学内に強い刺激とオープン化を強いることになる。そして、以上のような活動を背景にして、大学が内部に閉じることなく、社会に積極的に貢献していく必要がある。公開講座などにとどまらず、様々なエクステンション活動の展開が期待されている。

こうした活動のためには、大学の様々な蓄積やすぐれた資産が十全に利用されることになろう。四七〇〇〇人を数える卒業生の活躍や、美術資料図書館を中心とした専門的な美術資料のコレクション、図書資料の特徴あるコレクション、膨大な民俗資料や近代家具などの生活デザイン資料など枚挙にいとまがない。これこそ、武蔵野美術大学の七〇年を超える歴史と伝統の重みというべきである。

参加と情報公開

一部に情報を集中し、強権をもってトップダウンしていく手法は、効果的であることが多いが、私たち教学執行部はそれをしないことを当初から考えてきた。というのも、これまでの大学運営体制にみられたこの種の手法が、本学では馴染みにくいと考えたからである。優れた知性と感性を備えた人間集団としての美術大学が、持ち前の創造性を発揮し、全学的な叡智を結集していくためには、それなりの手法を選択すべきだと考えたからである。武蔵野美術大学は、財務、収支など経営情報を公開してきた。けれども理事会、評議員会と教授会との間や教員の活動と職員の活動の間も必ずしもしっくりいっていたわけではなかった。そうした壁を可能な限り除き、全体として風通しよくし、正論こそが通る仕組みをつくりあげるべきだと考えた。

そのためには大学の構成員が全員参加可能な運営体制をつくりあげ、必要な情報は可能な限り公開する。参加と公開が相俟ってできあがる体制を構築することが急務だと思われた。参加と公開を保証するために、学科他各教育単位から委員を出す全学的な三つの基幹委員会を設置した。学生の入口から出口にいたる入試委員会、教務学生生活委員会及び文字どおりの将来構想委員会である。これら三委員会内には小委員会を置き、すでに二年近くが経過し、この間、四年生通信教育課程の立ち上げ、今年度の入試改革などが確実に進められるなど着々と成果を上げつつある。必要な情報は開示し、学務事務組織と密接に連結する形で全学的な論議を開始した。

新しい教学執行部が立ち上がって、半年目、大学運営の学務事務組織の自主改革を、部課長会に諮問することを決定し、半年の間にきわめて迅速に中間答申、本答申を受け二〇〇〇年七月の人事異動が行われた。ここでその詳細に触れることはできないが、職員の側からの自主改革が進められ、且つ、職員会の制度が確立されつつあり、今後とも改革が進められるシステムが構築されつつある。

おわりに

武蔵野美術大学は、当時の官立美術学校に対抗して、一九二九年に創設された在野の帝国美術学校に発している。すでに女子美術大学の前身は設立されていて、帝国美術学校から分裂した多摩帝国美術学校がやがて設立され、そこから後に多摩美術大学が誕生する。東京芸大と武蔵美、多摩美の関係は、東大と早稲田、慶応の関係としばしば比較され、二つは良かれ悪かれライバル視されてきた。この二つの私立美大が設立された一九六〇年代以降、京都、大阪、愛知、九州に、一九九〇年以後は更に京都、神戸、山形、長岡、倉敷、沖縄にいたるまで、日本各地に美大が設立された。このような経緯を見る限り、美大が社会的要請に支えられて、その数を増やしてきたことは事実であろう。しかしながら、少子化をたどる今日の情勢を見ていく時、このような美大の激増ぶりは目を見張るものがある。新しい大学が果たして古い大学に取って代わっていくのだろうか。この点について誤解を恐れず述べるとしたら、東京と京都のごく限られた全国区の美大を除けば、その他は全て地方区の大学として生き残るか、あるいは淘汰されていくと推定され、二極化が鮮明になるであろう。

武蔵野美術大学が、これまでどおり美大としての優位性を保ち、独自性を守りつつ、世界の美術大学として展開していくにはどうすればいいかが、今、問われている。

●（ながお・しげたけ）一九四四年生。建築学（建築史、意匠）。『建築家レオナルド・ダ・ヴィンチ』（中央公論社）『ミケランジェロのローマ』（丸善）『ローマ　イメージの中の永遠の都』（筑摩書房）。

●早稲田大学（私立）

二十一世紀の私立大学像
――早稲田大学の改革――

総長　奥島孝康

一　はじめに　「トワ・エ・モア」の世界からの脱却

現在の日本社会は、私の考えでは、「トワ・エ・モア」（あなたとわたし）の社会ではないかと思う。もう一歩踏み込んでいえば、自分以外の「他者」が「トワ」（直接の相手方）に止まっているところに、すべての問題点が集約されているように思われる。「トワ・エ・モア」とは、法律学でいう「当事者」をいうのであって、「第三者」（ティエール）が視野に入ってこないところに、現代日本の他者感覚の限界ないし貧困がある。

私は、早稲田大学の最大の問題点は、この「トワ・エ・モア」という仲間意識でしか大学のあり方を考えてこなかったところにあるのではないかと考えている。したがって、大学改革の目標は、「トワ・エ・モア」の世間の打破ということになろう。

二　改革の必要性　学生のための私立大学づくり

ここ三十年余りの早稲田大学の歩みは、残念ながら、「教職員のための大学づくり」でしかなかった。すなわち、極論すれば、ひたすら教職員の労働条件の向上に取り組んできた歴史であったといってよい。まさしく、「トワ・エ・モア」の世界であった。

もとより、教職員の労働条件の向上が必要ないというわけではない。それはそれで大事なことといわねばならない。しかし、この間、一度も「学生のための大学づくり」が全学の課題とされたことはなかった。学生のための教学環境の改善は日常的課題であって、とくに声高にそのことを叫ばないからといって、何もしなかったということにはならないという、もっともな反論は当然ありえよう。けれども、本学が意識的ないしは自覚的に学生のための大学づくりに全学挙げて取り組んだことがなかったことは、正体不明の闇の集団の支配を最近まで容認してきた一事をもってしても、否定し難い事実である。「トワ・エ・モア」の世界には、学生さえも入り込む余地はなかったのである。

また、本学のように、大学の規模が大きくなると、群雄割拠といえば聞こえがいいが、各学部の自立性が強く、これを調整するためには、必然的に画一的な平等性を追求することになり、結果として、すべての面で中途半端な教研条件しか実現できないことになる。とても、学生のための大学づくりどころではない、という事情がなかったわけではなかろう。しかし、財政的に困窮している私立大学ではあっても、否、学生の授業料で成り立っている私立大学だからこそ、学生が大学に何を求めているかを知るための最大限の努力を払い、少しでもそれに応える工夫をしなければならないし、また、それは可能であったというべきではないか。若干認識が甘すぎるとの批判はあろうが、本学でもようやく学生のための大学づくりの気運が全学にみなぎってきたようである。

その意味で、本学は、いまようやく「遅ればせの大学改革――学生のための大学づくり」のためのスタートラインに立ったところである。

三　改革の方向性　建学の理念を実現するための志立大学づくり

私立大学にとって、大学改革の課題は、ある意味できわめて明快である。私立大学の目的が建学の理念の実現にある以上、改革の課題もまた建学の理念の実現にあるからである。ところが、「トワ・エ・モア」の世界では、教職員仲間の共通要求（労働条件）以外はなかなか共通の課題とはなりえず、ましてや、建学者たちが本学に託した理想とか夢とかといったものは、遠い星の世界の物語のような感覚でしか捉えることができなかったのではないか。

しかし、私立学校法人である私大の寄附行為（設立目的を含む組織・運営の根本規則）は、私大の存在理由を「志立大学」とするものであり、その意味で、建学の理念の実現こそ私大の存在理由にほかならないのである。それゆえ、本学においては、「学問の独立、学問の活用、模範国民の造就《ぞうしゅう》」という三大教旨（いわば本学の憲法）こそが建学の理念であり、その実現のために本学は存在するということになる。こうしてみると、大学改革とは、誤解を恐れずに極論すれば、大学の組織・運営が建学の理念から逸脱したときに、本来の方向性を取り戻すこと、つまり、建学の原点に立ち戻ることをいうのではないか。

もとより、建学の理念自体が時代にそぐわないというのであれば、この理念自体の見直しが必要である。しかるに、本学の場合には、幸いにして、表現こそ若干古めかしいところがないわけではないが、わが三大教旨は二十一世紀を意識して制定されたのではないかとさえ思われるぐらい、ぴたりと現代にマッチした理念が掲げられている。ここでその詳細を説く余裕はないが、これこそ建学者の見識というものである。

早稲田大学は、ユニバーシティ・ガバナンスをしっかり確立し、この三大教旨の実現へ向けて、再び脇道へ逸脱することのないよう、学生のための志立大学づくりに励まねばならないであろう。

大学改革とは、建学の理念から逸脱したときに、本来の方向性を取り戻すこと、建学の原点に立ち戻ることをいうのではないか。

四　改革の現段階　グローカル・ユニバーシティの実現

私は、六年前から、建学の原点に立ち戻り、早稲田大学を再生する改革を、「グローカル（グローバル＋ローカル）・ユニバーシティの実現」なるスローガン（旗印）の下に開始した。「桃栗三年、柿八年」とはよくいったもので、改革らしい動きはスタート後三年たってようやく全学的に始まり、いま総長（学長・理事長）としての二期八年のゴール（？）を目指して、残る任期の二年足らずを全力疾走中である。グローバルな視野と高い志、そして、ローカルな野人の魂と行動力とを兼ね備えた若者の育成を目指す志立大学づくりへ向かって、本学の改革はようやく動き始めようとしている。

この改革は、なによりもまず第一に、「トワ・エ・モア」の世界を象徴する「早稲田民族主義」ないし「純血主義」の打破を必要とすることから、教員人事のオープン化から着手したが、現在、他大学出身教員の全教員数に占める比率は三八％に達しており、数年後には四〇％を大きく上回ることになろう。この点の成功が本学の改革への動きを醸成しつつある。

第二に大事なことは、教職員学生の国立大学意識の打破である。私立大学であるにもかかわらず、あたかも国立大学の教職員学生であるかのような意識がどこかに存在しており、それが本学のこれまでの取り組みを総花的にしたため、本学のアイデンティティを失わしめている。すべてにおいて国立大学と競争しようとすれば、財政的基盤を授業料に頼る私学である本学は、すべての分野で三流、四流となることを覚悟しなければならない。そこで、本学では、一一九年に及ぶ歴史と伝統を継承しながら、個性化をはかるために、当面、アジア太平洋地域との共生、高度メディアネットワークの構築、および、全学の生涯学習機関化という三つの目標へ向って、教育研究の強化・再編を進めつつある。

改革の第三は、二十一世紀の世界で学問の府として挑戦できる大学であるためのインフラ整備である。そのためのインフラとして重視すべきものは、とりわけ、情報化と国際化であろう。情報化についていえば、全学の情報環境の向上であり（一万五千台を超えるPCの設置等）、それをバックアップすべき教育研究機関の充実であろう（独立大学院国際情報通信科の新設）。また国際化についていえば、学生の短期海外留学制度の拡充であり（学生交換協定二六六校）、本格的なアジア太平洋地域のセンター・オブ・ラーニングの設置であろう（独立大学院アジア太平洋研究科および日本語教育研究科の新設、国際教育センターの設置）。

第四の改革は、教育のオープン化による学生ニーズへの対応であり、学部間の壁を低くし、全学のカリキュラムの再編統合を進める「オープン教育センター」の設置、国内留学制度（同志社大と開始）、山手線西北大学単位互換コンソーシアムの結成、産学インキュベータ施設の整備等々、「門のない大学」としての実体の整備に努めている。

以上のほかにも、改革は多方面にわたっており、とりわけ、芸術学校の新設や専門大学院の計画等についてはコメントしておきたいが、ここではその余裕がない。総じて改革の現段階においていいうることは、これまでの改革（とはとてもいえたものではないが）は、本学一一九年の歴史が蓄積してきた余力を引き出すというレベルにとどまっており、いまだ新たな創造的発展の契機をつかんでいないということである。そこに、本学の現段階における改革の限界がある。では、どうすべきであろうか。

五　結びに代えて　痛みのともなう改革へ

本学の改革が改革の名にふさわしい真の改革となるためには、「トワ・エ・モア」の世界を完全に脱却する必要がある。そのためには、本学が目指したはずの「世のため人のために汗と涙を流す」人間を育成する入魂の教育システムを確立しなければならない。そのための改革は必ずや教員にとって「痛み」をともなうものとなろう。しかし、この痛みに耐えてこそ、早稲田大学はその本来の姿勢を取り戻すことが可能となるはずである。その意味でも、「学生による授業評価とその公表」は真の改革の第一歩となるであろう。

●（おくしま・たかやす）一九三九年生。商法学。著書『会社法の基礎』（日本評論社）『フランス企業法の理論と動態』『現代企業法の理論と動態』（成文堂）。

●京都精華大学（私立）

一九六八年からの宿題

学長　中尾ハジメ

建学以来の理念　自立した共同体

たとえば半世紀後に大学像はどうなっているだろうか、どうあるべきだろうかという課題は、否応なく私たちを現実にひきもどす。大学なるものが存在しはじめたその時から、大学は自らの姿を、少なくとも数十年単位の時間のなかに、思い描いたにちがいない。そしてその大学像は、必然的に、それを実現しようとする方策を含むものだったにちがいなく、その実現の過程こそが今向かいあっている現実であるからだ。

私たちの京都精華大学は人文学部と芸術学部、そしてそれぞれの学部につながる大学院修士課程からなる大学だ。人文部には人文学科と新しい環境社会学科があり、芸術学部には、造形学科、デザイン学科、マンガ学科がある。これは標準的な学部学科の構成とは言えないだろうが、一九六八年に開設した英語英文科と美術科からなる短期大学をその前身としていると言えば、理解はしやすくなるだろうか。

一九六〇年に四年制大と短大をあわせて五二五校であった日本の大学数は六八年には八六三校であり、私たちの大学もその急速に増えつづけるものの一つとして開設されたのだ。しかし一九六八年は、社会のなかで大学の果たす役割が厳しく問われることになった、あの学生叛乱の時代をあらわす記号でもある。創設期の人びとには、逃れがたく、その時代の突きだす大学問題が意識されていたにちがいない。一言でいえば、限りない経済成長にのみ向かっているかのように見える社会の流れに、総体としては無批判に隷従することになってしまっている大学、という問題だったと言える。学生の目から見れば、時代の経済権力と一体となってしまった大学権力という問題だった。先端的な学生たちのなかには、自分たちが大学の閉鎖的な特権性を享受しようとしたとして「自己否定」するものもあった。

岡本清一初代学長を中心とする私たちの大学の創設メンバーは、一面的な大学否定論に立っていなかったのは言うまでもないが、大学が学生と教職員とからなる自立した共同体でなくなっていることが、この問題の根本にあると考えていた。そして、新しい大学の在り方についての計画のなかに、その考えを目にみえるよう示そうとしていた。いささか過激に聞こえるかもしれない断片をとりあげれば、「われわれの大学は新しい画布のように、一切の因襲的な過去から断絶している」という、最初の受験生向け入学案内にのせられた岡本学長のアピールにもそれは表されている。そこでは学生を、大学によって処理され通過する存在としてではなく、「大学創造の仕事を分担」する対等の仲間としてとらえようとしていた。

大学の抱える因襲、その中心にあると考えられたのは、教員と学生の間、職員と学生の間、教員と職員の間にあった身分制的な関係だった。これを断ち切ろうとする大学運営のための具体的な組織計画には、たとえば、全教職員が政策について対等に意見交換する「教職員合同会議」、職階とは無関係に全教職員が被選挙権をもつ学長選挙、同様に全教職員が被選挙権をもつ理事選挙などがあり、今でもつづいている。これらはいずれも、大学が自立した共同体でありつづけるための、組織上の土台と考えられていたことである。

しかしそれでも、大学の自立は途方もなく困難な課題としてありつづけた。もとより、学内組織の直接民主主義的な改革のみによって達成されるはずの事柄でもなかったにちがいない。現に、設立直後の私たちの大学は充分な数の学生を集めることができず経営的な危機に直面し、学長不信任にいたる大きな組織的混乱にみまわれていた。こういった経営的接点でこそ、大学はそこから自立しようとする社会の趨勢と対峙しながら存続しなければならないということを、創設期の人びとはどのようにとらえていたか。残念ながら、それを包括的に明示するものは、たとえば文書としては残されていない。自立した学問芸術としての大学は、一方で大小の経済社会的流行を、そのつくりだす意識の襞にまで分けいり明らかにしながら、流行とは別の目指すべき世界像の可能性があることを説得的に語らねばならず、また他方で、その外ならぬ批判の対象である流行の現実に対応しながら自己の存続を企てつづけねばならない。存続しようとするならば、経済社会という現実への対応を、大学はどの程度すれば充分なのか。それは、恐ろしいほどであるとしか言いようがない。私たちの大学が一度ならず経験した経営的危機の局面に限っていえば、先に述べた因襲の打破を目指す諸制度、他大学にはあまり見られない勇ましいそれらも、その果たしえた役割といえば、もっぱら経営を担当するべく選出された者に、信任を与えること以上でも以下でもなかったのだ。

「知的レジャーランド」

　高度経済成長とよばれる急激な社会変化の趨勢は七〇年代そして八〇年代に入ってもとどまることはなかった。この間大学も、十八歳人口のピークをむかえるまで膨張しつづけ、九四年の時点で四年制大学は五五二校、短期大学五九三校を数え、六八年に約一二〇万人だった四年生大学の学生数は約二五〇万人となった。二〇〇一年の現時点では、四年制大学は六五〇校、その学生数は二七〇万人をこえている。私たちの一風変わった大学もこの趨勢のなかにこれまで存続しつづけたことは、否定できない。しかしこのことは、一九六八年の刻印をうけた京都精華大学の大学像にとって、もっぱら受動的な挫折を意味するわけではない。

　学生叛乱後の大学膨張の時代は、ある意味で皮肉なことに、日本社会の教育力低下が顕著に見えはじめた時期でもあったと思う。より正確にいえば、その兆候は六〇年代にはすでに現れており、いわゆる団塊世代の若者を多数受けいれる役割を担った私立大学の多くは「マスプロ教育」と批判され、また入試は難関だが勉強しなくても卒業できる大学と言われてもいたのだ。大学入試が目的化したかのような中学、高校の教育もすでに目だっていた。それは明らかにバランスを欠いた経済成長至上主義の帰結であり、教育への投入の貧しさだったと思わざるをえない。この線上で七〇年代に受験産業によって開発された「偏差値」は、およそ二〇年にわたって、凹凸のない偏差値ランキングに沿ってきわめて能率的に学生を配分することには大いに貢献したが、若い人びとがもつはずの思考の自由、あるいは社会からの思想的自立を、これまた効率的に縮小させてしまった。そうしておいてその一方で、さらに経済的豊かさの増した八〇年代には、大学が「レジャーランド」になっていると嘆くことになったのだから奇妙である。

　八〇年代半ばから九年間にわたって学長だった笠原芳光は、このレジャーランド論にふれては、ニーチェの「楽しい学問」や、学問を意味するギリシャ語「スコレー」がもともと余暇すなわちレジャーを意味することを引きながら、私たちの大学が目指すべき「知的レジャーランド」像を説い

経済社会という現実への対応を、大学はどの程度すれば充分なのか。それは、恐ろしいほどである。

ていた。このころ流行った大学論には、大学は消費者あるいは顧客としての学生のニーズに応えて知識を供給するべきものだという情報産業論的な考え方があったが、笠原学長の論拠はまったくちがうところにあった。それは、学生は顧客ではなく教職員と共に大学を創造する責任を分有するもので、それゆえ全員がこの大学の創立者であり毎日が創立記念日であるという、ユーモラスなラディカリズムだった。

偏差値からの自由

振りかえって見れば、出発から三三年間、そのかかげた理念の一つは間違いなくこの大学の空気のように引き継がれてきたように思える。その一端は、卒業生を除いた約三〇〇〇人の在学生に限って、一人の専任教員が平均して約一〇〇人の学生の名前と顔を知っているという数字にも表れている。学生対象の調査の結果から控えめに算出されたこの数字は、おそらく他の多くの大学では到達することのできない、学生と教職員の共同性の水準を示しているにちがいない。こういった共同性は、匿名的な自由と無責任を意味しないのはもちろんだが、学芸の自由には無くてはならない基盤であるにちがいないのだ。また、この大学につけられた「偏差値」の推移をたどってみても、他の多くの大学に比べてずっと偏差値からも自由であったこともまちがいない。この数年受験生数の減少とともに、偏差値上位大学から下位大学まで、軒並みその偏差値を下げていく趨勢のなかで、京都精華大学につけられた偏差値は、例外的に、下がることはなかったのだ。

この大学淘汰の時代に、あるべき大学像が語られることは至極当然なことだが、日本のなかで、はたしていくつの大学が、すでに付与されている偏差値に心を奪われずに明日の姿を論じることができるだろうか。さらに「市場」を拡大するあのセンター入試にわれもわれもと参入しながら、偏差値上の生き残り組みがあれこれの夢を語り、負け組の多くはただ沈黙するしかなくなるのが現実だろう。私たちの大学は今までのところ偏差値から比較的自由でありえた。しかし、充分な志願者数を維持することができなければ偏差値上の位置づけは確実に下がり、理念や方針を語ることなどできなくなることも疑いようがない。志願者確保のための最大限の経営的投入が至上命題であり、それが成功しなければ、一九六八年生まれの自由と共同性は、次の時代に実現すべき大学像の基礎となることを身をもって示すこともできなくなるだろう。

具現化しつつある大学像

現に京都精華大学には、ようやく実質化の途についたというべき、次の時代の大学像がいくつかある。一つは創設当初から掲げられていた「国際主義」の大学像であり、その中心には、「新しい人類史の展開に対して責任を負う人間の形成」という言葉がある。学生を積極的に海外へと送りだすと同時に、海外からの学生が多数いるという状態をつくりださねばならない。現在一〇か国からの一五〇人を超える留学生が在籍し、他にも毎年数か国からの交換学生があり、アメリカとオーストラリアからは数種類のグループでの相互訪問がある。これをさらに拡充し二年後には、全学生の一割近くにあたる三〇〇人の留学生が学ぶようになる計画だが、当然ながら、世界の現実を共有し問題を共に考えることが目指すべきことがらであり、たんに日本を手本にすることではない。

問題を共に考える場としての大学は、当然ながら学外の社会にも開かれていなければならない。それまでは図書館と呼べる施設のなかった私たちの大学は、ようやく九七年に情報館を開設することができた。現時点で、開館日一日あたり延べ約九〇〇人の利用者があるが、その内一二〇人は学外の人たちである。いくら強調してもしたりないこのことは、社会にたいして独立を維持しながら特権的な閉鎖性へと傾斜しない大学像を実質化しようとする具体的な一歩だが、これもまた一九六八年からの宿題の一つだったのである。

●(なかお・はじめ)一九四五年生。社会心理学。訳書『水俣』(W・ユージン・スミス、アイリーン・M・スミス著、三一書房)、著書『スリーマイル島』(野草社)。

●京都造形芸術大学(私立)

「芸術の世紀」を開く

学長 芳賀 徹

一 南原 vs. 矢内原

私は旧制高校に一年だけ学んで、昭和二十四年、またも入学試験を受けて、新制大学の第一期生となった。二年つづけて正規の入試を受験したというのは、明治以来の高等教育史上でも他に例がないのではなかろうか。

新制大学発足当時の学長(総長)は南原繁氏だった。私は在学中にこの先生の安田講堂での演説を一回ほど聴いたことがあるが、はじめから性にあわなかった。この先生が口にすると「真理探究」という言葉さえいかがわしく思われた。南原さんはあたかもこの世界のいずこかに唯一絶対の真理が存在するかのごとくに語ったのだが、十七、八歳の青年にはすでにそれが信じられなかった。この世にはむしろさまざまな「真実」が明に暗に併存するのであって、それを一つ一つ確かめてゆくことが大事であり、私たちはむしろそのような謙虚さと寛容をこそ大学で学んでゆかねばならないのではないか――法学部出身の総長の、居丈高なドイツ観念論風の雄弁を聴くと、かえってそのように反発したくなったものである。

南原氏にくらべると、次の矢内原忠雄総長のほうがはるかに度量の広いリベラルで、しかも敗戦直後の混乱のなかにあった大学の現実と、その現実をこえて達すべき未来像とをはるかによく把握していると感じられた。矢内原氏は初代の東大教養学部長で、当時直接に氏に接した先輩同僚たちの話によると、教授会などではこの学部長はいつもピリピリしていてむやみにこわい存在だったらしい。だが、氏はそれだけ鋭く同僚教員たちの能否を見ぬいていたのだろうし、氏の頭は多くの同僚たちよりもずっと広く遠い先を見とおしていたのだろう。

矢内原氏が教養学部長時代に、麻生磯次、竹山道雄、前田陽一といった旧一高以来の俊才教授たちの突きあげと協力があったにせよ、教養課程二年の上に教養学科の二年を設け、さらにその上に「国際関係論」とか「比較文学比較文化」「科学史科学哲学」「文化人類学」といったまったく新しい学問分野の大学院専攻の新設を準備した、というのは戦後日本の高等教育史上に特記さるべき功績であろう。これによって駒場は前期二年だけの教養部ではなくて、「教養学部」として、全東大のなかの最新の、学術革新派の集結の場として活躍することができるようになった。しかも、教養学科のなかのカリキュラムや、右にあげたような大学院専攻は、その後長いこと、全国の国公立大学がこれに習おうとして習いきれなかったものである。

「大学革命」を論じるならば、昭和二十年代初期のこの東大駒場における「革命」ないしクーデタをこそ、あらためて振り返り、詳細に記述すべきものなのだろう。GHQによる学制改革の強要とその下での混乱に乗じて、旧制高校の少数精鋭教育の利点を残しながら一気に先端ディシプリンと国際主義の導入を果たし、旧と新の巧みな融合に成功したのである。一九六〇年代末からの大学紛争も、その後毎年のように繰り返される大学改革論議も、あの敗戦直後の駒場におけるような「革命」を実現することはついになかった。そしてその「革命」の遂行には、植民地経済政策の学者矢内原忠雄氏の洞察と勇気と指導力が、たしかに大きく働いたのである。

二　教養教育としての「京都学」

さて、私自身は二年前、一九九九年の春から京都北白川にある京都造形芸術大学の学長となった。京都勤めは、九七年春まで六年間国際日本文化研究センターに在職したから、二度目である。芸術系の大学であることにも、さいわいなんら異和感はない。ここに転職して、むしろ絵好きであった若き日に返ったような気がしないでもなく、大いに生き甲斐を感じている。

私がこの大学に来て、まず一番に願っているのは、これを求心力と遠心力とともどもに強い一つの真に総合的な芸術大学として仕上げてゆくことだ。矢内原総長のように一気呵成に新しい国際派の教養教育とそれに対応する専門分野の体系を開発してゆく、というわけにはなかなかいかない。だが、駒場学派に学び、その一員として育てられてきた恩恵をなんとかしてこの京都東山の地で次世代にわかち伝え、これに報いたいと願っている。

　そのための第一の方向は、まず学部一年生から四年生におよぶ教養教育の徹底である。これがその本場である駒場においてさえ、学生たちの間では「パンキョウ（一般教育）」と呼ばれて軽視され、飽きられる傾向にあったことはよく知っている。しかし、それを「教養教育」と呼びなおすだけでも新鮮になる。二十一世紀の日本に生き、いよいよグローバル化する世界諸地域とこれからたえず広く交際してゆかなければならない若者たちが、人間として、日本人として、アジア人としての知性と感性とをゆたかにあわせもたずには、どうして今後生き甲斐のある人生をいとなんでゆくことができようか。情報デザイン専攻であろうと、日本画や染織の専攻であろうと、若い学生たちにこの「教養」なるものの不可欠性を自覚させることが、まず第一に必要だ。

　しかし教養教育がむやみに学科目を並べたてて再び「パンキョウ」の味気なさに堕するのを防ぐために、私たちはその中核に「京都学」講義を三つ並べておくこととした。「脚下照顧」の教えの実践である。一二〇〇年余の普遍的な文化創造の歴史をもち、その充実した有形無形のモニュメントがいまなお美しい自然環境とともに市中随所に生きている大都市というのは、考えてみれば、世界広しといえどもこの京都以外には、ローマかバグダッドか、ほんのわずかしかありえない。

　桓武天皇の都市計画から紫式部、清少納言、和泉式部の女房文学をへて、法然、明恵、親鸞、道元らの宗教改革、金閣、銀閣、世阿弥、利休らの芸術革新、また光悦、宗達、大雅、若冲から明治維新をへて琵琶湖疎水の開発による都市近代化にいたるまで、京都の文化史はあまりにも豊かで、しかもそれらの一こま一こまがつねに世界史的普遍性をあわせもっている。教養教育をとおして、若い学生たちがその一天才、一作品、あるいは一情景だけでもわがものとして実感し、納得してくれればいいし、その可能性は大いにある。

　この「京都学」の教育と研究はもちろんそのまま本学が志《こころざし》とする「京都文芸復興」、それを通じての二十一世紀日本の「芸術立国」に直結する。そのため「京都学」講義は本学のなかでもとくに各分野のヴェテラン教授が担当し、それぞれに蘊蓄を傾けることになっている。だが一つ悩ましい状況があるとすれば、この講義を直ちに文献や作品の分析、またフィールドワークによって裏打ちすべき少人数対象の演習が、時間割の都合でどうしても当面は開く余地がないらしいことである。

相互侵犯があってこそ、教養教育はいっそう充実し、それぞれの専門分野でも意外な新展開が生じてくるはずだ。

三　劇場をとおして芸術の世紀へ

　教養教育を推進し、学内に知的活気を巻きおこしつづけるために重要な第二の方向は、学科をこえた多分野間の交流と相互の刺激である。本学は芸術学部一つのもとに、芸術文化、歴史遺産、映像舞台芸術、美術工芸（洋画、日本画、彫刻、染織、陶芸）、空間演出デザイン、情報デザイン、環境デザインの七学科からなり、約一四〇名の教員と二〇〇〇名の学部学生と五〇名の修士博士課程学生とを擁している。比較的にまとまりのいい規模であり、学科をまたがっての交流は進めやすいはずだ。その相互侵犯があってこそ、京都学を中核とする教養教育はいっそう充実して面白くなり、それぞれの専門分野でも意外な新展開が生じてくるはずだ。少くとも東大駒場での私の四十年の経験ではそうだった。

だがこれが予想以上に、言うは易くして行うは難い。特に実技系はそれぞれ固有のメチエの開発と修得を不可欠とするからだろう。それで私および私たちは、当分は昨年来の新設学科である映像舞台芸術学科を一つの中心として、そこに傾けた交流と侵犯の実験をおこなおうと考えている。さいわい、今春、二〇〇一年三月末には、白川通りに面した新校舎二棟とともにその真中に京都芸術劇場の大建築が竣工する。廻り舞台から花道までのすべてを備えた席数八五〇の歌舞伎劇場春秋座と、二五〇名収容の小劇場Studio 21とである。

この大施設を大いに活用しなければならない。総監督は本学副学長で教授の市川猿之助丈、Studio 21の監督は学科長で新劇演出家の太田省吾氏、それに能の観世榮夫氏は十年前から教授で毎週京都にかよってくれているし、昨秋からは京舞の家元五世井上八千代さんも本学教授となった。それに若手新進の劇作家、演出家、映像作家、舞踊家、演劇史家が教員メンバーとしてひしめいている。これだけの施設とスタッフがあれば、学内での新しい起爆活動はもちろんのこと「京都文芸復興」だってそう遠くはあるまい。美術工芸学科の洋画や染織や彫刻はさまざまなかたちでここに協同しえよう。歴史遺産学科の歴史家も、芸術文化学科の美術史家や比較文化学者も、当然参画せずにはいられなくなるだろう。

本学では二〇〇一年秋頃からは、右の学科と劇場を中核として「舞台芸術研究センター」を発足させ、日本国内のみならず韓国、中国、アメリカ、シンガポールの諸研究機関との連携のもとに「舞台芸術の時空間構造とその変容に関する実験的研究」を開始することになっている。これらの研究と実験、また劇場での実演は、学内の教職員、学生にはもちろん、「大学コンソーシアム京都」を通じて他大学の学生、研究者、さらには一般市民にも、全部ないし部分的に公開される。三年前から開始された本学の通信教育は、いまや三学年あわせて四〇〇〇人弱の老若学生を擁して大奮闘をつづけているが、この学生たちにとっても劇場を活用してのスクーリングは非常な興味をよぶことだろう。九九年春から隔月に催してきた連続公開シンポジウム「創造する伝統」も、今春からはコンソーシアム授業の一環として、「混沌から踊り出る星たち」を副題に春秋座で行うこととなった。

二十一世紀の大学はどうあるべきか？　わが京都造形芸大の今後の活動に注目していただければよいだろう。

●（はが・とおる）一九三一年生。比較文学・近代日本比較文化史。『大君の使節』（中公新書）『平賀源内』『絵画の領分』（朝日新聞社）。

●九州産業大学（私立）

二十一世紀の大学は教養教育を重視せよ

学長　山﨑良也

わが国における四年制大学の数は、平成十二年五月一日現在で六五一にのぼる。このうち国・公立大学は一七一、私立大学は四七九、その他一である。私立大学の数が圧倒的に多く、全体の約七四％を占める。このように多数に及ぶ大学に対して、近年十八歳人口は平成四年の二〇五万人をピークに平成二十一年ごろには一二〇万人に落ち込み、受験生のほぼ全員が合格できる、いわゆる全入の時代が出現すると予測されている。しかし、受験生の好みと意思を尊重すればそれ以前に定員割れの現象が見られるはずである。現に大学の二〇％から三〇％が定員割れを起こしている。

このような情勢のなかで本学の現状がどうなっているかを概略述べて見よう。

本学の教育改革の現状について

本学は、平成十二年度で開学四〇周年を迎えた。現在、七学部と大学院六研究科（修士課程、博士後期課程、博士課程）を擁し、大学院生を含めた学生総数は約一万六千名で、西日本屈指の総合大学である。

本学の唯一の特色は、文系の学部（経済学、商学、経営学、国際文化学）に加えて、工学部と芸術学部がほどよく全体の調和を保ちながら成り立っていることである。なかでも総合大学の中に、芸術学部が置かれていることは、特筆すべき事柄である。

二十一世紀においては、文化・芸術の花がさらに開くことは間違いない。本学では、そのような認識をもって、昨年二つの文化事業を推進し、地域社会への貢献を図った。その一つは、写真賞（上野彦馬賞、九州産業大学賞）を設定したこと、いま一つは、佐賀県有田焼の代表格である第十四代酒井田柿右衛門（本学大学院専任教授）の設計による柿右衛門様式窯を本学キャンパス内に設置したことである。とくに柿右衛門様式窯は、芸術学部における伝統工芸の教育のみならず、地域文化の振興に大いに役立っている。

ここで少し話をかえて大学の役割に言及すると、それは基本的に、（イ）社会において活躍する有為な人材の育成、（ロ）知的財産の伝承と創造、および蓄積、並びに社会への公開、（ハ）産業界と大学との提携・協力、（ニ）国際社会における知的活動の拠点、（ホ）社会に開かれた大学（生涯学習の場の提供など）、である。

本学では、これを基本に、国際交流のさらなる推進、そのためのレベル別少人数英語教育、情報処理教育の深化、学部間、学科間、大学院相互の連携、生涯学習（公開講座など）の整備・充実を行うよう努力している。

しかし、こうした努力にもかかわらず、本学では、しだいに教養教育と専門教育との有機的連携が希薄になりつつある。平成三年七月に大学審議会の答申に基づいた大学設置基準の大綱化・弾力化によって、かなりの数の大学が軒並みに教養部を廃止した。教養部が廃止されたから教養教育が低下したというつもりはない。廃止されるにはそれなりの理由がある。大学における教養教育が高校教育と重複していることと、教養担当の先生の努力と情熱が足りなかったからである。それならばなおのことこれからの教養教育の内容を改善する必要があるというべきであろう。

そこで本学では、この教養教育の改革について真剣に取り組まねばならないと考えている。最後に、総合大学としての妙味を打ち出すために、大学の核となる情報の専門的学部をつくり、これと他の学部とのネットワークづくりを行うべく企画している。

二十一世紀における大学の在り方

二十一世紀の大学はどうあるべきかについて考察するために、まず建学の理念や創立の歴史の違い、伝統や規模の違いを越えて、大学全体に共通する理念・役割を明確にしておく必要がある。このために大学の成立の歴史とその後の発展を見ることが大切である。しかる後、本学の規模とほぼ同じ特色をもった私立大学の将来のあるべき姿について述べることにしたい。

（1）二十一世紀の大学はどうあるべきか

大学の成立とその後の発展について簡単に触れることにしよう。

大学の起源は周知のごとく、中世のヨーロッパに求めることができる。その当時、大学は教会の権力の下に属し、法王の教書によって、それぞれの特権と承認を付与され、社会における文化的支柱としての役割を担ってきた。そのために中世の大学は、主として僧侶に門戸が開かれていた。そして大学では、宗教を中心として法律、医学が重要な学問と考えられていた。哲学は、大学成立以前の古代ギリシャ時代から個人の対話と相互の議論によって発展するという性格を有している。したがって哲学は本来真理の探究の過程において時の権力と相反する運命にあったのである。

市民革命によって、封建社会から市民社会に転換を遂げるに至って、大学は学問、文化、芸術の領域において自律的発展を獲得するようになった。欧米の大学が学問の自律性と自由をかちとるために多くの犠牲を払ったのに対し、わが国の大学は明治維新以来、近代国家の推進という国策のために上からの統制を受けつつ発展してきたといえる。

第二次大戦後、わが国は新憲法の理念を教育に反映するものとして、昭和二十二年教育基本法が制定された。この理念を主なキーワードで示すと、真理と平和、個性豊かな文化の創造、自主的精神、である。この教育基本法の下に、「大学は学術の中心として、広く知識を授けるとともに、深く専門の学芸を教授研究し、知的、道徳的及び応用的能力を展開させることを目的とする」と大学のあるべき姿が示されている。それから半世紀経った今日でも、若干時代に添わない点が見られるものの基本的にはかわらない。以上述べた基本法の成立した時代の大学生の数は十八歳人口の一割にもみたない。今日十八歳人口の五〇％近くが高等教育を受ける大衆化、あるいはさらに全入化の時代に入ると、社会の要求に応じて教育の内容を決定せざるをえなくなってきた。

そこで、これからの大学は、一般教養を主とする大学、専門技術教育を主とする大学、あるいは教養と専門の教育を融合する大学、高度専門教育を主とする大学、先端的技術を研究する大学にそれぞれ再編されるであろう。

（2）二十一世紀における中規模私立大学

これまでに述べてきた議論から当然の帰結として、社会の要請や需要に応じて大学の在り方が規定されるようになり、大学は自らの責任において大学の形態を決めることになるであろう。大学がどのような形態をとるにせよ、二十一世紀においては、創造性や総合的判断力が求められることには違いない。これには教養教育の一層の強化が望まれる。

教育の現場は本来人間感性のぶつかり合いで成り立っており、教養教育の強化がすべてに優先する。

大学が大衆化し、多種類の入学試験によって多様な学生が入学してくるにつけ、一般的に基礎学力の低下は免れない。この場合いかなる方策をとればよいか。各学部の優秀な学生を一か所に集め特別教育をやるような特別学部を設置することが考えられる。その他の学生はどうするか。学生は個性がかなり異なっているから、個性に応じたクラスを編成して教育し、それぞれの特長を伸ばせばよい。

つぎに二十一世紀においては情報技術革命の出現により、インターネットと衛星通信の利用によって教育のやり方が一変する。しかし、教育の現場は本来人間感性のぶつかり合いで成り立っている。情報技術革新が進行すればするほど、人間性の復活と感性が重視されねばならない。これには教養教育の強化がすべてに優先する必要がある。

最後に、人類の存亡にかかわる地球環境の悪化を防ぐためには、学問の専門領域を越えた学部・学科間の協力体制、さらには大学間の協調体制を確立することが何よりもなさねばならぬ喫緊の課題であると思料する。

●（やまさき・よしや）一九三一年生。理論・計量経済学。著書『経済成長論』（共編著、有斐閣）『景気循環と加速度原理』（東洋経済新報社）。

〈インタビュー〉

本音で語る「大学革命」論

【知とは本来、ノマド的なものである】

山口昌男（札幌大学学長）

聞き手＝編集部

●学長自身が飛び回って……

本日は、山口さんにお話うかがえるせっかくの機会ですから、大学革命ということで、抽象的な話よりも、いろいろと具体的なお話、あるいは本音の部分をお話いただければと思います。

具体的な話で面白いのが一つあるのですが、諸般の事情により今のところお話しできる段階にないので、これはお許し願います。

その話が実現すれば、新しい雰囲気をどんどんつくっていけると思っています。これが大学の気風が変わるきっかけになるはずです。

立場上、いろいろとしがらみもあり、なかなか思い通りに事が進まないこともあるかもしれませんが、そういう気兼ねばかりしていては、逆に何もできなくなってしまうかもしれませんね。

誰もこういうことを理由に僕をクビにできないでしょう。セクハラでもしない限りね（笑）。理由もなく僕をクビにしたら、それこそスキャンダルのいい餌になり、大学自体が潰れてしまう（笑）。

とにかく今の大学の動きのとれない状況を一挙に変えていかなければならない。そこで突破口を開くには、英語圏ばかりの交換留学プログラムといったものではなくて、むしろ知的なレベルでどんどん交流をした方がいい。

たとえば、イタリアのラベンナの芸術大学の学長が、教員で優秀な人間を講演だけでいいから交換したい、と言ってきた。姉妹校提携しようと言うんです。向うには、ラベンナ出身の空海の専門家もいる。ファビオ・ランベリニという人です。正月に行って話をしたら、向こうの学長が非常に乗り気でした。

そこで、「こちらの学長はとても絵が上手いよ」（笑）といったら、提携が実際に動き始める時に合わせて、ラベンナで展覧会をやってくれというんです。それで今日も、画廊に寄ってきたわけですが、僕が非常に好きなエッチングの作品をつくる版画家と顔を合わせてきた。ラベンナの大学と提携を結ぶ時に、展覧会は、一度やってはいたんですが、もう一回同じことを繰り返すのは嫌だ、ということで、これを機会に僕もやりたいから、「君、エッチングを教えろ」と言ってきた。エッチングで道化をテーマに作品を二五枚つくり、向うでイタリア語で講演もするつもりです。新しいことをやるときには、新しい技術を開発する。これが僕のモットーだから。

ラベンナの大学に音楽はないが、今度どこかそれがあるところと提携するときには、ぜひチエロでも買って練習しようと思う。オープニングにチエロの演奏を……とにかく学長はそんな風にどんどん飛んでいけばいい。

それと、スウェーデンとも提携をやるつもりです。二年前に、私が実際行って、大学とも話をしてきた。まず学生が行くことが決まり、今年は二人スウェーデンに行って勉強しています。みんなアメリカとか、イギリスとかフランスとか、そういうところばかりに留学しますが、スウェーデンの方が英語を留学生に教えるシステムがしっかりしていて、丁寧に面倒を見てくれる。それで同時にスウェーデン語も教えてくれる。そういう方がいい。

それから韓国のソウル芸術大学。デザイナーの内田繁氏が向こうで講演しましたが、そこの理事長が演劇の演出家で、学長が映画の監督だという。札幌大学と学長は面白いよと話したら、ぜひ交換したいというのでいま交渉中です。こちらに韓国の留学生で優秀なのが沢山いるから、それを通訳にして、講演なり、シンポジウムなり、何回でもやろうと。韓国でも開くつもりです。ちょうど最近、私の『「敗者」の精神史』（岩波書店）を翻訳したいという話も舞い込んできたので、いいタイミングだと思って承諾しました。『文化と両義性』にも同じような翻訳の話があって、ゲラがもう少しで出るそうです。

それからペテルブルグ。札幌大学にロシア語を教えに来ていたなかなか知的な女性がいたのですが、その人がいま学長としてペテルブルグの大学にいます。そのペテルブルグの大学と交換プログラムも考えています。

フランスについては、パリ十三大学。レギュラシオンの経済学者が集まっているところですね。そこの人が一人、三年前に講演に来ました。それで去年僕も向うに行ったときに、学長との食事の場で提携しようと向こうから話があった。ただ教授たちの中に、フランス語のできるのがほとんどいないからしぶっていたんですが、今度、宇波彰氏も来るので、それと講演なら僕だってできるし、それからファビオ・ランベーリも。それでパリ十三大学ともやろうと。

さらにプラハとも、いま交渉を始めつつあるんです。向こうから言ってきたんですが、いま東京に来ている人がいて、実際に訪ねたいというから、では交渉を始めようと。

それとモンゴル。内モンゴルの首都フフホトに札幌大学の分校をつくろうという話を提案したことがある。スウェーデンでその話をしたら、『夏の夜は三度微笑む』の舞台であるダルラーナの大学の学長がすっかり喜んだ。日本の側でフフホトにつくってくれたら、我々はウランバートルに分校をつくる。そこで冬の難しいときは別にして、常に学生の交換ができるようにしておく。一種のハブ空港みたいなものです。そうすると東南アジアからも人が集まる。日本からも来る。スウェーデンの方から、ヨーロッパからも若者たちが来る。そこで知的なシンポジウムでも何でも行える。要するにパリやニューヨークだけが学問の中心だと考える時代は終わっているんです。

――そういうふうに外国の大学と直接交流ができればすばらしいですね。それだけでも学生にとって刺激的でしょう。

そういうふうに、国際的にどんどんコミュニケーションを広げる。そうして、学生も巻き込むようなシンポジウムをどんどんやる。だから節約のために教授の留学は禁止にしたい。反対があっても、そのうち絶対、禁止にするぞと僕は言っている。たとえば六十歳過ぎて定年少し前に北大から来て、アメリカに行くんですが、あと一年か二年しかいない人がなんで留学なんだ、恥ずかしいと思わないのか、と。それほど大学の人間の心根は腐っている。国立大学出身者が私立大学を食い物にしている。僕は留学に行っていません。大学の金で行ったことはない。僕は最初から外国の招待で教えに行っているんですから。そんなことを言うと、嫌なことを言うね、あの人は、というような顔をするけれども、とにかくそういう体質を変えなければいけない。

それといまは、教育にインターネットを入れろ、入れろ、と騒がれていますが、結局、文部省への従属度が、インターネットを入れているかいないかで測られているだけです。「IT革命」とか言われているけれど、僕はあまり意味がないと思う。だってインターネットなんて、うちの家内でもやっているぐらいだから（笑）。誰でもできるんだと言うと、うちの家内は怒るんですが。「何だ、その物の言い方は、自分でやらないで」って。実際、「○○関係のことを調べてくれ」なんて頼んだりもするんですが（笑）。

いずれにしてもインターネットは、こちらから英語なり何なりでメッセージを、ホームページを作って発信しなかったら国際的に意味はない。あるいは他人の情報をかっぱらったり上意下達の命令を聞いたりするだけにしか役立たない。もし実際に向こうで教えたりするんだったら、いくらでも予算を出す。

●大学を知的迷宮にしてしまおう

――要するに、大学というのは何よりも人材ということですね。いくら箱を立派にしてもだめですね。

だからぼくは、各学部にもっとスターを出せ、大学は知的な魅力が商品なんだから、カリキュラムがどうしたこうしたという前に各学部で二人ぐらいスターを出せ、と言っている。文化学部には、少なくとも僕と今福龍太という二人のスターがいるぞ、と。北大の余りをいただくなんて、そういう学部の考え方は、もうやめた方がいい。

それからこれは僕個人の考えだけれども、大学内にいろいろ仕掛けをして、大学自体を全然別のものにしてしまおうと。そうすると本当に知的に目覚める学生がいまでも、三〜四人はいる。気づかれないうちに、それをやっているんです。それが何かと言いますと……。

まず札幌大学のとてもいいところは、生協の書籍部ですが、優秀な勉強家がいて、品ぞろえがうまい。今福君も同意していました。

――小社の本も結構、売っていただいているようです。

そうでしょう。生協の品ぞろえは、他の大学と比べても格段にいい。だから今度宇波彰君が加わったら、宇波が買った本はもう一冊、僕のために注文しておいてくれ、おれの買った本は、補充して同じ物を置いておけ、と生協に言おうと。とにかくそういう環境は非常に大事で、そうなると学生が来て、本はおもしろいんだなということにまず目覚める。

札幌大学の図書館というのも、金がかかっている。札幌の私立大学でも、札幌大学は特に金がかかっていることは確かです。「五流大学」などと僕がいうと、いや、もう少し格を上げてくれないかと言われるんですが。いや、一、二、三、四流なき五流大学だからいいんじゃないと。国際的にいったら実際、そうですから。

ただ本当にいい図書館というのは、やはりメインになる個人文庫がいくつか入っていて、それによって図書館の魅力が出てくる。

それで僕が考えているのは、ウンベルト・エーコの『薔薇の名前』。迷宮の最後に核になるような、隠された本があって、そこに行くまでには幾多の謎があり、でも関門をくぐり抜けていったら、ちゃんとたどり着くようになっている。でも途中で殺される、というか、殺しはしないが、そういうものもある迷路にしてしまおうと。

だから迷路の外の部分にまず生協の図書部門。それから大学の図書館。それでも満足できなくなった人のために「山口文庫」（笑）。そこに僕の本が四万冊ぐらいあって、平凡社の元編集者の石塚夫妻がそれを管理している。

その「山口文庫」に、一度、遊びに来られたら面白いと思うんですが、この前、ロシアの人が来たら、二十世紀現代ロシア文学でこんなに面白い本を集めているところは少ないと言われた。自由化以前に、ロシアでは出ないけれども、アメリカやイタリアで出ていた本がかなりあって、僕が集めていま

（やまぐち・まさお）
1931年北海道網走郡美幌町に生れる。東京大学国史学科卒，東京都立大学大学院社会科学研究科で社会人類学を専攻。以後，国際基督教大学助手，ナイジェリア・イバダン大学講師，パリ大学ナンテール校客員教授，メキシコ大学大学院客員教授，東京外国語大学アジア・アフリカ言語文化研究所所長，静岡県立大学大学院教授，札幌大学文化学部学部長などを歴任。1999年より札幌大学学長。著書『アフリカの神話的世界』『本の神話学』『人類学的思考』『「挫折」の精神史』『「敗者」の精神史』『内田魯庵山脈』ほか多数。

したから、そういうものがかなりある。つまりその「文庫」には、僕の幅に応じて本があるわけです（笑）。けれども、もう一回図書館に戻ると、学生立ち入り禁止のところがある。半ばしか整理していない本が積まれている。僕が、毎年〇〇万円ずつ使ってがんがん買った古本が置いてあるところなんですが、そうしてだんだん秘密が堆積しつつある……（笑）。

図書館は完ぺき主義で、修復してからレッテル張りをするものだから、いつまで経ってもそうやって置いてある。けれども、学生も入ってこられないことはない。それでいままで僕は教えないようにしているが、自力でそこへ辿り着いた優秀なのが二人いるんですよ。それで僕も行って、「普通ならお前たちはこのあたりで殺されるところなんだぞ」と（笑）。ゼミをやっても、どんどんついてくるような学生です。エリート主義はいけないが、ある種の選抜の原理を導入することは必要だと思う。それも一種の遊戯性を含んで。

でもこれにはまだまだ続きがあって、事務局長と大学の部屋を見回ったら一つ部屋があった。「ここの鍵をちょっと開けて」といって見てみたら、椅子の壊れたものとか、そんなものがある。「資料室」となっていたから、では本当の資料室として使おうと、次の日、書架をどどっと入れて、通る隙もないぐらいにした。そこへ最近手に入れた本をどんどん入れている。でもそれに気がついている人間はほとんどいない（笑）。そうやって迷路がどんどん複雑になっているわけです。

そういうふうに、大学を、知らない間に別のものにしてしまう。遊戯性もそこに導入して面白いところにしてしまおうと。学生も面白くて仕方がなくなる。それで最後の最後は、東京の僕の家に行くしか仕様がなくなって、二階の和室に、明治、大正の古雑誌がごそっとある。そういう仕掛けをしているんです。

学生に限らず、そういうところに近づいてくる町のいろいろな人間もかなりふえています。一方では、いろいろな僕の友人をこちらから招いて連れて行って、毎週北方文化フォーラムという講演をやっている。

それから月に一度、時計台で、国際文化フォーラムをやっています。たとえば三月は京極夏彦。ミステリー作家。これはもう若い者に圧倒的に人気で、ものすごく知的なんです。彼と初めて会ったとき、僕の本で持っていないものがあったらあげましょうかといったら、先生のは手に入る限り全部手に入れて読みましたと。嫌な人だな、あんたは、と。それから勝手につくってしまった学長室のギャラリーで合田佐和子に展覧会をやってくれないか、と頼んだりしています。

これで高校の教師が気がつかなかったらもういいです。高校教師が本当に偏差値だけで、国立大に何人入れたかだけを生きがいにしているなら。とにかく大学が魅力をもったためには、大学を限りなく面白い出来事の場所にしていく必要がある。

●石原莞爾の高等教育プラン

ところで、この度『諸君』に掲載予定の大学論を書くために、舞鶴に行くことにしたんです。いろいろな意味で、僕は個人的に関心がある場所です。なぜかというと、舞鶴は石原莞爾が、東条に追っ払われて司令官として最後の御奉公をしたところだから。行き止まりのように見えながら、石原莞爾の国民高等学校の理念が誕生した場所でもある。行き止まりでありながら全然違った世界が開けてく

Photo by Ichige Minoru

るような、そういう可能性のある場所なんです。

　彼の言うのは、出入り自由の国民高等学校です。デンマークモデルでそれを創ろうと。戦後協和党をつくって、教育の問題も具体的にプログラムしようとした。彼がそのときに言ったことは、大学というものは大学として残らねばならないのではなく、国民高等学校の延長としてデンマークのように、卒業がない学校にしていこうということ。何年かいたら一回出ても構わない、社会に出て、そのうちにまた戻ってきて続けていく。だから卒業という観念がない。卒業の観念、卒業という儀式というのは、エリート主義者を養成するためのものです。

　それで卒業式を去年から半ばずっこけたものにしようと考えていたときに、卒業式の司会者の候補として、橘家富蔵という真打が卒業生にいることを発見した。この点では北大をしのいでいる。北大に落研はあっても、まだ落語の真打は生んでいないだろう。それで実際に進行をやってもらったんです。それから去年はフリージャズのトリオを入れて一五分演奏してもらった。そしたら予定になかった巻上公一が来てしまった。

　入学式だと、まだ父兄も、子供を入れる喜びというもので来ているから、あまり急に変なことをやると絶望させてしまうから手をつけません。卒業式の方は、あまり出るということを事々しく思わずに愉快にやった方がいい。そういうことでこれは面白いと新聞にも書かれた。大体、札幌大学の卒業式なんて、新聞の種になんかなったことがないわけですから。

　それで今年はというと、文化学部の四年で、四十三歳で卒業する蒙古のバイ君という学生がいる。中学校の先生をやっていたのが思いたってやってきた。彼は叙事詩人なんです。長編詩が得意で、格調の高い詩を書くんですが、彼が、十五分ぐらい朗読します。「札幌大学を通り過ぎる」というようなやつです。結局、彼はモンゴルから来ているから、「山口学長とこの大学のノマド（遊牧民）的な要素が、すごくうれしい」、と、そういうことを論文にして持ってきたことがある。なかなかいい論文だった。それと馬頭琴の演奏もしてもらって、今年の卒業式の目玉にする。卒業式の脱構築みたいな意味もあるわけです。

●京都と舞鶴と北海道を結ぶ

最後にいえば、京都と舞鶴と北海道の三つの大学を合わせようと考えている。いま流行になって東京でもやっている単位互換とかコンソーシアムという考え方は、ケチな単位中心の考え方を抜けきっていない。そもそも単位中心という考え自体をやめないと。コンソーシアムをどうせやるなら、京都・関西圏と北海道というノリでいこうと。それも日本海を交通に使う。ということは、要するに、小樽から学生が、舞鶴へ行けば、これは北前船のルートだから、伝統をちゃんと生かしている。

これは門脇禎二氏たちの説でもあるが、丹後王国というのがかつて大和王朝以前にあったという。実際、舞鶴の付近で、五〇〇〇年前の一〇メートルのくり舟が発掘されている。それは僕の理論にも適っている。大和王朝成立はるか以前に日本海を渡るシベリアの方との交流があったことも示唆するから。日本海は、六～八月は凪いでいるから、その期間に行ったり来たりすることが可能だったはず。そこでまず一つ、そういうことをめぐって遠洋航海の博物館をやったらいい。札幌大学の木村英明さんという文化学部長は縄文専門の考古学者としては極めて有名だから、彼もそこに行って、セミナーなんかをする。京都の学生も来て実際に発掘をして、そこで学芸員養成などもやる。そういうように学生がともに学べる場所をまず設定して、大学の提携を全国的な形でやっていこうと思うんです。

それと天皇制の問題も絡んでくるのですが、山口論によれば、天皇という中心に対して周辺としての廃太子という問題がある。それで舞鶴は廃太子そのものと関係が深い。澁澤龍彦が晩年に『高岳親王航海記』という小説を書きましたが、高岳親王というのは平城天皇の子で、平城天皇の弟の嵯峨天皇が即位したとき、皇太子になったが、結局、廃太子となった。

天皇制というのは何か境を設定し、排除するということをやってきて、ヤマトタケルから始まって、ずっとそういうスタイルを持っている。そういう一番いい例です。その高岳親王が創建したといわれるお寺が舞鶴の金剛院で、澁澤龍彦はそこから小説を書き始める。その後、高岳親王は空海の弟子となり、後に中国の長安に赴き、天竺へ行く志を立て、広州から船を出し、今でいう北ベトナムに上陸し、それからマレー半島をずっと下って、シンガポールが見えるところまで来て、自分の身をトラに捧げて死んだという。それを幻想を交えて、澁澤龍彦が小説にした。

天皇制を大学文化は排除しているが、むしろそういうものもとり入れてイメージを膨らませた方がいい。そうするために、今年か来年イベントをやろうと思う。大学がそういう野外ページェント的なものを組織する。澁澤の小説にはいろいろな妖怪みたいなのがぞろぞろ出てくるから、横尾忠則と二人で、できるだけ横尾調の毒々しい、幻想的なものにして、マレー半島を舞台にそれを紙芝居にして、スクリーンで上映する。音楽は一柳慧さんに考えていただいています。

それから京都商工会議所がバックの観光文化振興会は、同志社の広川教授が所長をやっているから、京都のイメージを広げていくわけだから、商工会議所がバックアップしない理由はない、と話しておいた。それと立命館の総長にもすでに話をしています。

とにかくそういうイベントをページェント的にやっていけば、大学の存在を超えるかもしれない。金剛院は二万坪という広大な敷地を持っているから、そこに学校的なものをつくってもいい。そういうことがもとになって、展開していくということだってあり得る。二十一世紀の大学がどうあるかということを、今の大学をもとにイメージしても、もう行きどまりです。

●知とは本来、ノマド的なもの

とても壮大なプランですが、何か夢物語というわけではなくて、布石さえあれば、山口さんだったらできそうですね。実際いろいろと実現されていますし。最後に一言お願いします。

北海道の大学は、文化（非自然科学）系統は一つぐらいにする。国際化に対応するためにはその方がいい。そういうふうにだんだん進んでいけば、競争して入学試験なんて無駄なことをやらずにすむ。それと私自身は点数とかエリート主義とかには大反対ですが、どんな学生でも、教師が一対一で丹念につき合っていれば、どこかにいいところを見つけられる。教師だって主義や考え方が違うから評価の仕方が違うけど、ていねいにつき合うことが大事。もうマスプロダクションの教育の時代は、終わっているんです。だから学科というよりも先生を中心に大学を選んで、その先生の個人のテーマをもとに、学生がカリキュラムを自分で自由に構成していく。そういうことができるようなシステムにしなければならない。

そして、それをたとえば、舞鶴と北海道の間を移動しながらやる。そういうノマド的な要素をとり入れろというのが、僕の基本的な主張です。そのためには少なくとも舞鶴との間ぐらい自由移動できるようにしておく。

そもそも中世ヨーロッパ初期の学者というのは、ワッデルという歴史家が『放浪する学者』という書物で明らかにしたように、たいていアイルランドから出た放浪の吟遊詩人、あるいは巡遊詩人、そういう人たちだった。つまり、学問とは、本来、情報を運び歩く人に主体があったと思う。建物が主体になったのは、その後の話です。フランスでもたとえば、フランソワ・ヴィヨンなんかは生涯学生だったのではないかと言われている。移動して歩いて、人を殺したり悪いことばかりしていたらしい。けれどもとにかく、教師と集団で回り歩くのが大学の姿だった。そういう事実があったんです。

本日は、お忙しく飛び回られているなか、お話しくださいまして有難うございました。

（二〇〇一年二月一二日／於・藤原書店会議室）

Photo by Ichige Minoru

「大学革命」のためのブックガイド24

古藤晃

＊著者名の五〇音順で配列した。

大学論

阿部謹也

（日本エディタースクール出版部　一九九九年　一八〇〇円）

近年では『「教養」とは何か』、『「世間」とは何か』（ともに講談社現代新書）でも知られた、中世史学の碩学で元一橋大学学長の阿部氏による格調高い議論。学長としての経験、さらに該博な知識を元に、中世西洋における大学・教養・主体の歴史的な形成過程を適宜引照しつつ展開する日本の大学や知的状況をめぐる提言は、現状改革への意欲に満ちていると同時に、日本文化論と言いうるほどの高みを持っている。

▼豊かな学識に支えられた高所からの議論であるが、大学を考える際の原点。

大学――試練の時代

天野郁夫

（東京大学出版会　一九八八年　一四〇〇円）

教育史の第一人者で、『試験の社会史』などで有名な、東京大学教授（教育学）の天野氏による大学論。『大学――変革の時代』『大学――挑戦の時代』をあわせて三部作の体を成している。本書では、日本の大学の精神的、文化的な「貧しさ」の問題、大学の国際化、女性の高等教育、短気高等教育、大学院、高等教育のマス化や「成人化」といった個別のトピックにおける基礎的な問題点を的確に整理している。九一年の「大綱化」以前の著作であるが、それ以前の状況と問題認識をコンサイスにまとめている。

▼主張の個性は強くないが、八〇年代後半における大学論を一望することができる。

大学――変革の時代

天野郁夫

（東京大学出版会　一九九四年　一六〇〇円）

同じく天野氏が一九八九年から一九九三年の間に発表した論考をまとめたもの。一般的な概論のほか、大学評価、学部・講座制、大学入試、後継者養成、学部教育、教員の自己評価といった個別のトピックに関して、日本に関する各種資料の分析だけでなく、世界の高等教育制度との比較を行いながら考察を加えている。また、トロワなどに代表される高等教育論の再検討なども行っている。

▼前著同様、的確な史料操作と議論の構成によって改革の諸相を客観的に整理してあり有益。

新しい日本型大学
大学多様化の構想

磯村隆文・大川勉 編

（阿吽社　一九九五年　二四六〇円）

大阪市立大学の教官たちによる、「多様化」をキーワードとした大学諸制度の検討と改革の方向性提示の書。大学以外の場における多様な知識創造活動や高等教育機関が盛んになるにつれて大学の機能衰退が露呈しつつある、という認識から、大学と地域社会の交流強化、研究・教育の質的向上、生涯学習への対応、外国人研究者の大量採用、教授会自治・大学自治の改良、をはじめとする種々の側面からの具体的な問題提起を行っている。

▼取り扱う主題が多様である反面、各論併記的な域を出てない点は否めない。

教授が変われば大学は変わる

岩田年浩

（毎日新聞社　二〇〇〇年　一五〇〇円）

関西大学総合情報学部教授の岩田氏による、自己の体験と調査に基づく、教える側の意識改革と実践に重点を置いた大学教育改革論。大学制度や大学教員を外側の視点から建設的に批判できるのは、独学・独力で道を切り開いてきた氏のユニークな経歴のなせる技であり、自伝的な部分も興味深い。全国四八名の名物教授たちの授業実践の紹介は、授業改革への直截なヒントを与えてくれる。最後に提唱される「真打」教授の条件も傾聴に値する。

▼制度改革への目配りは弱いが、現状で可能な創意工夫を模索する上では好適の一著。

大学改革
早稲田は探究する

大坂敏明・岡村遼司・早川弘道 編

（旬報社　一九九四年　二二三三円）

早稲田大学教員組合の有志によって結成された、「早稲田大学批判的対話フォーラム」のメンバーが執筆した、早稲田大学における大学改革の諸問題を検討した論集。私立大学の公共的意味、大学の自治など大学全体にわたる論点、学部教育から大学院の研究・教育体制の改革に至るまで、幅広い検討がなされている。「早大改革の地勢」と題された座談会が特に興味深い。巻末の「早稲田大学改革資料」は貴重。

▼一私大の批判的な事例分析としてのみならず、大学改革のあり方一般について含意に富む。

大学改革 一九四五―一九九九

大崎 仁

（有斐閣　一九九九年　二四〇〇円）

長年大学行政に従事してきた元文部官僚による大学改革史。膨大な資料と実務経験をもとに、新制大学の形成過程を跡付けている。大学教育の行き詰まりの根源を、占領下に形成された新制大学の性格に見出しており、「新制大学への移行で、先生方の意識は教育者から研究者へと移行したが、それとは逆に、大学の先生方に意識のうえで研究者から教育者に移行していただかなければ、学部教育の本格的再構築はおぼつかない」と結んでいる。

▼占領下における大学改革の綿密な記述は圧巻。それ以降の分析がやや薄い憾みもある。

新しい大学教育を創る
全入時代の大学とは

梶田叡一

（有斐閣　二〇〇〇年　一五〇〇円）

京都大学高等教育教授システム開発センター長を務めた梶田氏による、実践的な大学教育改革の処方箋。志望者全入時代の到来、国立大学の独立行政法人化、大学間の競争激化、自主性・自立性の拡大という背景の中、入試改革、授業評価から大学人としての自己形成に至るまで、大学教育改革の諸側面をまんべんなく取り上げて、具体的な事例を豊富に利用しつつまとめている。京大生への意識調査、国会での参考人陳述記録も収録。

▼概論的であるが故に議論の深さは今ひとつだが、バランスのよい記述は高く評価できる。

教育改革国民会議で何が論じられたか

河上亮一

（草思社　二〇〇〇年　一四〇〇円）

『学校崩壊』（草思社）の著者でもある公立中学校教諭の著者が参加した教育改革国民会議の記録。各委員の改革に対する姿勢、中間報告案起草過程における激しい論争など、論議を呼んだ会議の実情を活写。同会議唯一の現場教師という立場からなされた文部省改革派との論戦、マスコミの批判的論調への反批判などに関する著者の気骨ある発言や、著者の知る崩壊しつつある学校の実像と会議参加者の現状認識との乖離など、興味深い記述も多い。

▼大学改革を教育改革全般の中でバランスよく捉えていく上で必読の文献。

不思議の国の「大学改革」

巨大情報システムを考える会 編

（社会評論社　一九九四年　二〇〇〇円）

「巨大情報システムを考える会」によるシリーズ「変貌する大学」全五巻は、右も左も「大学改革」を肯定的に受容する傾向に対抗・抵抗することを目的として編まれたシリーズで、「大学改革」の歴史制度的な検討、「自由化」の名を借りた支配強化に対抗するための同会なりの「自由」概念の明示がめざされている。第一巻である本書では、大学改革の総論、セクハラ、戦争責任、労災・職業病闘争、反アパルトヘイトなどの諸問題と大学の関係などが論じられている。

▼批判的な視座を明確にして、改革論議が忘却しがちな論点を提出している点で有益。

〈知〉の植民地支配

巨大情報システムを考える会 編

（社会評論社　一九九八年　二〇〇〇円）

同じくシリーズ「変貌する大学」全五巻の第四巻。第一部「植民地と大学」では、近年隆盛したポストコロニアリズムとも共通する視点から、日本の植民地支配が被支配地の高等教育にもたらした諸問題に対する歴史的検討を行っている。第二部「学問はゴーマンとともに」は、教師論、留学生論をはじめ、民族学校、専門学校、入試、外国人問題などと大学のかかわりについて、具体的な事例に基づいた批判が提示されている。

▼植民地支配と教育の問題を、今後の大学改革とどう結び付けていくのかがやや不明瞭。

学問が情報と呼ばれる日

巨大情報システムを考える会 編

（社会評論社　一九九七年　二〇〇〇円）

同じくシリーズ「変貌する大学」全五巻の第三巻で、(1)情報化する大学、(2)「大学改革」の現在、(3)大学の「内と外」の三部構成。狭い意味での大学改革にとどまらず、(1)では、情報化の現状を批判するとともに、情報化の進展による人々の自由の拡大の問題を、同時に進行する管理・支配の強化の問題とあわせて理解することを試み、(3)では社会的弱者や在日外国人と大学の関係について鋭い指摘を行っている。

▼諸問題の存在を認識する上で有益だが、現状批判を超えた積極的な構想がやや乏しい。

グローバル化のなかの大学
根源からの問い

巨大情報システムを考える会 編

（社会評論社　二〇〇〇年　二四〇〇円）

同じくシリーズ「変貌する大学」全五巻の最終巻。第一部「大学——根源からの問い」では、これまでのシリーズの総括として、座談会によって大学改革の一〇年を批判的に再検討している。第二部「大学——その内外から」では、既刊同様非常勤講師、図書館員、留学生、受験資格、アカハラ、地域社会などと視点から大学批判を行う刺激的な諸論考が並んでいる。

▼批判の方向性については賛否が分かれるところだが、問題を発見し追究する姿勢は評価できる。

未来をめざす大学改革

杉山徹宗・山岸勝榮 編

（鷹書房　一九九六年　二四二七円）

新大学設置基準以後の変動を受けて危機感を募らせた明海大学教官有志による、「実践に裏打ちされた具体論」の集成。「文章が書けない」「字が書けない」「英語ができない」などの大学生側の現実、教員としての自覚が欠如した教師側の現実を、実際の学生・教師の生の声を盛り込み、各種資料を駆使して仮借なく活写し、そうした現状把握を出発点に学内・学外の制度改革を多岐にわたり提示している。

▼「普通」の大学の現状を知る上で有益だが、制度改革論の部分はやや思い入れが先行気味。

大学改革日本とアメリカ

舘昭

（玉川大学出版部　一九九七年　二八〇〇円）

アメリカの高等教育研究の第一人者のひとりであり、大学審議会特別委員も務めた舘氏による大学改革論。学士課程教育、学期制度・単位制度、ユニバーサル・アクセスの問題を中心に、アメリカの事例を豊富に紹介しつつ、その比較において日本のあるべき改革の方向性を見定めていくという手法を取っているが、日本の大学の歴史的な発展過程にも十分目配りをしている。日米間の「教養」「一般教育」概念の位相差を明快に示した第Ⅰ章は特に示唆に富む。

▼国際比較に基づいた誠実な分析であると同時に、近代化と大学を巡る論考も充実している。

選択・責任・連帯の教育改革（完全版）
学校の機能回復をめざして

堤清二・橋爪大三郎 編

（勁草書房　一九九九年　一八〇〇円）

堤清二氏を委員長とする（財）社会経済生産性本部社会政策特別委員会が三年がかりで進めてきた検討作業の報告書で、橋爪大三郎、大澤真幸の両氏が起草にあたっている。幼稚園から大学院に至る学校教育、学校教育を支える家庭、地域社会、塾・予備校などを含めた教育のネットワーク全体を視野に入れ、主体的な選択を基礎におき、他者と積極的に共生する力を身に付けていく教育を通して社会の連帯を実現するための包括的かつ大胆な改革案を提示する。

▼理念と施策のギャップが少なく、教育システム全体を把捉した総論として精読の価値あり。

大学の自己変革とオートノミー
点検から創造へ

寺崎昌男

（東信堂　一九九八年　二五〇〇円）

日本の大学史を専攻し、東京大学で教育学部長、附属中学・高校校長を歴任した大学論の専門家による、大学改革の現状分析に関する議論の集成。近代日本の大学史の歴史的展開を踏まえ、九一年以降の設置基準大綱化の動きを歴史家ならではの丹念な分析によって明らかにしている。同時に、東京大学における「自己点検」の試み、大学の自治、教員任期制の問題などについても明快に論じている。

▼主張は穏当であるが、歴史分析と現状分析がバランスよく結びついた好著。

読切講談大学改革
文系基礎学の運命やいかに

中野三敏

（岩波ブックレットNo.四四九　一九九八年　四〇〇円）

九州大学教授の著者が、自大学関係者の文献を利用しながら、大学改革の現状とその問題点をわかりやすく述べた小冊子。基本的な視座は、新設置基準以降の一般教育・基礎教育軽視傾向を一貫して批判することにあり、基礎学の充実こそが学問全体の向上につながること、インターディシプリナリーな研究はディシプリンの習得なしには実現し得ないことが論じられている。

▼「講談」調の是非はさておき、基礎学の充実の必要性を簡明に訴えた点では成功している。

大学改革

一二〇の事例と提言

「二十一世紀の自然科学系教育に向けて」編集委員会編

（朝倉書店　一九九四年　四五〇〇円）

九一年七月の「大学設置基準」大綱化を契機とした大学改革の動きを受けて、二十一世紀の大学改革の方向性を見定めるべく、朝倉書店の求めに応じて一一三名の自然科学者がそれぞれの立場から寄稿した論考を集成した浩瀚なレポート。執筆者が共有する問題関心は、「大綱化、自由化」によって軽視されがちな日本の理工系大学における一般教育の空洞化が進行することに対する危機感であり、その点を正面から綿密に検討した諸論考は示唆に富んでいる。

▼玉石混淆である点は否めないが、幅広い論者の主張を概観することができ有益。

悪問だらけの大学入試

河合塾から見えること

丹羽健夫

（集英社　二〇〇〇年　六六〇円）

大学入試問題の作成を請け負い始めた河合塾で、三〇年以上にわたりカリキュラム編成や生徒指導に従事し、現在教育本部長を勤める著者が、主要大学の入試問題にあたり、悪問の増加傾向と学力低下の原因を追求している。公教育の矛盾の結節点である予備校であるからこそ見える、日本の教育上の諸問題を具体例と豊富なデータを使いあぶり出し、それを踏まえ、大学に対し積極的な提言を行っている。

▼大学問題を考えるための格好の入門書。サバイバルに腐心する大学関係者必読の書である。

大学に「卒業」は無用

学校教育活性化のための提案

藤田整

（人文書院　二〇〇〇年　八〇〇円）

大阪市立大学教授時代の一九七五年に発表し議論を呼んだ、「大学教育に『卒業』という制度は必要か」をもとに、卒業制度の廃止を軸にした大学教育改革を提唱する著作。卒業制度を廃止し、かわりに単位取得証明書のみを発行して、各自がこれで十分と考える時点で「卒業」し、採用にあたっては企業も大学生活の充実度を個々人ごとに評価する、という「自己決定による卒業」に切り替えることで、教育機会の拡大、教育の実質の空洞化が改善し得ると論じている。

▼四半世紀前に登場していた卒業制度廃止論を現在の文脈から捉えなおす上で有益。

大学の多様な発展を目指してⅣ
大学改革の進展

文部省高等教育局企画課内高等教育研究会 編

（ぎょうせい　一九九五年　二六二一円）

文部省内の高等教育研究会は、『大学の多様な発展を目指して』と題した報告書を発行しているが、本書はそのうち「大学改革」に焦点を当てたもの。(1)大学改革の現状と大学審議会の審議状況についての解説、(2)大学改革の三つ目の柱である組織運営の活性化について大学審議会が出した答申や報告、(3)大学設置審査手続の簡素化に関する通知などの最新資料、が主な内容であり、文部省の進める大学改革の全体像を知ることができる。

▼「大学改革」論議を理解する上で文字通りの基礎資料であり、必須の文献である。

授業を変えれば大学は変わる

安岡高志・滝本喬・三田誠広・香取草之助・生駒俊明

（プレジデント社　一九九九年　一八〇〇円）

東海大学では、四人の教授が授業評価を開始した。現在では全学の八〇％で実施されているが、そこに至るまでには「授業評価」をめぐる学内・学内での激しい攻防があった。本書は、そうした授業評価の導入過程とその実践を、東海大学の事例を中心に、他大学の例も豊富に交えつつ紹介している。八割の大学を教育大学にし、二割を研究・教育大学にするべし、というユニークな「八対二」大学分布説も収録。

▼授業評価導入過程のドキュメントとして読ませるが、大学改革全般との関係付けは不十分。

大学教育の革新と実践
変革の主体形成

安川寿之輔

（新評論　一九九八年　四五〇〇円）

差別問題や「不戦兵士の会」などの市民運動に積極的に取り組むとともに、教育学の専門家として三〇余年にわたり大学教育にあたってきた、自称「流行遅れの『マルクス派マルクス主義者』」安川氏が、その集大成として発表した大学教育論。大学を「つくられた」主体から「つくる」主体への自己形成の場として捉え、近年の一般教育の縮小傾向を鋭く批判し、研究主義に傾きがちな大学という場の問題点を、歴史的な制度分析、実践的な事例分析に基づいて明らかにしている。教科書訴訟等の口頭弁論も収録。

▼体験に基づく制度論と実践論とが調和的に組み合わされた好著。

EDITORIAL STAFF

editor in chief
FUJIWARA YOSHIO

senior editor
KARIYA TAKU

editor
NISHI TAISHI

photographer
ICHIGE MINORU
YAMAMOTO MOMOKO

〔編集後記〕
今、大学が危機にあるといわれる。30余年前の危機は、不徹底ではあったが、「大学解体」「産学協同」批判といった大学の存在価値を問うものであった。今回の危機は、大学の大衆化で増大した学生数もピークを過ぎた後の、少子化による大学の財政破綻に起因する危機といわれる。又このような状況下で、文部省通達による行政的・予算的締めつけも年々厳しさを増してきているようだ。
本企画で考えてみたかったのは、今日の危機についてはいわずもがなだが、それにとどまらない。そもそも大学は誰のためのものであり、どういうものであったか。それが今日どう変容してきたのか。又、社会と大学の関係をどう考えたらよいか、今世紀の日本の大学は地球規模からみていかにあるべきか、といったことにまで踏み込みたかった。人類が作り出した知、あるいは学は、今それ自体が問われる現実に立っている。誰にとっての知か、誰にとっての学か、大学か。その問いが今我々一人一人につきつけられているのだ。 **(亮)**

別冊『環』❷
大学革命

2001年3月31日発行

編集兼発行人　藤 原 良 雄
発　行　所　株式会社 藤原書店

〒162-0041　東京都新宿区早稲田鶴巻町523
電　話　03-5272-0301(代表)
FAX　03-5272-0450
URL　http://www.fujiwara-shoten.co.jp/
振　替　00160-4-17013

印刷・製本　凸版印刷株式会社

ISBN 4-89434-224-3